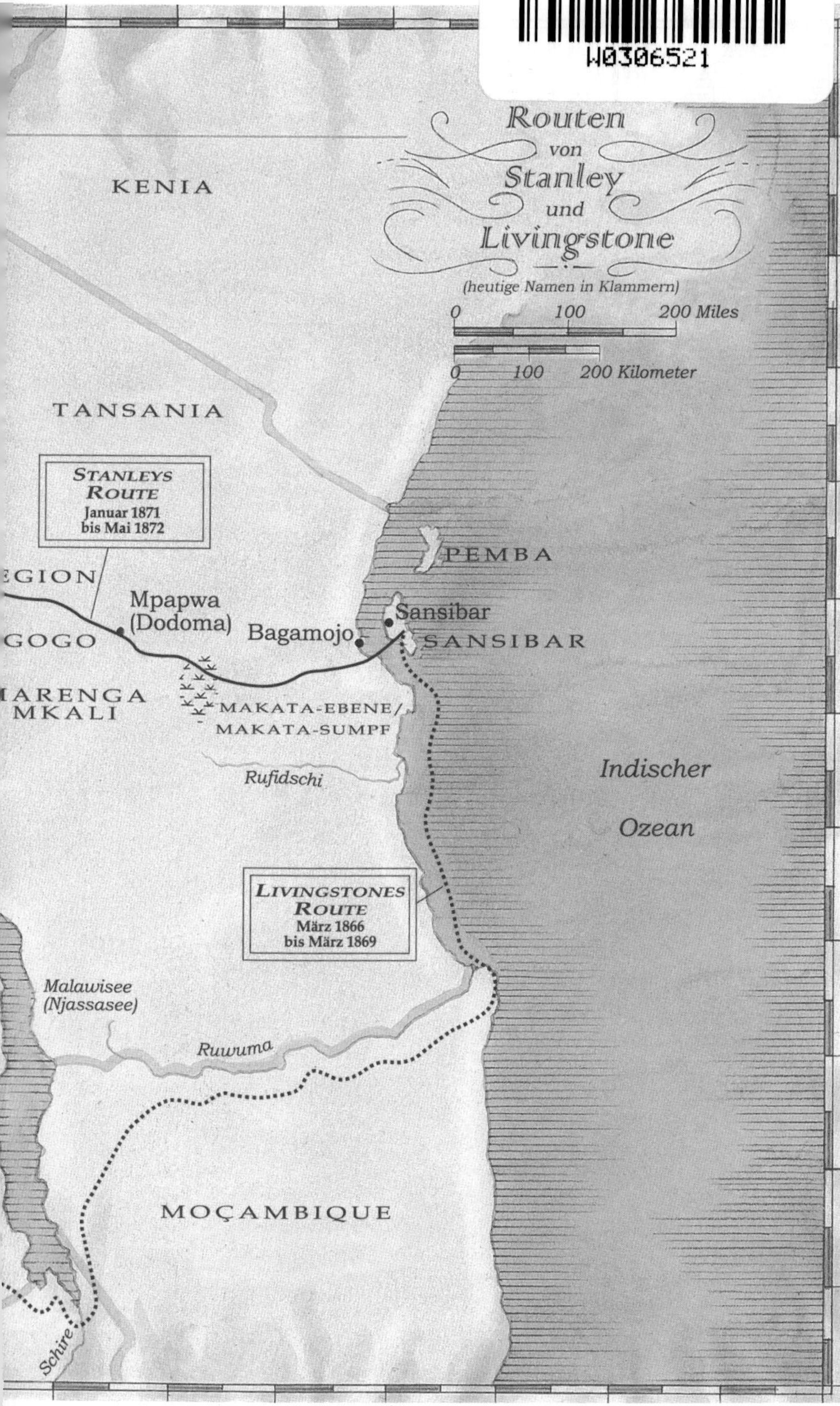
Routen
von
Stanley
und
Livingstone
(heutige Namen in Klammern)
0 100 200 Miles
0 100 200 Kilometer
KENIA
TANSANIA
STANLEYS ROUTE
Januar 1871
bis Mai 1872
EGION
Mpapwa
(Dodoma)
Bagamojo
Sansibar
SANSIBAR
PEMBA
GOGO
ARENGA
MKALI
MAKATA-EBENE/
MAKATA-SUMPF
Rufidschi
Indischer
Ozean
LIVINGSTONES ROUTE
März 1866
bis März 1869
Malawisee
(Njassasee)
Ruwuma
MOÇAMBIQUE
Schire

Martin Dugard

Auf nach Afrika!

Martin Dugard

AUF NACH AFRIKA!

Stanley, Livingstone
und die Suche
nach der Quelle des Nils

Aus dem Amerikanischen
von Ulrike Frey

MALIK

Die amerikanische Originalausgabe erschien 2003 unter dem Titel
»Into Africa – The Epic Adventures of Stanley & Livingstone«
bei Doubleday, einem Imprint von Random House, Inc.

Für Calene in Liebe

ISBN 3-89029-231-3

Satz: Satz für Satz. Barbara Reischmann, Leutkirch
Druck und Bindung: Ebner & Spiegel, Ulm
Printed in Germany

www.malik.de

Wir wollen uns auch der Drangsale rühmen,
da wir wissen, daß die Drangsal Geduld bewirkt,
die Geduld Bewährung, die Bewährung Hoffnung.
Die Hoffnung aber läßt nicht zuschanden werden.

Römer 5, 3–5

Inhalt

Prolog

LIVINGSTONE

15. März 1866, Sansibar

Auf den Tag fünfundzwanzig Jahre nachdem er den afrikanischen Kontinent zum ersten Mal betreten hatte und genau vier Tage vor seinem dreiundfünfzigsten Geburtstag saß David Livingstone in einem Häuschen in Sansibar fest und wartete auf das Schiff, das ihn wieder in sein geliebtes Land bringen sollte. Afrika – er war fast drei Jahre nicht mehr dort gewesen und konnte die Rückkehr kaum erwarten. Allein schon die Erinnerungen an seine Zeit mit den afrikanischen Dorfbewohnern, an seine Fußmärsche durch die unberührte Wildnis und »den Reiz der Gefahr, der von Tieren oder Menschen ausgehen konnte« ließen sein Herz höher schlagen.

Sansibar war die größte Stadt auf der gleichnamigen Insel dreißig Kilometer vor der ostafrikanischen Küste. Hier kämpften aufgrund der wachsenden wirtschaftlichen Bedeutung Ostafrikas Diplomaten und Kaufleute aus Amerika, Großbritannien und anderen europäischen Ländern um die Vormachtstellung, während der Handel mit Sklaven aus dem Landesinneren blühte. Zudem statteten sich hier die europäischen Forscher mit Vorräten aus und begannen ihre Reise in das unbekannte Herz des Schwarzen Kontinents. Einer von ihnen war Livingstone. Viele meinten sogar, er sei der beste – oder sei es zumindest früher gewesen. Jetzt, mit über fünfzig Jahren, bereitete er die ehrgeizigste Expedition seiner Karriere vor. Er wollte den Heiligen Gral der Entdecker finden und ein für alle Mal klären, wo die Quelle des Nils lag – eine Herausforderung, der sich schon viele große

Entdecker seit Jahrhunderten gestellt hatten – allerdings ohne Erfolg.

Bereits um 460 vor Christus war Herodot, der »Urvater der Geschichtsschreibung«, der Frage nach dem Ursprung des längsten Flusses der Welt nachgegangen, hatte seine Suche jedoch am ersten Nil-Katarakt, knapp tausend Kilometer südlich von Kairo, abbrechen müssen. Etwa fünfhundert Jahre später hatte Ptolemäus die Theorie aufgestellt, der Nil entspringe im Mondgebirge, in der Nähe des Äquators – belegt werden konnte sie jedoch nie. Und seit Beginn des 19. Jahrhunderts, nachdem die Briten Napoleon bei Kairo besiegt und sich eine Machtposition in Nordafrika gesichert hatten, waren vereinzelte Abenteurer auf der Suche nach der Nilquelle flußabwärts gezogen, ohne sie jedoch zu entdecken. Und nun machte sich Livingstone auf, sie zu finden, denn er hatte eine solche Heldentat dringend nötig. Sie wäre nicht nur die Krönung seines Lebenswerks, sondern würde ihm auch erneut eine führende Position unter den besten Forschern der Welt sichern.

Auf den ersten Blick erschien Livingstone für ein so kühnes Vorhaben zu gütig und bescheiden – fast schon zu fromm. Er hatte eine so intensive vergeistigte Ausstrahlung, daß selbst die arabischen Sklavenräuber, gegen die er so vehement kämpfte, behaupteten, er besäße Baraka, jene Aura, die jeden erbaue und mit Seligkeit erfülle, der ihm begegne. Doch in dem schmalen, stotternden Mann mittleren Alters mit dem verwachsenen linken Arm und dem braunen Schnauzbart schlummerten eine grenzenlose Tapferkeit und Ausdauer. Er hatte die Wüste Kalahari durchquert, war dem Sambesi, dem viertgrößten Fluß Afrikas, gefolgt und von einer Küste des Kontinents zur anderen marschiert, was ihn zu einer Berühmtheit gemacht hatte. Dabei nahm Livingstone nie den direkten oder kürzesten Weg. Seine Expeditionen waren Forschungsreisen im wahrsten Sinne des Wortes: Mit dem größten Vergnügen zog er jahrelang kreuz und quer durch Urwälder, Sümpfe und Steppen und machte ohne die Hilfe von Landkarten ausgedehnte Erkundungsgänge durch die Wildnis. Schon oft hatte die Londoner Presse das Schlimmste befürchtet, wenn Livingstone wieder einmal eine ganze Weile nicht aufgetaucht war, und ihn bereits mehrmals für

Dr. David Livingstone (1813–1873)

tot erklärt. Doch obwohl er manchmal länger fortblieb als erwartet, hatte er sich noch nie verirrt.

Bevor Livingstone England im August 1865 verließ, um die N:' quelle zu suchen, hatte er seinen Kindern und Freunden versprochen, daß die Reise diesmal nur zwei Jahre dauern würde. Er wollte den afrikanischen Kontinent an der Ostküste betreten und dann mit der Selbstsicherheit eines Mannes, der schon einmal dort gewesen war, Richtung Westen ins Landesinnere vorstoßen. Livingstone kannte das Land und wußte, wohin er ging und wo er die Quellen höchstwahrscheinlich finden würde. Zwei Jahre schienen ihm daher eine ganz vernünftige Einschätzung.

Wie jedes Mal, seit er vom Missionar zum Entdecker geworden war, machte sich Livingstone auch auf dieser Reise täglich ausgiebige Notizen. Seine Handschrift wirkte ausdrucksstark – die Schleifen der kleinen L waren schwungvoll und seine kurzen, prägnanten Sätze in steilen Buchstaben gehalten –, und gelegentlich waren die Seiten des Tagebuchs mit Blut oder einzelnen Schweißtropfen von seiner Stirn besprenkelt. Bisher hatte er die schlichten Texte, die er oft bei Feuerschein und mit dem Moskitonetz über dem Kopf geschrieben hatte, nach seinen Reisen veröffentlicht. Seine Bücher waren Bestseller geworden, und die Welt hatte Afrika durch Livingstones Augen kennengelernt.

Einer der Hauptgründe, warum die Europäer Afrika lange Zeit mieden, geht auf das fünfte Jahrhundert vor Christus zurück. Der Seefahrer Hanno, ein karthagischer Entdecker, hatte damals versucht, Afrika von Westen her zu umfahren. Um zu jagen und nach Trinkwasser zu suchen, ankerte er an der afrikanischen Westküste nahe des Äquators und ging mit seinen Männern an Land. Als sie sich durch den tropischen Regenwald schleppten, wehte ganz aus der Nähe der Klang von Trommeln und Bambusflöten durch den Urwald zu ihnen herüber. Hanno und seine Männer erschraken, gingen jedoch weiter. Plötzlich wurden sie von einem hünenhaften, dunkelhäutigen Mann angegriffen, dessen gewaltige Muskeln, große, strahlend weiße Zähne und üppige Körperbehaarung die Karthager einschüchterten. In ihrer Todesangst brachten sie ihn um. Dann häuteten sie ihn und nahmen ihn mit nach Karthago, um beweisen zu können, daß es derartige Menschen gab. Der »Gorilla«, wie ihn Hannos Übersetzer nannten, jagte allen, die ihn sahen, Angst und Schrecken ein. Diese Zurschaustellung und Hannos schriftlicher Reisebericht, der später ins Griechische übertragen und in der ganzen damals bekannten Welt verbreitet wurde, begründeten Afrikas Ruf als Land der Wilden.

Erst durch Livingstone erwachte in Europa erneut das Interesse für Afrika. Auf seinen Reisen drang er weiter in die unbekannte Region südlich der Sahara vor, als die Araber und Portugiesen, die auf der Suche nach Elfenbein und Sklaven durch den afrikanischen Kontinent zogen. Zwischen 1841 und 1851 war er mehrmals für einige Wochen oder Monate unterwegs und erkundete die Wüsten, Flüsse und Seen im Süden Afrikas. Von 1852 bis 1856 wanderte er quer durch das südliche Zentralafrika, von Ost nach West, immer entlang des Sambesi. Danach nahm er die genauere Erforschung des Sambesi und des Gebietes nördlich davon in Angriff. Allein diese Expedition dauerte von 1858 bis 1863.

Doch die Reisen gingen nicht spurlos an Livingstone vorüber. Der Kontinent hatte sich in seine Gesichtszüge eingegraben und ihm eine Haltung und eine Ausstrahlung verliehen, mit denen er sich von anderen Männern abhob. Die Haut seines schmalen, zerfurchten Gesichts mit dem wachsamen Blick war straff und braungebrannt von der glühenden Sonne. Sein rauher schottischer Akzent hatte eine leicht afrikanische Färbung angenommen, und nach den vielen Jahren, in denen er fast ausschließlich die verschiedensten Bantu-Dialekte gesprochen hatte, brachte er nur noch mit Mühe englische Sätze über die Lippen. In seinem Magen wimmelte es von Hakenwürmern, und er litt unter ständiger Blutarmut. Und dann war da natürlich noch sein legendärer linker Arm, der verkrüppelt geblieben war, nachdem ein Löwe sich darin verbissen und Livingstone wie eine Stoffpuppe hin und her geschüttelt hatte. Livingstone überlebte den Angriff nicht nur mit einer fast übermenschlichen Gelassenheit. Er renkte sogar selbst den Bruch ein und nähte die Wunden mit elf Stichen – ohne Betäubung. Später meinte er, der Augenblick in den Fängen des Löwen sei für ihn ein Moment der Erleuchtung gewesen. Er habe ein Geheimnis erfahren, das ihm die Angst vor dem Tod genommen habe.

Fünfundzwanzig Jahre nachdem Livingstone zum ersten Mal nach Afrika gekommen war, legte die *HMS Penguin* in Sansibar an, um ihn erneut auf den Schwarzen Kontinent zu bringen. Während der folgenden Tage wurden Vorräte und Vieh verladen. Kurze Zeit später, am 19. März 1866 – Livingstones Geburtstag –, um zehn Uhr vormittags, verließ die *Penguin* unter dem Kommando eines britischen Offiziers namens Leutnant Garforth den Hafen von Sansibar. Zunächst würden sie knapp fünfhundert Kilometer nach Süden dampfen und dann bei der von Urwäldern umwucherten Mündung des Ruwuma an Land gehen. Von dort aus wollte Livingstone ins Landesinnere vorstoßen. Er war davon überzeugt, daß der Quellfluß des Nils letztendlich mit dem Sambesi verbunden war, möglicherweise sogar mit dem Kongo im Westen Afrikas und vermutete, daß diese gewaltigen Ströme südlich des Äquators entsprangen. Livingstone würde also nach Westen ziehen, um die Nilquelle zu finden – und zugleich sein Schicksal.

Am 4. April 1866 marschierte er mit seiner Karawane los. In dem Augenblick, als er den Urwald betrat, verschwand er für die Außenwelt von der Bildfläche.

STANLEY

6. Mai 1866, Denver, Colorado, 15 000 Kilometer von Livingstone entfernt

Einen Monat später begann sich Henry Morton Stanley, ohne daß es ihm bewußt war, David Livingstone von der anderen Seite der Erdkugel aus zu nähern. Die Berge der Front Range am Rand der Rocky Mountains waren blumenübersät, und es duftete nach frischem grünem Büffelgras. Stanley stand am Ufer des South Platte River. Der schneidende, kühle Präriewind strich über seine glattrasierten Wangen und blies ihm das braune Haar aus dem Gesicht. Er war fünfundzwanzig Jahre alt und untersetzt, ein zäher Bürgerkriegsveteran, der auf der Seite der Grauen und der Blauen, der Konföderierten wie der Unionsstaaten, gekämpft, sonst aber nichts Bemerkenswertes zustande gebracht hatte. Bis jetzt war sein Leben im Grunde nicht mehr als mittelmäßig gewesen. Stanley hatte sich bereits – mehr schlecht als recht – als Soldat, Matrose, Goldwäscher, Sohn und Liebhaber versucht, doch es gab immer wieder etwas Neues, was er zwar bereitwillig in Angriff nahm, kurz darauf jedoch aufgab, ohne etwas erreicht zu haben. Dennoch hatte er Talent zum Schreiben. Als freier Reporter hatte Stanley schon mehrere Zeitungsartikel veröffentlicht und spielte mit dem Gedanken, als Journalist berühmt zu werden.

Zu seinen Füßen lag ein Bündel von Baumstämmen und Brettern, die zu einem flachen Floß zusammengeschnürt waren, das nur zwanzig Zentimeter Tiefgang hatte. Neben ihm stand sein Freund und zukünftiger Journalistenkollege William Harlow Cook. Sie hatten sich im Jahr zuvor in Black Hawk City, Colorado, kennengelernt. Stanley arbeitete damals in einer Schmelzhütte und schickte Cook einen Brief, in dem er ihm zu seinem Artikel in einem Lokalblatt gratulierte. Cook war jemand, der sich anderen gern unterordnete, und somit die perfekte Begleitung für den prahlerischen Stanley. Als dieser beschloß, den South Platte River bei Hochwasser von Colorado aus mit dem Floß hinunterzufahren, hatte Cook nicht wirklich aus eigener Überlegung heraus zugestimmt, sondern war Stanley zögerlich in dessen Kielwasser gefolgt. Daß die Tour möglicherweise reiner Selbstmord war, spielte kaum eine Rolle. Wichtig war nur, daß sie schwimmen konnten, denn keiner der beiden hatte Erfahrung mit Flußfahrten, und die Schneeschmelze hatte den sonst eher ruhig dahinfließenden South Platte stark anschwellen lassen. Stanley und Cook wollten die frisch gefällten Stämme auf dem reißenden Fluß ein paar hundert Kilometer weit bis zum Missouri steuern, einem noch breiteren und wasserreicheren Strom. Die beiden Journalisten hatten genug vom Westen. Sie wollten Richtung Osten, vielleicht sogar bis nach China, egal wohin – Hauptsache, sie fanden dort eine abenteuerliche Story, die sich verkaufen ließ. Mit der Floßfahrt auf dem South Platte würden sie ihre erste geographische Hürde, die Great Plains, die endlose Ebene östlich der Rocky Mountains, viel einfacher und schneller überwinden können als zu Fuß.

Die vergangenen Jahre hatten Stanleys Charakter maßgeblich geformt. Ausgerechnet der Bürgerkrieg war für ihn dabei eine positive Erfahrung gewesen. Zu Beginn des Krieges war er noch Textilverkäufer in einem Provinznest in Arkansas gewesen; er war körperlich und geistig gestärkt daraus hervorgegangen und nun bereit für ein Leben voller Abenteuer. Er hatte Kämpfe miterlebt, war ein Meisterschütze geworden, hatte bei seinen Märschen Blasen, Entkräftung und schmerzende Glieder ertragen und aus erster Hand erfahren, wie man Menschen und Material schnell und über große Entfernungen hinweg transportierte.

Und noch etwas hatte Stanley im Krieg gelernt: daß ihm das

Schreiben lag. Während seiner Dienstzeit als Schreiber bei der Kriegsmarine der Nordstaaten verfaßte er nebenher erste Zeitungsberichte, in denen er ausführlich seine Schlachterlebnisse schilderte. Zudem fing er an, seine Gedanken in Tagebüchern festzuhalten, die eine überraschende Tiefe und Momente großer Melancholie erkennen ließen.

Die abenteuerliche Floßfahrt brachte Stanley am 12. Juni 1866 schließlich nach New York City. Seine gierige Suche nach dem großen Erfolg hatte begonnen. Und was noch wichtiger war: Stanley hatte seine Reise Richtung Osten gestartet, während Livingstone sich nach Westen vorankämpfte. Im gleichen Maß, in dem sich die Entfernung zwischen ihnen verringerte, häuften sich die Abenteuer, die ihre Reise mit sich brachte – zunächst nur gelegentlich und eher zufällig, dann mit unbarmherziger Regelmäßigkeit. Stanley, der immerhin eine ganze Menge Blasen gewohnt war und schon die bizarrsten Geschichten erlebt hatte, ahnte nicht im geringsten, was ihm bevorstand.

Teil Eins

Die Suchenden

Kapitel 1

Auf nach Afrika!

19. Juni 1866, am Fluß Ruwuma, Afrika

Livingstone war 1813 in ärmlichen Verhältnissen zur Welt gekommen, in einem dreistöckigen Mietshaus außerhalb Glasgows. Er war das zweite von sieben Kindern. Seine Vorfahren hatten als Gauner und Herumtreiber im schottischen Hochland gelebt, bevor sie in die Stadt gezogen waren, doch Livingstones Vater hatte die Abenteuerlust nicht geerbt. Während seine Brüder Söldner wurden, führte der verarmte Neil Livingstone einen kleinen Laden und verkaufte Tee. Er war Mitglied der Independent Congregational Church und so fromm, daß er eines Tages das e in seinem Familiennamen strich, da er glaubte, ein *living stone*, ein »lebender Stein«, habe etwas mit Hexerei zu tun.

Seine Kindheit verbrachte der Entdecker im Lärm und Chaos der Blantyre Works, einer Baumwollspinnerei, wo er täglich vierzehn Stunden arbeitete. Man kann die introvertierte, stoische Art und das Bedürfnis nach Weite, die Livingstone später charakterisieren sollten, wohl durchaus auf die klaustrophobische Enge der Fabrik zurückführen, in der ein solcher Krach herrschte, daß man sich nur schreiend unterhalten konnte. Als Livingstone dann als erwachsener Mann durch Afrika wanderte, sprach er fast gar nicht.

Die Abende in Blantyre waren dem Schulbesuch vorbehalten, der Sonntag hingegen, der einzige freie Tag für den jungen Livingstone, der Kirche. Danach flüchtete er sich gern in die Natur, um allein herumzuwandern und nach Steinen und Fossilien zu suchen. Die spärliche Freizeit verbrachte er mit Lesen. Über die Bücherei der Fabrik kam er ohne weiteres an Bücher. Das beliebteste Genre im Hause Livingstone war Reiseliteratur, in der die wunderbare Welt außerhalb des industriellen Glasgow geschildert wurde. Livingstone las unter anderem Bücher des Australienforschers Matthew Flinders, des Südamerikaforschers Francis Head und des Arktisforschers John Franklin. Schottische Abenteurer wie Mungo Park, der den Fluß Niger erkundet hatte, und James Bruce, der seine Entdeckungsreise zu dem als Blauer Nil bekannten Nebenfluß des Weißen Nils zwar unbeschadet überstand, dann jedoch in seinen eigenen vier Wänden beim Sturz von der Treppe ums Leben kam, waren die Helden seiner Jugend.

Die beiden Bücher aber, die zeit seines Lebens den größten Eindruck bei Livingstone hinterließen, verknüpften das Abenteuer mit dem christlichen Glauben. Das erste, Thomas Dicks *Philosophy of a Future State*, brachte Wissenschaft und Schöpfungsglaube trotz ihrer Verschiedenheit miteinander in Einklang. Für den Heranwachsenden, der ein Studium der Medizin in Erwägung zog und sich zugleich neuerdings eifrig mit dem Christentum befaßte, war Dicks Buch ein wichtiger Beweis dafür, daß der Weg, den er gehen wollte, nicht notwendigerweise der eines Ketzers war.

Das zweite Buch, Karl Friedrich Gützlaffs *Bericht über drei Reisen in den Seeprovinzen Chinas 1831–1833*, beeinflußte maßgeblich Livingstones weiteres Schicksal. Der Bericht über den Alltag eines Missionars im Orient begeisterte den einundzwanzigjährigen Baumwollspinner zutiefst. Schon seit langem hatte er von einem Leben außerhalb der Fabrik, möglicherweise sogar außerhalb Schottlands geträumt. Gützlaffs Buch wies ihm den Weg. Zunächst absolvierte er ein Medizinstudium, dann ging er in den Süden und trat dem Priesterseminar der London Missionary Society in einem Londoner Vorort bei. Er wolle nach China, erklärte er seinen neuen Arbeitgebern.

Als er das Seminar jedoch im Jahr 1840 abschloß, wütete zwischen Großbritannien und China gerade der Opiumkrieg. Man bot Livingstone daher an, verlorene Seelen in der Karibik oder im südlichen Afrika zu retten statt in China. Er entschied sich für Afrika. Der verwegene siebenundzwanzigjährige Doktor und geweihte Priester, idealistisch, keusch und abstinent, verließ den Trubel Londons und reiste zur verschlafenen Missionsstation Kuruman, die fast tausend Kilometer nördlich der felsigen Südküste Afrikas lag. Noch immer litt er unter seinem ersten Liebeskummer, nachdem eine junge Frau namens Catherine Ridley ihn kurz vor seiner Abreise aus London zurückgewiesen hatte. Afrika schien ihm der ideale Ort, um mit ganzer Kraft die Botschaft Jesu Christi zu verbreiten und die enttäuschende Realität hinter sich zu lassen – ein Gedanke, der in Livingstones Leben immer wieder auftauchen sollte.

Damals hatte die missionarische Arbeit noch nicht den imperialistischen Beigeschmack, der ihr später anhaften sollte und zu welchem letztlich auch Livingstones Entdeckungsreisen beitrugen. Als er am 8. Dezember 1840 Richtung Afrika aufbrach, hegte er keinerlei böse Absichten, folgte keiner politischen Verschwörung, die den afrikanischen Stämmen ihre Unabhängigkeit nehmen wollte. Er war nichts als ein frommer junger Mann, der die christliche Aufforderung »Gehet hin und machet Jünger von allen Völkern« ernst nahm. Wie der Apostel Paulus würde er durch das unerforschte Hinterland ziehen und sich großen Gefahren aussetzen, um auch die Seelen im entlegensten Winkel des Landes zu erreichen, die Christus sonst womöglich niemals begegnen würden.

Hätte Livingstone nicht irgendwann die Rastlosigkeit gepackt, dann hätte er vielleicht ewig in seiner Seifenblase gehockt, hätte das Leben eines einfachen, unbedeutenden Missionars geführt, Bibelstunden gegeben und Gottesdienste geleitet. Doch schon wenige Wochen nach seiner Ankunft in Kuruman, mitten im öden, verdörrten Buschland, überkam ihn die Langeweile – und den Einheimischen ging es nicht anders. »Bei den Gottesdiensten schwankte die Zahl der Anwesenden zwischen zehn und fünfzig«, schrieb er, »und diese verhielten sich sehr oft äußerst ungehörig. Manche von ihnen rauchten, andere lachten oder arbeiteten nebenbei, und wieder andere waren damit beschäftigt, ihren Schmuck abzulegen.«

In der Hoffnung auf mehr Erfolg bei seiner Arbeit bat Livingstone um die Erlaubnis, »ins dunkle Landesinnere weiterreisen« zu dürfen, wo er sich nach Standorten für neue Missionsstationen umsehen wollte. Man kam seinem Wunsch nach, und die Vorfreude erfüllte Livingstone mit »unaussprechlichem Entzücken«.

Zu dieser Zeit war die Erforschung Afrikas noch von einer gewissen Einfachheit und Ehrlichkeit gekennzeichnet. Livingstone war ein ehrgeiziger junger Mann mit einer grenzenlosen Energie. Kaum hatte er die Pfade der Zivilisation hinter sich gelassen, hatten sich all seine Probleme in Wohlgefallen aufgelöst. Damals war er noch unbekannt gewesen, und auf seinen Schultern hatten noch nicht die Erwartungen ganz Englands gelastet. Doch nun, fünfundzwanzig Jahre später, war das anders: Sein Ruhm und das Nil-Duell zwangen ihn regelrecht, ein letztes Mal nach Afrika zurückzukehren.

Das von der Presse zum Nil-Duell hochstilisierte Ereignis war die geplante Begegnung zwischen den großen Afrikaforschern und Konkurrenten Burton und Speke. Richard Francis Burton, der durch die erste Übersetzung des *Kama Sutra* ins Englische sowie seine abenteuerlichen Reiseberichte über die verbotenen islamischen Heiligtümer Mekka und Harar berühmt geworden war, hatte 1855 mit John Hanning Speke zum ersten Mal versucht, von der Ostküste aus zu den Nilquellen vorzudringen. Kurz nach Beginn der Expedition waren die beiden von somalischen Banditen überfallen worden und nur knapp mit dem Leben davongekommen. Trotzdem brachen sie schon zwei Jahre später erneut auf, diesmal von Sansibar aus und gefördert von der Londoner Royal Geographical Society. Unterwegs warben sie einige afrikanische Soldaten an, darunter auch Sidi Mubarak Bombay, der als Kind versklavt, von seinem Herrn nach Bombay verschleppt und nach dessen Tod in die Freiheit entlassen worden war und danach als Soldat für den Sultan von Sansibar im Gefängnis von Chokwe arbeitete. Die Reise mit Speke und Burton, auf der er als ihr Waffenträger und Dolmetscher fungierte, sollte ihn berühmt machen. Die beiden Forscher kamen bis zum Tanganjikasee, den Burton für die Quelle des Nils hielt, konnten jedoch keinen Fluß entdecken, der aus dem See weiter Richtung Norden führte. Burton erkrankte auf dem Rückweg an Malaria und mußte eine Rast einlegen. Speke erkundete währenddessen die Gegend und stieß etwa zweihundertfünfzig Kilometer nordwestlich des Tanganjikasees auf einen weiteren riesigen See, den er nach der britischen Königin Viktoria Njansa, Victoriasee, nannte und für die

Die Engländer Sir Richard Burton (1821–1890) und John Hanning Speke (1827–1864) waren zwei der berühmtesten Afrikareisenden ihrer Zeit. Sie waren die ersten Europäer, die den Tanganjikasee erforschten.

wirkliche Nilquelle hielt. Da der Proviant knapp war, konnten die Forscher nie nach einem Abfluß suchen, was Speke jedoch nicht davon abhielt, sich bei der Rückkehr nach England als wahrer Entdecker der Nilquelle auszugeben. Seine spätere Expedition um den Victoriasee und entlang des Nils bis zum Mittelmeer wies Lücken auf, so daß Spekes Theorie für Burton auch danach noch als unbewiesen galt. Schließlich sollte der Streit in London in einem medienwirksam inszenierten Rededuell der Forscher geschlichtet werden, doch es kam nicht dazu. Nachdem sich die beiden fünf Jahre nach ihrer gemeinsamen Reise am Tag vor dem Ereignis zum ersten Mal wieder getroffen hatten, nahm sich Speke das Leben.

Kurze Zeit später war Sir Roderick Murchison, einer der Gründer und der Präsident der Royal Geographical Society, an Livingstone herangetreten und hatte ihn gebeten, die Frage nach der Nilquelle ein für alle Mal zu klären. Livingstone wußte, daß dies seine letzte Expedition sein würde, wenn er die Nilquelle nicht fand – und paradoxerweise selbst dann, wenn es ihm gelang. Seine letzte Expedition war von der Regierung als Debakel betrachtet worden, und somit konnte er nicht mehr mit der gleichen Unterstützung rechnen wie früher. Zudem war Livingstone mittlerweile nicht nur objektiv gesehen ein alter Mann, über die Jahre hatte Afrika auch seine Gesundheit geschwächt. Das dumpfe Gefühl, daß ihm die britische Regierung und die Royal Geographical Society selbst mitten in Afrika bei allem, was er tat, über die Schultern schauten, setzte ihn bei seiner täglichen Arbeit zusätzlich unter Druck. Darüber hinaus gab es endlose Debatten mit Trägern, die nicht weitergehen wollten und ihn bestahlen, und mit mürrischen Soldaten, deren Sprache er kaum verstand – all das ging manchmal einfach über seine Kräfte. Doch die Suche nach der Nilquelle war für Livingstone zu einer Obsession geworden, und da er sich von der Expedition auch eine finanzielle Absicherung für seine Kinder versprach, war er Murchisons Bitte letztendlich nachgekommen.

Anders als Burton und Speke plante Livingstone, nicht den direkten Weg zu nehmen, sondern entlang des Flusses Ruwuma bis zum Njassasee zu marschieren. Von dort aus wollte er nach Norden zum Tanganjikasee weiterziehen, in dessen Nähe er die Nilquelle vermutete. Am 8. August 1866 erreichte er schließlich den Njassasee. Er war länglich und schmal wie sein Gegenstück im Norden, der Tanganjikasee, und zudem mit einer Länge von vierhundertachtzig und einer Breite von gut fünfzig Kilometern fast genauso groß wie dieser.

Livingstone hatte eine besondere Beziehung zum Njassasee, denn er war bereits bei seiner Sambesi-Expedition hier gewesen und hatte ihn teilweise erforscht. Es hatte diesmal vier Monate lang gedauert, sich durch den Morast des Ruwuma-Deltas hierher zu schleppen, weshalb der Entdecker entsprechend erleichtert war, als er nun am felsigen Ufer des Sees stand. An seiner Oberfläche ließ der Wind kleine Wellen entstehen. Living-stone stieg ins Wasser und ließ sich von dem kühlen Naß umspülen. »Als ich den Njassasee wiedersah und mich in seine köstlichen Fluten stürzte, war mir, als käme ich nach Hause – das Rauschen dieses Binnenmeeres versetzte mich in ein Hochgefühl«, schrieb er später.

Die Ankunft am Njassasee war zugleich ein wichtiger erster

Schritt bei der Eingrenzung der Suche nach der Nilquelle. Livingstones Theorie zufolge führte eine ganze Kette von Flüssen und Seen zum Nil – und sowohl der Victoriasee als auch der Tanganjikasee waren zwei Glieder dieser Kette. Er hoffte, daß auch der Njassasee dazugehörte und er nur die Verbindung zwischen ihnen zu finden brauchte. Jahre später, als man das gesamte Ausmaß des Great Rift Valley, des gigantischen Grabens zwischen dem Mittelmeer und Südafrika, erkannte, stellte sich heraus, daß Livingstone mit seiner Theorie zumindest zum Teil richtig gelegen hatte.

Für seine Suche war es also absolut notwendig, festzustellen, ob der Njassasee irgendeinen Hinweis auf die Nilquelle gab. Livingstone wollte den See daher überqueren oder entgegen dem Uhrzeigersinn bis zum Nordende hin umrunden. Als er jedoch von einem kriegerischen Stamm am nördlichen Ufer hörte, wandte er sich nach Süden, um den See statt dessen im Uhrzeigersinn zu umwandern. Wie schon zuvor notierte er in sein Tagebuch zahlreiche Eindrücke der unterschiedlichsten Art: »Gestern früh hat ein Löwe eine Frau getötet und sie fast völlig aufgefressen, ohne sich dabei stören zu lassen.«; »Die Schicht der landwirtschaftlich Tätigen scheint den anderen hier nicht unbedingt untergeordnet zu sein: Jeder baut etwas an, und die Arbeit gilt als angesehen.«; »Gestern nacht ist einer der Männer vom Krokodil geholt worden. Er hatte Bier getrunken und ging hinunter zum Wasser, um sich abzukühlen. Als er sich hineinlegte, packte ihn das Vieh.«

Seine symbiotische Beziehung zu den Arabern und dem Sklavenhandel gab Livingstone immer wieder Anlaß zu besonders scharfen Kommentaren: »Die Furcht, welche die Engländer den arabischen Sklavenhändlern einflößen, kommt mir ziemlich ungelegen. Alle ergreifen vor mir die Flucht, als hätte ich die Pest, so daß ich keine Briefe zur Küste befördern lassen kann.«

Nachdem Livingstone fast zweihundertfünfzig Kilometer seiner Umrundung zurückgelegt hatte, erreichte er das Südende des Njassasees und überquerte den krokodilverseuchten Fluß Schire, der zum Sambesi weiterfließt. Dann ging er am Westufer des Njassasees entlang wieder Richtung Norden. Das Terrain war bewaldet, teils mit klaren Bächen und Kalksteinhügeln und gelegentlich mit schwarzem, lehmigem Morast überzogen.

Seit er die Sepoys, die indischen Seesoldaten, die eigentlich zum Schutz der Karawane angeworben worden waren, ihn statt dessen aber bestahlen und seine Befehle verweigerten, entlassen hatte, war es ruhig geworden – soweit man das bei einer Forschungsreise durch Afrika überhaupt sagen kann. Doch schon am 26. September bahnte sich neuer Ärger an. Livingstone kam ein Araber entgegen, der anscheinend vor irgend etwas auf der Flucht war. Normalerweise reisten Araber in großen Gruppen, denn allein liefen sie Gefahr, von Afrikanern umgebracht zu werden, die sich wegen des Sklavenhandels rächen wollten. Livingstone erkannte, daß dem Mann, den er vor sich sah, etwas Seltsames und Furchterregendes begegnet sein mußte.

Ohne gefragt worden zu sein, warnte der verängstigte Araber die Karawane: In dem Gebiet, aus dem er gerade komme, wimmele es von Masitus. Sie hätten seine vierundvierzig Mitreisenden getötet, er sei der einzige Überlebende.

Livingstone hatte von den Masitus gehört. Sie waren eine Splittergruppe der kriegerischen Sulus und verübten mit Vorliebe Überraschungsangriffe auf jeden Stamm, der sich ihnen in den Weg stellte. Die männlichen Opfer wurden zerstückelt, die Frauen und Kinder am Leben gelassen und als Sklaven und Konkubinen gehalten. Schon allein der Name »Masitu«, der auf Bantu »die aus dem Nichts kommen« bedeutet, verlieh den Plünderern eine düstere, furchterregende Ausstrahlung.

Livingstones Männer hatten natürlich schreckliche Angst. Am lautesten jammerte Ali Musa, der Träger, mit dem Livingstone die meisten Auseinandersetzungen hatte. Er stammte von den Komoren, war unglaublich mürrisch und träge, stahl und machte oft Schwierigkeiten. Während der Sambesi-Expedition hatte er für Livingstone als Matrose gearbeitet und sich einen Ruf als Lügner und Faulpelz erworben. Livingstone war jedoch ein versöhnlicher Mensch, der manche Dinge schlichtweg übersah. Er beschloß nicht nur, die schlechten Erfahrungen mit Musa zu vergessen, als er ihn in Sansibar erneut anstellte, sondern engagierte sogar noch acht von dessen Freunden, ebenfalls von der Komoreninsel Johanna. Auf der sechsmonatigen Reise entlang des Ruwumas und dann des Njassasees revanchierten sich Musa und die anderen Johannas für Livingstones Nachsichtigkeit, indem sie seine Vorräte plünderten, wann immer sie sich unbeobachtet glaubten. »Jetzt haben Musa und die Johannas erklärt, daß sie nicht mehr weitergehen«, schrieb Livingstone. »Musa sagte: ›Das sein keine gute Land. Ich wollen zurück nach Johanna zu sehen meine Vater und Mutter und Sohn.‹«

Doch Livingstone war auf die Männer angewiesen. Bei einer Forschungsreise durch Afrika war es absolut notwendig, daß man sich auf seine Träger verlassen konnte. Ein Entdecker kam auf seiner Expedition nur so weit, wie die Vorräte reichten, so daß die Träger als menschliche Versorgungsleitung dienten. Alles, was ein europäischer Forscher für sein Vorhaben brauchte, fand sich auf den Schultern der Afrikaner, die er anwarb: Perlen und Stoffe, die in den Dörfern gegen Nahrung eingetauscht wurden, Schießpulver, Arznei, und sogar Teller und Tafelsilber. Livingstone war diese Abhängigkeit von seinen Trägern schmerzlich bewußt. Obwohl es täglich Probleme mit den Männern gab, war es eine unumstößliche Tatsache, daß er seine Mission nicht allein durchführen konnte.

Damit Musa nicht auf die Idee kam zu fliehen, versuchte Livingstone dessen Furcht zu zerstreuen, indem er ihn zu einem Stammeshäuptling der Gegend mitnahm, von dem er erfahren wollte, was sich hinter den Gerüchten verbarg. Dieser erklärte, daß nicht die Masitus für den Zwischenfall verantwortlich seien, sondern der Stamm der Manganjas, der es satt habe, daß die Araber Waffen und Munition in ihr Land brächten und die Menschen versklavten. »In der Region, in die du gehst, gibt es keine Masitus«, versicherte er Livingstone und Musa.

Musas Blick war so angsterfüllt, daß ihm die Augen aus den Höhlen zu springen drohten. »Ich dem Mann nicht glauben können«, kreischte er und war durch nichts mehr zu beruhigen.

Obwohl Livingstone nicht sicher sein konnte, daß die Auskunft des Häuptlings richtig war, beteuerte er Musa immer wieder, der Weg sei ungefährlich. Sie würden die Route nicht ändern. Livingstone tat so, als sei das Thema damit abgeschlossen, und befahl der ganzen Karawane, die Bündel wieder zu schultern und weiterzumarschieren. Er wollte so schnell wie möglich Richtung Norden, zum Tanganjikasee.

Doch schon ein paar Monate später sollte ganz Großbritannien es bedauern, daß Livingstone sich so entschieden hatte.

Kapitel 2

Ein perfektes Abenteuer

7. März 1867, Portsmouth

Am 7. März 1867, fast sechs Monate nach Livingstones Versuch, den völlig verängstigten Musa wegen der Masitus zu beruhigen, las E. D. Young, ein britischer Marineoffizier in Portsmouth, voller Schrecken und Abscheu die *Times*. Es war ein trüber Donnerstagmorgen. Ein eisiger Wind aus Ost-Nordost fegte über das hölzerne Deck der *Osborne*, der neuen Jacht in der Flotte Königin Viktorias. Young las, daß sein geliebter Livingstone tot sei.

Hier stand es schwarz auf weiß: Livingstone galt als vermißt, und man ging davon aus, daß er ermordet worden war. Der Bericht rührte zu Tränen. In einem bewegenden Begleitbrief trauerte Sir Roderick Murchison in der Vergangenheitsform um seinen Freund. Daneben war eine Depesche aus Sansibar abgedruckt, die bestätigte, daß Livingstones gesamte Expedition von den Masitus niedergemetzelt worden sei.

Verfasser der Nachricht war John Kirk, ebenfalls Mitglied der Royal Geographical Society, der Livingstone auf der Sambesi-Reise als Expeditionsbotaniker begleitet hatte. Seit kurzem vertrat der Schotte auf Sansibar den britischen Konsul H. A. Churchill, der wegen seiner Malariaerkrankung nach England zurückgekehrt war. »Am fünften Dezember trafen neun Männer von der Gruppe der Johannas, die Dr. Livingstone begleitet hatte, in Sansibar ein«, ließ er in seinem Brief verlauten, »und berichteten, daß sie zwischen Ende Juli und September westlich des Njassasees plötzlich von einer bewaffneten Schar Masitus angegriffen worden seien, die Dr. Livingstone und die Hälfte seiner Männer ermordet hätten. Die Zurückgekehrten hätten entkommen können, da sie ein Stück weiter hinten gegangen und damit unentdeckt geblieben seien, und bezeugten alle unter Eid, sie hätten noch am selben Abend mitgeholfen, die Leiche ihres Anführers zu begraben. Auch wenn die verschiedenen Schilderungen der Männer in den Einzelheiten und anderen Punkten nicht völlig übereinstimmen, sind sich alle darin einig, daß sie die Leiche gesehen haben und diese im Nacken eine große Wunde aufgewiesen habe, die von einer Axt stammte. Ein Mann habe den tödlichen Schlag sogar mit eigenen Augen gesehen.«

Auf einige Dinge, die im Zusammenhang mit der Tragödie standen, ging Kirk in seinem Brief jedoch nicht ein, darunter die ergreifende Reaktion der sonst eher abgestumpften Sansibariten auf Livingstones Tod: Sofort wurde Trauer angeordnet, und alle ausländischen Schiffe im Hafen, die Konsulate und sogar der Sultan von Sansibar zeigten Trauerbeflaggung.

Musas Verhalten war weniger löblich. Nachdem er seine tiefe Trauer über Livingstones Tod zum Ausdruck gebracht hatte, begann er Kirk und Konsul George E. Seward zu bedrängen, ihn und die Johannas für die Dienstzeit bei Livingstone auszuzahlen. Schließlich hätten sie sechs anstrengende Monate lang für den schrulligen Entdecker gearbeitet, argumentierte er, entlang des Ruwuma einen Pfad gebahnt und sich größter Gefahr ausgesetzt, als Livingstone darauf bestanden hatte, das Gebiet der Masitus zu durchqueren.

Kirk und Seward verhielten sich zunächst zurückhaltend. Es erschien ihnen seltsam, daß alle Überlebenden zum Stamm der Johannas gehörten. Bevor sie die Nachricht nach London schickten, ließen sie den Mord daher genau untersuchen. Drei Wochen lang vernahmen sie die Johannas, versuchten herauszuhören, wo sich die Schilderungen widersprachen, und warteten darauf, daß sich die Männer verrieten.

Zwischen den einzelnen Berichten gab es zahlreiche Unstimmigkeiten. Manche der Johannas sagten, Livingstone sei mit einigen Dorfbewohnern in der Abenddämmerung auf Elefantenjagd gewesen, andere behaupteten, er habe lediglich die Gegend erkundet und sei am Mittag ums Leben gekommen. Die einen schworen, sie hätten sich während des Angriffs im Gebüsch versteckt, während die anderen aussagten, sie seien damit beauftragt gewesen, ins Dorf zurückzukehren und Vorräte zu besorgen. Einige gaben an, Livingstone habe einen Mann erschossen, manche sprachen dagegen von zwei Männern. Letztendlich aber hielten sich die Unterschiede in Grenzen.

Entscheidend waren schließlich die Überlegungen zu einem möglichen Motiv. Warum sollten die Johannas lügen und sich so der Gefahr aussetzen, in Sansibar als Deserteure und Befehlsverweigerer bestraft zu werden? Auch der großzügigste Lohn war dieses Risiko nicht wert. Kurz vor Weihnachten 1866 schickte man Musa und die Johannas ohne Bezahlung mit dem Schiff nach Hause. Als sich daraufhin auch noch der Sultan von Johanna zu Wort meldete und verlangte, daß seine Untertanen die Beträge erhielten, die ihnen für ihre unschätzbaren Dienste gegenüber Großbritannien zustünden, waren Seward und Kirk endgültig davon überzeugt, daß Livingstone tot war.

Konsul Seward, ein Arzt aus Edinburgh, der sich während Livingstones Aufenthalt in Sansibar mit diesem angefreundet hatte, übermittelte dem britischen Außenministerium die Neuigkeiten. Am 26. Dezember 1866 beauftragte er Kirk, sie auch an die Royal Geographical Society weiterzuleiten. Kirk verfaßte zwei Schreiben, damit die Nachricht so schnell wie möglich ankam. Eines wurde mit dem Postboot über den Atlantik geschickt, das andere über das Rote Meer. Zwei Monate später trafen sie bei der RGS ein. »Sollte sich diese grausame Botschaft als wahr erweisen«, schrieb Murchison der *Times* in dem Brief, der E. D. Young am 7. März 1867 so wütend machte, »dann wird die zivilisierte Welt den Verlust des vortrefflichsten und furchtlosesten Entdeckers zu beklagen haben, den es jemals gab.«

Die britische Bevölkerung empfand den Verlust Livingstones und die vermeintlichen Umstände seines Todes als Schmach, denn die Grausamkeit der Sulus war weithin bekannt. Noch immer kursierte in der Öffentlichkeit die haarsträubende, aber wahre Geschichte von den Siedlern, die in Südafrika getötet worden waren, indem ihnen dicke Holzpfähle durch den After bis ins Herz gestoßen wurden. Natürlich war es in Livingstones Fall ohne eine Leiche unmöglich festzustellen, wie er tatsächlich umgekommen war, doch daß er tot war, bezweifelte niemand. Sewards und Kirks Untersuchungen machten deutlich, daß Livingstones Glückssträhne nach all den Jahrzehnten, in denen er unbeschadet durch Afrika gewandert war, nun in aufsehenerregender Weise zu Ende gegangen war.

Daß Young so wütend wurde, als er die Neuigkeiten an Bord der *Osborne* las, rührte vor allem daher, daß er Musa und dessen Charakter aus eigener Erfahrung kannte. Der fünfunddreißigjährige Deckoffizier Young hatte von Januar 1862 bis März 1864 bei Livingstones Sambesi-Expedition gedient. Damals hatte er die *Pioneer* gesteuert, das zweite von drei eisernen Dampfschiffen, die Livingstone bei der Fahrt durch das Sambesi-Delta einsetzte. Seiner Meinung nach waren Ali Musa und die Johannas nichts als Diebe, Faulenzer und Lügner. Er war davon überzeugt, daß die Johannas Livingstone im Stich gelassen hatten, weil ihnen die Forschungsreise zu anstrengend geworden war, und sich dann die Geschichte von seinem Tod ausgedacht hatten, um ihren Lohn abzukassieren.

Young war ein drahtiger, impulsiver Mann. Als Jugendlicher hatte er sich freiwillig der Royal Navy angeschlossen, obwohl sie für die erbärmlichen Lebensbedingungen, die Brutalität und die Unzucht berüchtigt war, die dort herrschten. Die meisten Männer wählten ein solches Leben nicht freiwillig. Oft wurden sie in den Dienst gezwungen: Gruppen von Matrosen zogen durch die Küstenstädte, machten junge Männer betrunken, gaben ihnen dann eins über den Schädel oder legten sie einfach in Ketten und schleppten sie auf ein Schiff. Doch Young gefiel das Leben bei der Marine. Im Lauf seiner zwanzig Dienstjahre arbeitete er sich über die verschiedenen Ränge zum ersten Geschützoffizier und Deckoffizier hoch. Auf der *Gorgon*, einem Versorgungsschiff, das auf dem Moçambique-Kanal verkehrte, hatte er 1860 Livingstone zum ersten Mal getroffen. Young bewunderte den Forscher so sehr, daß er seinen hart erarbeiteten Posten 1862 aufgab, um an Bord der *Pioneer* dienen zu können. Anfangs hatte Livingstone Zweifel am Charakter des Seemanns. Er verdächtigte Young, mit seiner übereifrigen Arbeitseinstellung einen zusätzlichen Lohn erzwingen zu wollen. Doch mit der Zeit gewann Young sein Vertrauen und wurde zur Hauptstütze der Sambesi-Expedition. »Die *Pioneer*«, schrieb Livingstone am 16. Juni 1863 in sein Tagebuch, als er für einen Teil seiner Erkundungen an Land ging, »blieb unter der Aufsicht unseres fleißigen und höchst vertrauenswürdigen Offiziers, Mr. Edward Young, R. N., zurück.«

Als Young nach England zurückkehrte und seine Karriere bei der Marine weiterverfolgte, kam ihm die Zeit mit Livingstone anscheinend zugute. Dafür sprach schon der noble Posten als Geschützoffizier der *Osborne* – beinahe ein Ehrenamt, da das Schiff kaum mit Waffen ausgestattet war. Mittlerweile diente Young schon zwei Jahre auf der *Osborne*. Seine afrikanische Bräune war einer frischen, rosigen Blässe gewichen, die für alle typisch war, die in der windigen Hafenstadt Portsmouth zu Hause waren. Auf der königlichen Jacht lebte es sich komplett anders als auf der *Pioneer*, wo er seine Uniform im schlammigen Wasser gewaschen hatte, wo er hatte essen müssen, was der Fluß hergab oder was er von den Stämmen am Ufer kaufen konnte, und ihn nichts umgeben hatte als »das rote Band des Flusses, die Müdigkeit und das monotone Summen der Moskitos«.

An dem Tag, als Young von Livingstones angeblicher Ermordung las, lagen die Temperaturen in Portsmouth zwar nur knapp über null Grad, doch in jeder anderen Hinsicht war der Dienst auf der *Osborne* durchaus angenehm. Wenn das Schiff im Hafen anlegte, geschah dies ruhig und ohne daß Befehle gegeben werden mußten. Die Decks waren immer blankpoliert. Young war jeden Tag tadellos gekleidet, der Pullover seiner Uniform steckte ordentlich im Bund seiner gestärkten Hose. Er bekam regelmäßig eine warme Mahlzeit und eine tägliche Ration Rum. Die geschäftige, windumtoste Küstenstadt Portsmouth, Heimathafen der britischen Marine, mit ihren Seemannsspelunken und *gunny bunnies*, den Seemannsbräuten, war mit dem Zug nur ein paar Stunden von London entfernt, wo man ein herrliches geselliges Wochenende verbringen konnte. Das Leben auf der *Osborne* besaß außerdem einen ganz besonderen, schrägen Charme, dem man nirgendwo sonst bei der Royal Navy begegnete: Auf dem Schiff hatten sich vor allem homosexuelle Seeleute zusammengefunden – von den anderen Mitgliedern der Marine *screaming queens*, die »tollen Tunten«, getauft. Einen Höhepunkt an Bord stellten die regelmäßigen Aufführungen des Cabarets »Sods Opera«, der »Sodomiten-Oper«, dar. Die prickelnden Travestie-Shows waren einfach brillant und einzigartig auf den Weltmeeren.

Doch Young war bereit, dieses luxuriöse, angesehene und ausgelassene Leben aufzugeben, denn ganz allmählich nahm in seiner Vorstellung ein seltsamer Plan Gestalt an: Er wollte eine Such- und Rettungsexpedition nach Afrika anführen, um Livingstone aufzuspüren. Seine Absicht war, auf dem Wasserweg ins Landesinnere vorzudringen. Dazu brauchte er nur eine kleine Gruppe von engagierten Helfern und ein robustes Boot. »Einen größeren Trupp Männer in das Land mitzunehmen oder auch nur die Mannschaft eines Kriegsschiffes, geschweige denn ein Kanonenboot, kam nicht in Frage«, schrieb er später.

Am 13. März 1867, eine Woche nachdem die *Times* den Mord gemeldet hatte, nahm sich Young ein Herz und setzte auf einem kleinen Bogen Papier einen Brief an Murchison auf. »Sir«, begann er. Seine Schrift verriet Angespanntheit und Nervosität. »Ich bitte Sie, die Freiheit zu entschuldigen, mit der ich mich an Sie wende, nachdem ich die traurige Nachricht vom Mord an Dr. Livingstone erfahren habe. Zunächst muß ich Sie davon unterrichten, daß ich während der Sambesi-Expedition über zwei Jahre im Dienste Dr. Livingstones stand und unter seinem Befehl für das Dampfschiff *Pioneer* verantwortlich war und daß ich in dieser Zeit eine sehr gute Kenntnis der Johannas erworben habe, da zwölf von ihnen zur Mannschaft der *Pioneer* zählten. Und Sir, ich kann Ihnen versichern, daß man zu keiner Zeit und unter keinen Umständen auch nur in geringster Weise Vertrauen in sie setzen konnte, vor allem, wenn es um die Wahrheit ging, und daß sie darüber hinaus üble Diebe waren. Ich habe daher guten Grund zur Hoffnung, daß sich ihr Bericht bezüglich der Ermordung des Doktors als reine Erfindung entpuppt, vor allem, da sie nichts aus seinem Besitz mitgebracht haben, denn sie wissen im Gegensatz zu den Masitus sehr wohl um den Wert von Büchern, Papieren oder Ähnlichem. Ihr sehr ergebener Diener ...«

Young unterschrieb den Brief und gab ihn auf. Das E in seinem Namen sah eher wie ein G aus, weshalb ihn die *Times* später auch falsch zitierte. Dennoch begann für den bescheidenen, eifrigen Marineoffizier mit diesem wütenden Brief eine unglaubliche Odyssee, die entscheidend für sein weiteres Leben werden sollte.

In Murchison fand Young einen ungewöhnlichen Verbündeten. Murchison hatte nicht nur die Suche nach dem Arktisforscher John Franklin initiiert, sondern auch Speke und seinem Begleiter James August Grant finanzielle Unterstützung gewährt, als sich die Rückkehr ihrer Forschungsreise verzögert hatte. Wie Young bezweifelte auch Murchison, daß Livingstone wirklich ums Leben gekommen war, selbst als Afrikaspezialisten wie Kirk und Sir Samuel White Baker den Forscher für tot und begraben erklärten.

Murchison gab Youngs Brief an die *Times* weiter und bestellte den Seemann zu sich nach London. Als dieser mutig anbot, einen eventuellen Suchtrupp selbst anzuführen, war Murchison begeistert. »Zweifel«, waren sich die beiden einig, »werden nicht geduldet.«

Nun ging es an die Vorbereitungen. Obwohl die Zeitungen immer wieder Beweise brachten, daß Livingstone tot war – darunter am 6. April einen Bericht über weitere Nachforschungen Konsul Sewards –, konnten die Pläne für die Suchexpedition durch Murchisons Eifer und seine guten Kontakte schnell in die Praxis umgesetzt werden. Im Mai ernannte man Young zum Kommandeur der Livingstone-Suchexpedition, und das Marineministerium erteilte ihm die Erlaubnis, die *Osborne* zu verlassen. Die Regierung stellte Young dank Murchisons Fürsprache und Livingstones Berühmtheit einen zehnmal höheren Betrag zur Verfügung, als er zur Finanzierung seiner im Grunde wenig aussichtsreichen Suche eigentlich brauchte, und ermutigte ihn, »jedes verfügbare Mittel zu benutzen, sofern es Erfolg verspräche«.

In Afrika angekommen, fuhren Young und seine Männer zunächst den Sambesi und dann den Schire hinauf und erreichten am 19. August mit der *Search* die Murchison Falls. Dort verbrachten sie fünf Tage damit, das stählerne Boot komplett auseinanderzunehmen – eine Zerreißprobe für Youngs Nerven. Er wußte, daß es unbrauchbar sein würde, wenn auch nur eines der achtunddreißig Teile beschädigt würde oder verloren ging. Zudem bestätigten ihm Dorfbewohner aus der Umgebung, daß sich die Masitus ganz in der Nähe herumtrieben. Sie waren in der Zwischenzeit keineswegs zahm geworden. Schnell warb Young zweihundertvierzig Männer vom Stamm der Makololos an, um die Einzelteile der *Search* an den Wasserfällen vorbeizutransportieren. Die Reise dauerte viereinhalb Tage, und nichts deutete darauf hin, daß ihnen die Masitus gefolgt waren.

Als die Expedition sich dem Njassasee näherte, mehrten sich die Hinweise auf Livingstones Verbleib. Zwölf Monate zuvor hatte ein Weißer einige Tage Rast im Dorf Maponda gemacht. Den Makololos war nichts von einem Überfall auf einen weißen Mann zu Ohren gekommen, und bei der Vorstellung, daß so etwas ohne ihr Wissen passiert sein könnte, mußten sie laut lachen – dafür funktionierte die Buschtrommel zu gut.

Am Njassasee stießen sie auf weitere Anhaltspunkte. In einem kleinen Dorf erstand Young einige Gegenstände, die ein Weißer bei den Einheimischen eingetauscht hatte: ein Messer, eine Rasierklinge, einen Löffel, eine Bahn abgetragenen Kattun, ein englisches Gebetbuch. Sie schienen Livingstone gehört zu haben, doch von ihm selbst war nichts zu sehen, und niemand wußte, wohin er gegangen war.

Livingstone mußte also noch am Leben sein, denn er war offensichtlich nie am Nordufer des Sees gewesen, wo man ihn angeblich ermordet hatte. Diese Erkenntnis brachte Young in eine Zwickmühle: Nach Absatz neun seiner Übereinkunft mit der Royal Geographical Society blieb es ihm überlassen, ob er weiterreiste und mit Livingstone Kontakt aufnahm oder umkehrte, sobald er festgestellt hatte, daß der Entdecker lebte.

Young beschloß umzukehren. Schließlich hatte er einige persönliche Dinge aus Livingstones Besitz bei sich, die bewiesen, daß dieser lebte. Außerdem war er ein Gewohnheitstier: Als eingefleischter Seemann, der fast sein ganzes Leben auf dem Meer verbracht hatte, war er außerstande, Livingstones Spuren an Land zu folgen. Der Auftrag war für Young erledigt. Er machte sich auf die Heimreise.

Youngs kühnes Abenteuer ging dem Ende zu. Obwohl das Jahr 1867 durchaus ereignisreich war – Amerika kaufte den Russen Alaska ab, Alfred Nobel erfand das Dynamit, und Karl Marx veröffentlichte sein *Kapital* –, konnte der ehrgeizige Marineoffizier dank seiner Verdienste eine ganz ordentliche Menge an Schlagzeilen für sich verbuchen. Seine Expedition war nicht nur perfekt, was die Organisation und die Durchführung betraf, sondern auch von großer Bedeutung, denn sie zeigte den Briten, daß sie sich um Livingstone keine Sorgen zu machen brauchten. Er würde tapfer weitermarschieren und eines Tages zurückkehren.

Kapitel 3

Der »New York Herald«

Dezember 1867, New York, 13 000 Kilometer von Livingstone entfernt

In New York herrschte bittere Kälte. In fünf Tagen war Weihnachten. Als Henry Morton Stanley am frühen Morgen mit dem Zug aus den Great Plains angekommen war, hatte es zu schneien begonnen. Seitdem streifte er durch die gepflasterten Straßen Lower Manhattans. Er war auf der Suche nach einer Anstellung bei einer Zeitung, die ihn endlich in die höchste Riege des amerikanischen Journalismus katapultieren würde. Alles in New York strahlte Hoffnung, Käuflichkeit und Arroganz aus: Geldadel, Neureiche, Gangs und Immigranten. Die Stadt war im Aufschwung begriffen, gierte nach einem Platz auf dem internationalen Parkett und beäugte stolz sich selbst, während sie zugleich unsicher nach dem Rest der Welt schielte.

Auch die Morgenzeitungen des 20. Dezembers spiegelten diese Unterwürfigkeit der Neuen Welt gegenüber der Alten wider: So waren die großen Schlagzeilen dem britischen Premierminister William Gladstone und dem Kampf um die Selbstverwaltung in Irland vorbehalten, während die Berichte über die vergangene Wahlperiode und die politische Neuordnung der Südstaaten nach dem Bürgerkrieg in die Spalten ganz unten auf der Titelseite verbannt worden waren.

Doch wenn es für die grundverschiedenen Gruppierungen der Stadt überhaupt ein gemeinsames Sprachrohr gab, dann waren es diese Blätter. Elf Tageszeitungen warben um die Gunst der Leser.

Ihre Herausgeber waren einflußreicher als Politiker und berühmter als Schauspieler. Ein scharf formulierter Leitartikel konnte eine Karriere aufbauen, aber auch eine Existenz zerstören. Die Branche war zwar von alteingesessenen Zeitungsmogulen wie Charles A. Dana von der *Sun* – Lincolns stellvertretendem Kriegsminister – oder Horace Greeley von der *Tribune* beherrscht, der durch seine Kampagne »Auf in den Westen, junger Freund!« berühmt geworden war, doch die beliebteste Zeitung der Stadt war mit sechzigtausend verkauften Exemplaren täglich der *New York Herald*. Den Leser störte es nicht, daß der *Herald* teurer als die Konkurrenzblätter war – sein Preis von einem Nickel lag einen Cent über dem der *Times* und drei Cent über dem der *Sun*. Die Mischung aus nüchterner Berichterstattung, Sensationsmeldungen und unglaublichen Geschichten aus dem Alltag war ihr Geld wert. Und die Inserate der New Yorker Prostituierten störten auch niemanden.

Kein Wunder also, daß Stanley unbedingt für den *Herald* arbeiten wollte. Als er beim Verlagsgebäude angekommen war, lief er so lange durch die Flure, bis er Bennetts Büro ausfindig gemacht hatte. Der sechsundzwanzigjährige, steinreiche James Gordon Bennett jr., das Enfant terrible der New Yorker Verlagswelt, war seit kurzem Herausgeber des Blattes. Stanley gab sich als Chefredakteur einer kleinen, unbedeutenden Zeitung aus, schwatzte sich auf diese Weise an Bennetts Sekretärin vorbei und stand schließlich dem Herausgeber der berühmtesten Zeitung Amerikas von Angesicht zu Angesicht gegenüber.

Stanley stellte sich kurz vor. Später schrieb er, wie überrascht er gewesen sei, als Bennett zugab, die Berichte über die Kämpfe der amerikanischen Armee gegen die Cheyenne in Kansas gelesen zu haben, die Stanley einige Monate zuvor für den *Missouri Democrat* geschrieben hatte – und das sogar mit Begeisterung. Als Stanley jedoch um einen Auftrag bat, bekam er eine Absage. »Ich wünschte, ich könnte Ihnen etwas Langfristiges anbieten«, bedauerte Bennett, der Stanley schon abfertigen wollte, »denn wir brauchen tüchtige Leute wie Sie.«

Stanley war jedoch darauf gefaßt, daß Bennett versuchen würde, ihn abzuweisen. Anstatt kehrtzumachen und wieder hinaus in die winterliche Kälte zu marschieren, parierte er – später schrieb er alles Wort für Wort auf: »Es freut mich, daß Sie so denken, und es ermutigt mich, Sie zu fragen, ob ich mich nicht für den Abessinien-Feldzug zur Verfügung stellen könnte.«

»Ich glaube nicht, daß der Abessinien-Feldzug für unsere amerikanischen Leser wirklich von Interesse ist«, wiegelte Bennett zunächst ab, hakte dann aber gleich geschickt nach: »Wie würden denn Ihre Bedingungen lauten?«

Auf diese Chance hatte Stanley nur gewartet. Schnell erklärte er seinen Plan für die Reise nach Abessinien, dem wüstenreichen, gebirgigen Land am Horn von Afrika, aus dem er über ein gerade eskalierendes Geiseldrama berichten wollte. Theodorus II., der Kaiser von Abessinien, der als geisteskrank galt, hielt in seiner Bergfestung Magdala siebenundsechzig britische Diplomaten und deren hundertsiebenundachtzig Bedienstete gefangen. In Kürze würde die britische Armee in das Land einmarschieren, um sie zu befreien. Stanley wollte die Truppen dabei begleiten und dann die heldenhafte Rettungsaktion schildern. Eine Reportage über die britische Armee in Afrika wäre im Grunde auch nichts wesentlich anderes als eine über die amerikanische Armee in Kansas. Das Szenario, so Stanleys Argument, sei einfach ideal, um von der nationalen zur internationalen Berichterstattung zu wechseln.

Stanley bot ihm an, ohne Vertrag zu arbeiten und für seine Spesen selbst aufzukommen. Allein sein berufliches Können sollte entscheiden: Sagten Bennett die Artikel zu und der *Herald* druckte sie ab, würde Stanley die Exklusivrechte gegen ein Zeilenhonorar abtreten. Andernfalls würde Stanley den Verlust selbst tragen. Bennett konnte also nur gewinnen.

Der Herausgeber ging auf das Angebot ein. Damit war Stanley ganz offiziell ein Reporter des *New York Herald* – wenn auch vorerst nur auf Probe. Am 22. Dezember 1867 ging er an Bord des Dampfers *Hecla*, der Richtung Europa fuhr. An Neujahr war er bereits in Paris. Einen Monat später erreichte er Annesley Bay am Roten Meer, wo er zu dem britischen Erkundungstrupp stieß, der gerade nach Magdala im Landesinneren aufbrach.

Was nun folgte, war eine journalistische Glanzleistung. Zu-

Henry Morton Stanley (1841–1904) auf einem Foto von 1866

nächst einmal waren Stanleys Sendschreiben einfach brillant, aber darüber hinaus konnte er dank seines Weitblicks und mit viel Glück auch noch die britische Konkurrenz ausstechen, die ebenfalls über den Feldzug berichten sollte. Sobald die Streitkräfte unter General Sir Robert Napier die Geiseln befreit und Theodorus dabei getötet hatten, raste Stanley nach Suez zurück, um seine Artikel von dort aus um die ganze Welt zu kabeln.

Noch bevor der Marsch nach Magdala begann, hatte Stanley in weiser Voraussicht das einzige Telegrafenbüro in Suez bestochen. Damit hatte er sichergestellt, daß seine Berichte nun vor denen der anderen Journalisten versendet wurden. Zudem brach durch einen seltsamen Zufall die transatlantische Telegrafenleitung zusammen, bevor irgendeine weitere Story verschickt werden konnte.

Auf diese Weise erfuhren die New Yorker noch vor den Londonern vom triumphalen Sieg der britischen Armee – sehr zum Ärger der *Times* und anderer englischer Zeitungen. In wütenden Leitartikeln beschimpften sie Stanley als Lügner und behaupteten, er habe seine Geschichten erfunden. Wie ein Amerikaner ihren besten Kriegsberichterstattern hatte zuvorkommen können, war ihnen ein Rätsel. Als auch die Reporter des *Telegraph*, der *Times* und des *Standard* ihre Beiträge eine Woche später endlich nach London übermittelten, war Stanley entlastet. »Die *Times*, die mehr als ein halbes Jahrhundert lang jede andere Zeitung Europas an Überzeugungskraft und Unternehmungsgeist übertroffen hat, veröffentlicht ihre neuesten Meldungen über eine britische Expedition doch tatsächlich mit gnädiger Erlaubnis eines London-Korrespondenten des *New York Herald*«, wunderte sich der *Spectator* und brachte damit Stanleys Leistung auf den Punkt.

Stanleys journalistischer Stil war effektvoll, sein Ton vertraulich, als schreibe er einem engen Freund, den er beeindrucken wollte. Seine verschachtelten Sätze, die oft weder Punkt noch Komma hatten, waren zum Teil nachlässig konstruiert, jedoch immer evokativ. Als erster an eine Story zu kommen, egal, was es kostete, und sie dann perfekt zu verpacken, darin war Stanley ein Meister. »Unseren Lesern ist sicher nicht entgangen, mit wieviel größerem Können hinsichtlich des Stils, der Detailgenauigkeit und der Anschaulichkeit der Korrespondent des *Herald* das Thema behandelt als die Londoner Zeitungen«, rühmte ein Leitartikel im *Herald* Stanleys Abessinien-Berichte.

Abessinien brachte Stanley den Durchbruch. Zutiefst beeindruckt von der Gewieftheit und dem Mut des Journalisten engagierte Bennett Henry Morton Stanley als neuen Krisenberichterstatter des *Herald*, der seine Aufträge vom Londoner Büro zugewiesen bekommen sollte. Sein Einsatzort: überall, wo man ihn hinschickte.

Kapitel 4

Zwei Jahre

März 1868, Kasembe, Afrika

»Eine sehr hübsche junge Frau kam herüber, um uns anzuschauen. Sie war in jeder Hinsicht makellos und fast nackt, ohne sich der Unschicklichkeit bewußt zu sein – wahrhaftig eine schwarze Venus«, schrieb Livingstone am 18. März 1868.

Der nächste Tagebucheintrag vom folgenden Tag lautet: »Sei gnädig, Herr, und hilf mir, Dich mehr zu lieben und Dir besser zu dienen.« Die bemerkenswert ehrlichen, einfachen Worte dieser beiden Tagebucheintragungen offenbaren in nur zwei Sätzen, wie nahe Livingstones mühsam unterdrückte Sexualität und seine aufrichtige Spiritualität beieinander lagen. Der zweite Eintrag war auf den 19. März datiert – sein fünfundfünfzigster Geburtstag und genau zwei Jahre nachdem er die Suche nach der Nilquelle begonnen hatte.

In den siebzehn Monaten, seit Musa und die Johannas Livingstone im Stich gelassen hatten, war die Karawane zwar ungeheuren Strapazen ausgesetzt gewesen, aber anders, als man in England angenommen hatte, waren alle noch am Leben. Seine Ankündigung, nach zwei Jahren heimzukehren, würde Livingstone jedoch nicht wahr machen können. Er befand sich gerade mitten in Afrika, am Ufer des Lualaba, eines gewaltigen Flusses, der ihn an seinen geliebten Sambesi erinnerte. Trotz seiner Erschöpfung hatte er das Gefühl, der Quelle schon ganz nahe zu sein. Er war davon überzeugt, daß der Lualaba und der Nil miteinander verbunden waren. Damit wäre auch seine Theorie bewiesen, nach der sich eine ganze Kette von Seen und Flüssen vom Süden Afrikas bis zum Mittelmeer zog.

Das Nebeneinander von Sinnlichem und Spirituellem in Livingstones Tagebuch spiegelt auch die ungewöhnliche Art und Weise wider, auf die er während der eineinhalb Jahre seit Musas Flucht seine Forschungen betrieben hatte. Als er den ersten Schreck über den Verlust wertvoller Männer überwunden und das bis dahin von ihnen transportierte Gepäck wohl oder übel zurückgelassen hatte, fühlte er sich doch erleichtert. Das rüde Verhalten der Johannas war für die gesamte Karawane eine Belastung gewesen. Mit nur wenigen Trägern und einer kleinen Ziegenherde, die er wegen der Milch gekauft hatte, hatte er seinen Marsch nach Norden fortgesetzt. Zu seinen treuesten Begleitern zählten auch die beiden Diener James Chuma und Abdullah Susi. Livingstone hatte Chuma 1861 aus der Sklaverei befreit und ihn als Koch mit auf die Reise genommen. Daß er englisch sprechen und schreiben konnte, war für Livingstone von großem Nutzen. Susi stammte aus dem Dorf Shupanga, in dem bei der Sambesi-Expedition Livingstones Frau gestorben war. Die kleine Gruppe hatte sich in nordwestlicher Richtung vom Njassasee abgewendet und ein über eintausendzweihundert Meter hohes Gebirge überquert, das Livingstone nach Kirk benannte. Am 16. Dezember 1866 erreichten sie den Fluß Loanga. Es war mitten in der Regenzeit, und die Lebensmittelvorräte gingen allmählich zur Neige. Die Männer ernährten sich von Ziegenmilch und ein paar Handvoll trockenem Getreide.

»Wir haben eine ziemlich anstrengende Zeit hinter uns«, schrieb Livingstone am Neujahrstag des Jahres 1867. »Ich will mich nicht beklagen, aber seit Tagen leiden wir bitteren Hunger, und die Knochen stehen uns hervor, als würden sie jeden Moment die Haut durchbohren.« Er betete um Barmherzigkeit, Wahrheit und Gottes Gnade. In den ersten zwei Wochen des Jahres gingen die Ziegen ein. Nirgendwo gab es etwas zu jagen, und Livingstone magerte so ab, daß er seinen Gürtel drei Löcher enger schnallen mußte. »Ich bin ständig hungrig, und wenn ich eigentlich schlafen sollte, denke ich statt dessen fortwährend an besseres Essen«, schrieb er ins Tagebuch.

Der Januarregen ließ die Flüsse anschwellen, überschwemmte

die Sümpfe und brachte Elend und Seuchen mit sich. Die Landschaft schien ein einziger Morast. Außer Pilzen und Blättern fanden sie nichts zu essen, und überall lauerten tausendfach die Gefahren Afrikas. »Als ich mich heute morgen in der Nähe eines Baumes hinsetzte, entdeckte ich nur einen Meter neben meinem Kopf eine stattliche Kobra, die sich um die Triebe zwischen den Wurzeln wand«, notierte Livingstone. »Auf dem Weg lag eine winzige Puffotter.«

Am 20. Januar 1867 traf Livingstone jedoch ein Schicksalsschlag, der ihn fast aus der Bahn warf. In einer sorgfältig vorbereiteten Fluchtaktion desertierten zwei weitere Träger und nahmen dabei soviel von den Expeditionsvorräten mit, wie sie nur tragen konnten. Die Bilanz des Diebstahls war verheerend. »Sie ließen uns mitten im Wald zurück, und der einsetzende Regen verwischte sämtliche Spuren. Damit uns der Verlust auch richtig schmerzte, nahmen sie uns, was wir am nötigsten brauchten – den Arzneikasten, den sie ohnehin wegwerfen würden, wenn sie ihre Beute schließlich näher untersuchten«, schrieb Livingstone. »Der Wald war so dicht und hoch, daß es unmöglich war, die Flüchtigen zu erspähen. Sie haben alles Geschirr mitgenommen, eine große Kiste Schießpulver, das teuer erstandene Mehl, das uns bis zum Tschambesi bringen sollte, das Werkzeug, zwei Gewehre und eine Patronentasche. Der größte Verlust aber war die Reiseapotheke. Ich fühlte mich, als hätte man das Todesurteil über mich gesprochen.«

Livingstone bemühte sich, das Unglück als göttliche Prüfung hinzunehmen. In den Jahren in Afrika war sein Glaube nicht etwa geschwächt oder von der afrikanischen Ahnenverehrung und Zauberei beeinflußt, sondern eher vertieft und verändert worden. Er hatte sich angewöhnt, jeden Sonntag die Messe der anglikanischen Kirche zu lesen, doch davon abgesehen verzichtete er auf kirchliche Rituale und unterhielt statt dessen eine ganz persönliche Beziehung zu Gott. So wie König David in seinen Psalmen Gottes Wesen zu ergründen versucht hatte, führte Livingstone in seinen Gebeten und dem Tagebuch Zwiegespräche mit Gott. In allen Dingen suchte er das Göttliche, ob in guten oder schlechten Zeiten, und was er sagte und schrieb, kam von Herzen. Selbst im entlegensten Winkel

Afrikas kniete er abends nieder, um zu beten, und las täglich in seiner Bibel. Als schließlich die wertvollen Medikamente gestohlen wurden, die ihn vor der Malaria schützten, begann Livingstone einen weitschweifigen Disput mit Gott, da er nicht wußte, wie er seine Reisen ohne die lebenswichtigen Arzneien überstehen sollte. »Solche Dinge geschehen nur, wenn Er, der mit liebevollster Sorge über uns wacht, es zuläßt, so daß dies möglicherweise nur zu unserem Besten geschah«, schrieb er. »Es fällt mir schwer zu sagen ›Dein Wille geschehe‹, aber ich werde es versuchen.«

Am Ende seines Gebets mußte er jedoch gestehen, daß ihm der Kummer fast den Glauben nahm. »Der Verlust der Reiseapotheke nagt furchtbar an mir«, notierte er.

Trotz seiner Besorgnis setzte Livingstone sein ganzes Vertrauen in Gott. Anstatt zur sicheren Küste zurückzueilen, führte er die Suche nach der Nilquelle fort. Selbst als der Weg sie durch dichte Wälder und durch Sümpfe brachte, in denen sie bis zum Kinn einsanken, drängte er weiter. In dieser Gegend umgaben ihn nichts als Stille, Schwermut und schlechte Luft. Die Blutegel krochen ihm an der Kleidung hinunter bis in die Schuhe und bissen sich an seinen Genitalien fest. Noch Tage, nachdem er sie sich »mit einem harten Schlag mit der flachen Hand« entfernt hatte, war sein Körper von den S-förmigen, dunkelblauen Flecken gezeichnet. Als Nahrung dienten ihm Ratten. Tagelang bei strömendem Regen durch eine Landschaft aus »tropfnassen Wäldern und triefenden Sümpfen« zu ziehen, ließ ihn fast verzweifeln. Daß Chuma, Susi und die kleine Schar von Trägern an Livingstones Seite blieben, war ein Beweis ihrer Treue.

Doch dann, als ihre Lage am aussichtslosesten schien, retteten ihm die Menschen das Leben, die er am meisten verachtete. Am 1. Februar 1867 begegnete er einer Gruppe arabischer Sklavenhändler. Die Männer hatten Erbarmen mit dem armen, geschwächten Reisenden und boten ihm etwas zu essen an, damit er wieder zu Kräften kam. Er nahm es an, ohne sich darüber im klaren zu sein, was für ein Zugeständnis er damit machte. Sich von etwas zu ernähren, was mit Geld aus dem Sklavenhandel gekauft worden war, widersprach Livingstones obersten Prinzipien. Bevor die Araber weiterzogen, schrieb er noch an das britische Konsulat in Sansibar und bat darum, daß man ihm eine zweite Ladung Ausrüstung und Proviant schickte. In Udschidschi am Ostufer des Tanganjikasees, der bedeutendsten Handelsstation der Araber, würde er sie in Empfang nehmen. Seine Wunschliste hörte sich an, als beschreibe ein Verhungernder seine Halluzinationen: Kaffee, Gänseleberpastete, Käse, eine Flasche Portwein. Die Araber nahmen seine Briefe entgegen und versprachen, sie zuzustellen.

Unmittelbar nachdem die Araber zwei Tage später weitergezogen waren, erkrankte Livingstone an Gelenkrheumatismus. Er erholte sich, wurde aber in den folgenden Monaten mehrmals von Fieberschüben und Wahnvorstellungen heimgesucht. »Ich hatte einen Ohnmachtsanfall und merkte, wie stark das Fieber ohne Medikamente ist«, schrieb er am 1. April 1867. »Als ich wieder zu mir kam, lag ich vor meiner Hütte flach auf dem Rücken. Es gelang mir nicht hineinzukommen. Ich griff nach den beiden Pfosten am Eingang und versuchte aufzustehen, doch als ich es schon fast geschafft hatte, mußte ich loslassen und stieß im Fallen mit dem Kopf hart an eine Kiste. Meine Diener hatten bemerkt, in was für einem erbärmlichen Zustand ich war, und hängten ein Leintuch vor den Eingang der Hütte, damit kein Fremder meine Hilflosigkeit sah. Erst nach einigen Stunden dämmerte mir, wo ich war.«

Es war offensichtlich, daß Livingstone die Quelle ohne Hilfe nicht würde finden können. Am 20. Mai 1867 stieß er in einem Dorf, dessen Häuptling sich Chitimba nannte, auf eine weitere arabische Karawane, die von einem Mann namens Hamees angeführt wurde. Unauffällig schloß er sich ihr an. Während die Briten lieber allein oder zu zweit durch Afrika reisten, bestanden die Karawanen der Araber meist aus mehreren hundert Leuten, so daß enorme Mengen an Proviant und anderen Annehmlichkeiten transportiert werden konnten. Da es den Arabern nicht um eine oberflächliche Erforschung des Landes ging, sondern um eine dauerhafte Handelspräsenz, nutzten sie häufig Außenposten wie Udschidschi oder Tabora, um ihre Vorräte aufzustocken. Manche Händler blieben somit im Landesinneren und führten dort ein recht behagliches Leben.

Auch wenn sich Livingstone weder an den Sklavenraubzügen der

Araber beteiligte noch ihre Elfenbeinjagd unterstützte, ordnete er letztlich seinen moralischen Auftrag, den Kampf gegen die Sklaverei, dem größeren Ziel, der Suche nach der Nilquelle, unter. Um sein Handeln zu rechtfertigen, erwähnte er die Araber in seinem Tagebuch und maß ihnen eine übertriebene Bedeutung bei: »Sie haben Beziehungen zu einem der einflußreichsten Handelshäuser Sansibars. Hamees verhielt sich mir gegenüber ausgesprochen freundlich und gab mir Nahrung, Perlen, Stoffe und Auskünfte.«

Hamees lag jedoch im Streit mit dem mächtigen afrikanischen Häuptling Nsama, dessen Dorf genau an der Route nach Westen lag. Der Händler wollte sich mit seiner Karawane nicht vom Fleck rühren, bevor das Blutvergießen nicht beendet war. Livingstone wandte ein, er gehe lieber allein weiter, als monatelang zu warten, bis man sie vorbeiziehen ließ. Die Araber entgegneten jedoch, man würde ihn dann sicher für einen der Ihren halten und ermorden. Livingstone konnte seine Erkundungen daher über drei Monate lang nicht fortführen. Zwischen dem 20. Mai und dem 30. August harrte er voller Ungeduld in Chitimbas Dorf aus, versorgt von Hamees und den Arabern, bis sich der Weg nach Westen endlich öffnete. Als sie gerade einmal hundertfünfzig Kilometer im Schneckentempo zurückgelegt hatten, ließ Hamees seine Karawane jedoch für weitere drei Wochen Rast machen – der Koran gebiete ihm anzuhalten, erklärte er.

Die ständigen Unterbrechungen machten Livingstone allmählich wütend, aber er hatte sich mittlerweile viel zu sehr an den Luxus gewöhnt, den die arabische Art zu reisen mit sich brachte, als daß er sich allein auf den Weg gemacht hätte. So zog er gemeinsam mit Hamees Richtung Westen weiter, als die Karawane sich wieder in Bewegung setzte. Und obwohl er gerne mit den Arabern über ihren Glauben diskutierte und dabei seiner Verachtung für den Islam die Wunder des Christentums gegenüberstellte, ähnelte er ihnen von Tag zu Tag mehr. Selbst die Sklaverei erfüllte ihn nicht mehr mit Abscheu, obwohl er sie jetzt aus nächster Nähe erlebte. Sie schien für ihn fast ein Teil der afrikanischen Landschaft. »Die Täler, durch die wir kommen, sind wunderschön. Grün ist die vorherrschende Farbe«, schrieb er am 1. November, als die Karawane sich dem Dorf Kasembe, dem Sitz eines weiteren mächtigen Häuptlings dieser Gegend, näherte. »Die Baumgruppen haben jedoch die unterschiedlichsten Formen und erinnern oft an eine englische Parklandschaft. Die lange Kolonne von Sklaven und Trägern, die von ihren arabischen Dienstherren hierhergeführt werden, belebt die Szenerie: Es sind insgesamt vierhundertfünfzig, eingeteilt in drei Gruppen.«

Am 21. November 1867 erreichte Livingstone mit Hamees und dessen Karawane Kasembe. Der Weg ins Dorf war von sechs Meter hohen Erdhaufen gesäumt, die rote Ameisen aufgetürmt hatten. Der Häuptling, ebenfalls Kasembe genannt, war ein grausamer Mann, der seinen Untertanen gern die Hände abschlug oder die Ohren abschnitt. Sein wichtigster Ratgeber war ein aufgeblasener, verkrüppelter Zwerg, der Zofu hieß und nur ein Meter vierzehn groß war.

In Kasembe wurde Livingstone einem weiteren einflußreichen arabischen Händler vorgestellt, Mohamad bin Saleh, einem bereits älteren, kräftig gebauten Mann mit dichtem, weißem Bart und breitem Lächeln. Der neue Bekannte sollte Livingstones dritter arabischer Wohltäter werden. »Mohamad bin Saleh hat vor, nächsten Monat nach Udschidschi zu reisen. Als er erfuhr, daß wir kommen würden, hat er auf uns gewartet, damit wir gemeinsam gehen können«, notierte Livingstone am 27. November. Bin Saleh versicherte ihm, der Marsch der Karawane von Kasembe nach Udschidschi werde nur einen Monat dauern.

Während Livingstone drei Wochen lang auf den Tag der Abreise wartete, gegen sein Fieber ankämpfte und amüsiert den Häuptling und Zofu beobachtete, geriet sein Entschluß, die Nilquelle zu entdecken, aus unerklärlichen Gründen ins Wanken. Bei dem Gedanken an Udschidschi kamen ihm unweigerlich Erinnerungen an seine Heimat in den Sinn. Von Udschidschi aus wäre der Schritt zurück in die Zivilisation Großbritanniens schnell getan. »Nach zwei Jahren ohne ein Lebenszeichen von zu Hause oder von irgendwoher sonst habe ich die Forschungsarbeit so satt, daß ich nach Udschidschi gehen und mich dort um die Post kümmern muß, bevor ich irgend etwas anderes tun kann«, schrieb er.

Als Livingstone am 22. Dezember jedoch mit bin Saleh aus Kasembe aufbrach, verebbte seine Verzweiflung. Endlich wieder unterwegs zu sein, noch dazu in einer Gegend, die nicht nur neu für ihn war, sondern auch ausgesprochen reizvoll, hob seine Stimmung. Das weite Land war übersät mit Siedlungen. Livingstone berichtete von Zebras, Löwen, Flußpferden, Büffeln und Leoparden, die er auf dem Weg erspäht hatte – überall schienen wilde Tiere zu leben. Beredt ließ er sich über die Schönheit der Landschaft aus. »Diese Unmenge an nie gehörten Lauten«, schrieb er, nachdem er durch einen Wald voller Vögel gekommen war, »versetzt mich in Staunen.«

Wenn die Karawane losmarschierte, ließ sich Livingstone mit seinen Dienern schon nach kurzer Zeit zurückfallen. Er ging langsam und gemächlich, machte aber selten längere Pausen, so daß er die Araber bis zum Abend immer wieder eingeholt hatte. Livingstone war nicht gerade angetan davon, daß die Araber oft zwei oder drei Wochen am selben Ort blieben, denn er wollte endlich nach Udschidschi und dort seine Vorräte entgegennehmen. Da er aber weder die Kraft noch die Mittel besaß, um allein weiterzureisen, blieb er bei ihnen.

Trotz aller Versprechungen bin Salehs, daß sie Udschidschi in vier Wochen erreichen würden, befand sich die Karawane nach drei endlosen Monaten immer noch mehrere hundert Kilometer südwestlich des Tanganjikasees – und Udschidschi lag auf der Ostseite. Im März 1868 waren sie nach wie vor am Ufer des Flusses Lualaba und damit ein gutes Stück südlich des Sees. Die Regenzeit hatte begonnen, ließ die Flüsse bis auf Hüfthöhe anschwellen und verwandelte die Sümpfe in ein einziges Meer aus schwarzem Schlamm. Am breiten Lualaba, der gerade über die Ufer trat, ließ bin Saleh die Karawane anhalten. Die ununterbrochenen Regenfälle machten die Wege allmählich unpassierbar. Das Gebiet, durch das sie zogen, war stellenweise ein einziger »Schwamm«, wie Livingstone sich ausdrückte: Obwohl der Erdboden fest aussah, war er so vollgesogen, daß man darin einsinken konnte wie in einen Tümpel. Bin Saleh befahl, die Reise zu unterbrechen, bis der Regen aufhörte – eine weitere Verzögerung, die Monate dauern konnte. Livingstone bat ihn inständig weiterzuziehen, obwohl seine verbliebenen, treuen

Begleiter ihn daran erinnerten, daß sie zu erschöpft dazu seien. »Sie waren das Marschieren leid«, schrieb Livingstone in sein Tagebuch, »und ich ebenso.«

Das Bedürfnis, die Nilquelle zu finden, war für Livingstone inzwischen jedoch wieder zur Besessenheit geworden, so daß er das eintönige Warten auf das Ende der Regenzeit nicht ertragen konnte. Wenn sie schon nicht nach Udschidschi weitergehen konnten, fand er, dann sollten sie lieber umkehren und auf dem Rückweg nach der Quelle suchen. Er hatte Gerüchte über einen See gehört – den Bangweulusee –, der hundertdreißig Kilometer von ihnen entfernt und durch einen Fluß mit dem Moerosee verbunden war. Den Moerosee kannte Livingstone, und nun wollte er erkunden, ob die beiden möglicherweise zu der Seenkette gehörten, die weiter nördlich zum Nil wurde. Bin Saleh aber bestand hartnäckig darauf, daß Livingstone blieb. Zudem ließen ihn fast alle seine Träger im Stich und schlugen sich auf die Seite der Araber, da bin Salehs Einspruch sie ermutigt hatte und sie das gute Leben in deren Gesellschaft nicht aufgeben wollten. Am 13. April 1868 verließ Livingstone bin Salehs Karawane. Anfangs reiste er noch mit seinen sechs Dienern, allen voran Chuma und Susi, doch schon zwei Tage später kehrte einer von ihnen namens Amoda um und eilte zurück zum Luxus der Karawane. Jetzt blieben Livingstone nur noch fünf Männer.

Der Marsch Richtung Süden führte durch denselben schwarzen, von Parasiten und Blutegeln verseuchten Morast, aus dem Livingstone gerade erst gekommen war. Seine Diener trugen ihn meist durch die Flüsse und hoben ihn auf, wenn er in einen der riesigen, wassergefüllten Krater einsank, welche die Fußspuren der Elefanten zurückgelassen hatten.

Wieder einmal war der Hunger ihr ständiger Begleiter. Livingstone aß fast alles, was er zu fassen bekam. Oft nagte er die unreifen Körner eines Maiskolbens bis zum Ansatz ab, wobei er den Kolben so heftig bearbeitete, daß seine beiden oberen Schneidezähne irgendwann locker wurden und ausfielen. Er versuchte zwar, sein neues Aussehen mit Humor zu betrachten, und amüsierte sich in seinem Tagebuch, daß er nun Ähnlichkeit mit einem Flußpferd habe, doch im Grunde war sein körperlicher Verfall ein ernsthaftes Problem. Die Ruhr wurde allmählich chronisch. Sein braunes Haar war von grauen Strähnen durchzogen. Früher hatte er sich täglich rasiert, aber irgendwann hatte er diese Gewohnheit aufgegeben und trug nun einen buschigen, weißen Bart. Livingstone sah aus wie ein gebrechlicher alter Mann.

Am 26. Juni 1868 überlegte er sogar, wo er begraben sein wollte, wenn er starb, denn es war ihm durchaus bewußt, daß er körperlich stark abbaute. »Im Wald kamen wir an ein Grab«, schrieb er, »einen kleinen Erdhügel, der eine Form hatte, als ob man jemanden in einer hockenden Körperhaltung begraben hätte, wie sie für die Einheimischen typisch ist. Der Hügel war mit Mehl bestäubt, und obendrauf lagen ein paar blaue Perlen. Ein schmaler Pfad ließ vermuten, daß öfters jemand vorbeikam. So ein Grab würde mir auch gefallen: mitten im stillen, stillen Wald, ohne daß jemals irgendwer an meinen Gebeinen rührt. Die Gräber daheim kommen mir immer so erbärmlich vor, besonders weil man im kalten, feuchten Erdboden liegt und keine Bewegungsfreiheit hat.«

Verbissen ging Livingstone seiner Arbeit nach. Auf den ersten Blick schien sein Vorgehen keiner Logik zu folgen: An einem Tag ging er nach Norden, am nächsten nach Süden, mal erkundete er diesen Fluß, dann jenen. Er hatte sich jedoch nicht verirrt, sondern führte einfach eine unglaublich sorgfältige und umfassende Erforschung durch. Er befand sich nun südwestlich des Tanganjikasees, über eintausendfünfhundert Kilometer von Sansibar entfernt, und durchzog das Gebiet in großen Kreisen. Daß er ursprünglich nur zwei Jahre hatte fortbleiben wollen, hatte er vergessen. »Ich hoffe, es ist nicht verfrüht, zu behaupten, daß die Quelle des Nils zwischen dem zehnten und dem zwölften Grad südlicher Breite entspringt – genau dort, wo Ptolemäus sie vermutete«, schrieb er seinem Freund, dem Afrikaforscher William Cotton Oswell. Er wollte den Brief später aufgeben, wenn er endlich nach Udschidschi kam. In seinem Schreiben erläuterte er den genauen Verlauf der verschiedenen Flüsse und untermauerte damit seine Theorie über die Nilquelle. »Wie der Tschobe ist auch der Tschambesi zwischen fünfunddreißig und fünfundvierzig Meter breit. Die Gegend aber ist völlig anders. Sie ist von etlichen reißenden, ganzjährig wasserführenden Bächen durchzogen – wir überqueren jeden Tag einige und haben auch den Tschambesi bei zehn Grad vierunddreißig Minuten südlicher Breite überquert. Weiter im Westen mündet er in den Bangweulusee. Wenn er den See wieder verläßt, heißt er Luapula und fließt weiter in den Moerosee. Von da an trägt er den Namen Lualaba.«

Dann änderte sich Livingstones Ton schlagartig. »Ich hoffe, Du spielst mit Deinen Kindern und läßt Dich dabei nicht von irgendwelchen Schwachköpfen stören. Wenn ich so zurückschaue«, schrieb er, »gibt es nur eines, was ich bereue, und zwar, daß ich es nicht für meine Aufgabe hielt, genauso oft mit meinen Kindern zu spielen, wie ich die Bakwenas unterrichtete. Damals arbeitete ich sehr schwer und war abends völlig erschöpft. Jetzt aber habe ich niemanden mehr, mit dem ich spielen könnte.« Damit erwies sich Livingstone als weit mehr als ein eindimensionaler, typisch viktorianischer Held. Im Grunde charakterisierte ihn eine sehr menschliche Mischung von Hoffnungen, Träumen, Sehnsüchten, Melancholie, Spiritualität, Sexualität und Reue.

Der Juli 1868 war fast vorüber, und es erschien immer wahrscheinlicher, daß Livingstones Reise auch nach drei Jahren noch nicht zu Ende sein würde. Die Entdeckung der Nilquelle, mit all den Aussichten auf finanzielle Unabhängigkeit, ewigen Ruhm und persönliche Erlösung, war zur fixen Idee geworden, und er würde nicht eher in die Zivilisation zurückkehren, als sie ihm gelungen war. Da er ohne Vorräte jedoch nicht weiterkam, machte er am 30. Juli schließlich kehrt und marschierte Richtung Norden, um sich erneut bin Salehs Karawane anzuschließen. Er wollte gemeinsam mit ihr nach Udschidschi reisen, wo er sich mit neuen Vorräten ausstatten und die Suche wiederaufnehmen würde. Seine Überzeugung, daß der Lualaba die Quelle des Nils war, wurde immer stärker. Um dies zu beweisen, brauchte er nur die Quellen des Herodot zu finden und dann dem Lualaba bis zu seiner Mündung in den Nil zu folgen.

Der Marsch nach Norden dauerte zehn Wochen, wobei Livingstone das Glück hatte, daß bin Salehs Karawane inzwischen nicht weitergereist war. Seit sich Livingstone von ihr entfernt hatte, waren weitere arabische Händler zu bin Saleh gestoßen, darunter Mohamed Bogharib, ein extravaganter Kaufmann, dem Livingstone bereits in Kasembes Dorf begegnet war. Die Händler hofften, daß ihre zahlenmäßige Überlegenheit ihnen dabei behilflich sein würde, sicher an den kriegerischen Stämmen der Umgebung vorbeizukommen, denn auch die Masitus waren vom Njassasee aus weitergezogen.

Während Livingstone darauf wartete, daß sich die neue Karawane Richtung Udschidschi in Bewegung setzte, faßte er seine Gedanken über die große Suche zusammen: »In ihrer Bedeutsamkeit ähnelt die Entdeckung der Nilquelle ein wenig der Entdeckung der Nordwestpassage. Auch sie weckte – wenn auch in geringerem Maße – die Tatkraft, Beharrlichkeit und den Mut der Engländer, und dies alles kommt der Nation und ihren Erben zugute«, schrieb er am 8. November 1868. »Die Entdeckung der Nilquellen ist jedoch von einem Interesse, wie es bei der Nordwestpassage niemals vorhanden war. Die großen Männer der Antike haben dokumentiert, mit welch brennendem Verlangen sie den Ursprung von ›Ägyptens Himmelsquell‹ zu entdecken versuchten, wie Homer den Nil nannte. Was diese Männer nicht finden konnten und was so viele große Geister der Antike zu ergründen hofften, hat die geduldige Arbeit und mühsame Beharrlichkeit der Engländer nun ans Licht gebracht.«

Vier Wochen später, am 11. Dezember, begann endlich der Marsch nach Udschidschi.

Kapitel 5

Auf der Hut

November 1868 – März 1869, Aden, 2500 Kilometer von Livingstone entfernt

Als erste US-amerikanische Zeitung berichtete am 9. April 1868 der *New York Herald* über Livingstones »Verschwinden«. Als daher Gerüchte aus Bombay laut wurden, nach denen Livingstone irgendwann gegen Neujahr 1869 aus Afrika zurückkehren würde, schickte der *Herald* Henry Morton Stanley in streng geheimer Mission auf den Kontinent. In der Hoffnung Livingstone würde entweder in Kairo oder in Sansibar auftauchen, bezog Stanley Stellung in Aden. Die alte Hafenstadt lag ziemlich genau zwischen den beiden anderen. Am 21. November 1868 traf er dort ein, nahm sich ein kleines Zimmer in einer Pension und streckte dann seine Fühler in beide Richtungen aus. Er war bereit, jeden Augenblick loszufahren – entweder mit dem Zug Richtung Norden, nach Kairo, oder mit dem Schiff in den Süden, nach Sansibar.

Stanley jagte mit einem gewaltigen Komplex beladen durchs Leben. Er fühlte sich ständig und von allen angegriffen und wollte daher unbedingt beweisen, daß die Geschichte mit Abessinien nicht bloß ein glücklicher Zufall gewesen war. Die ziellosen, von Fehlschlägen geprägten Jahre lagen gar nicht so weit zurück, weshalb sein Griff nach dem Erfolg noch recht zögerlich war. »Ich muß auf der Hut sein, damit mein zweiter Wurf ebenso gut gelingt wie mein erster«, schrieb er in sein Tagebuch.

Daß Livingstone am Leben war, stand außer Zweifel. Nicht nur Young hatte das bewiesen. Inzwischen waren auch arabische Karawanen mit Briefen nach Sansibar zurückgekehrt, die der Entdecker zwar schon Jahre zuvor, aber nach dem Zeitpunkt seiner angeblichen Ermordung, verfaßt hatte. Dennoch verwunderte es, daß er der europäischen Zivilisation mittlerweile schon über drei Jahre aus dem Weg ging – eine ziemlich lange Zeit. Bei seinen früheren Expeditionen war Livingstone hin und wieder in Dörfern, Handelszentren, Missionsstationen oder Hafenstädten am Indischen Ozean aufgetaucht. Bei der Sambesi-Expedition hatte er sogar das afrikanische Festland verlassen und war mit dem Schiff mehrere hundert Kilometer durch den Moçambique-Kanal gefahren, um neue Vorräte abzuholen. Offensichtlich steckte diesmal etwas ganz Besonderes dahinter. Es schien, als habe sich Livingstone insgeheim in ein freiwilliges Exil begeben.

Je unerklärlicher die Situation wurde, um so stärker faszinierte die Frage nach Livingstones Aufenthaltsort auch die Öffentlichkeit – und mit England rätselte die ganze Welt. Zeitungen in Europa, Indien und Südafrika berichteten darüber, und da keine Fakten bekannt waren, wucherten die Gerüchte wie Unkraut, ob sie reißerisch waren oder abenteuerlich. In London behaupteten sogar ein paar Witzbolde, Livingstone habe sich in eine Afrikanerin verliebt und eine neue Familie gegründet. Sir Roderick Murchison dagegen verkündete der Öffentlichkeit, Livingstone durchquere möglicherweise ein zweites Mal Afrika und folge diesmal der riesigen Wasserscheide des Kongos durch die unbekannten Regenwälder westlich des Tanganjikasees.

Von allen Orten, die sich Stanley hätte aussuchen können, um auf Livingstone zu warten – Kairo, Sansibar, Suez –, war Aden der schrecklichste. In der Gegend gab es etliche Vulkane, und die Stadt war für Wind, Hitze und Unmassen von Fliegen berüchtigt. Aden war der Wüste vor Jahrtausenden nur deshalb abgerungen worden, weil man von hier aus die Durchfahrt zum Roten Meer überblicken konnte. Auf die Weltmächte übte diese strategisch bedeutsame Lage natürlich einen unwiderstehlichen Reiz aus. Zuerst kamen im dritten vorchristlichen Jahrhundert die Ägypter, später die Römer, die Perser, Äthiopier, Jemeniten und Türken. Schließlich nisteten sich 1839 gegen den Widerstand Adens die Briten ein und zogen aus ihrer Eroberung letzten Endes mehr Gewinn als alle anderen, die je zuvor hier gelebt hatten. Indem Großbritannien die Meerenge zwischen dem Roten Meer und dem Indischen Ozean überwachte, würde es zukünftig auch den Handelsverkehr auf dem Suezkanal kontrollieren, dem neuen, von den Franzosen erbauten Wasserweg: Die Abkürzung von Europa in den Orient führte durch das Meer, dessen Wogen Moses einst geteilt hatte, und sollte im November 1869 eröffnet werden. »Ein seltsamer Ort ist das hier«, schrieb Stanley mit einem trockenen Humor, wie er während der trüben zweieinhalb Monate, die er in Aden feststeckte, selten zum Vorschein kam. »Er taugt im Grunde nur noch als Kohlenlager.«

So kurz vor dem Ziel seiner Träume hätte Stanley eigentlich völlig ekstatisch sein müssen, doch statt dessen fühlte er sich erbärmlich. Die klaustrophobische Atmosphäre in der Stadt wurde noch dadurch verstärkt, daß die Briten für den Amerikaner in ihrer Mitte keine großen Sympathien übrig hatten. Abgesehen von einem kurzen Ausflug über das Rote Meer nach Afrika, bei dem Stanley den Kontinent offiziell betrat und sich auf dem Rücken eines Kamels fotografieren ließ, verbrachte er die Tage allein auf seinem Zimmer. Er rauchte Zigarre, schrieb in sein Tagebuch und las. Um die Zeit totzuschlagen, griff er zu besonders schwerverständlichen Büchern und verschlang Werke von Milton bis Homer, von Vergil bis Dickens. Aden wurde ihm zur Universität, zu einem Ort, wo er die Ausbildung fortsetzen konnte, die er im Alter von fünfzehn Jahren abgebrochen hatte. Doch schon einen Monat nach seiner Ankunft, während der Weihnachtsfeiertage, schlich sich in seine tiefgeistige Lektüre Langeweile, Ablehnung, Einsamkeit und enorme Unsicherheit ein. Er fiel in eine schwere Depression und spielte sogar mit dem Gedanken an Selbstmord.

Solche Phasen völliger Niedergeschlagenheit waren für Stanley nichts Neues. Sie schienen ihn immer dann zu überrollen, wenn er zuviel Zeit zum Nachdenken hatte. Normalerweise überwand er solche Abgründe, indem er aktiv wurde, sich körperlich verausgabte, reiste oder etwas leistete, doch hier in Aden hatte er nichts zu tun und war gezwungen, sich mit seiner eigenen Psyche zu befassen. Zwischen Weihnachten und Neujahr erforschte er sein Gewissen nach Lastern und kasteite sich, indem er sich tausend verschiedene Möglichkeiten überlegte, wie er seinen Charakter bilden könnte. Die guten Vorsätze des Journalisten für das neue Jahr waren, mit dem Rauchen aufzuhören, alle »bösen und schmutzigen Gedanken« aus seinem Kopf zu verbannen und »besser, edler, makelloser« zu werden.

Stanley sehnte sich nach einem Ort auf der Erde, wo er die maßgebende Autorität sein könnte und vor jedem Spott sicher. Erst dann würde er zur Ruhe kommen. »Ich weiß nicht, was mir fehlt, daß ich nicht glücklich sein kann«, hieß es in einer außergewöhnlich intimen Enthüllung, die er seinem Tagebuch anvertraute. »Wenn ich eine Insel mitten im Ozean fände, weit weg von den Menschen und unerreichbar, mit ein paar wenigen Dingen, die man zum Überleben braucht, dann würde es mir vielleicht doch noch gelingen. Denn dann könnte ich all das vergessen, was mich an die unglücklichen Zeiten erinnert, und wenn es ans Sterben ginge, nähme ich es hin wie einen langen Schlaf, eine Ruhe.«

In den ersten Tagen des Jahres 1869 fand Stanley allerdings keine Ruhe. Er war nervös und verschlossen, und ihm fehlte das Rauchen sehr. Anstatt mit Zigarren beschäftigte er seine Hände mit Schere und Kleber: Aus Büchern schnitt er geistreiche Gedanken aus und klebte sie in sein Tagebuch. Sie waren von Johnson, Shakespeare und Addison und handelten alle von Kriegern, von tapferen Männern, die gegen eine große Übermacht ankämpften – Stanley gegen das Nikotin, Stanley gegen sich selbst, Stanley gegen den Rest der Welt.

Gerade einmal eine Woche hielt er es ohne Tabak aus. Der Wunsch nach einer dauerhaften Veränderung hingegen blieb bestehen. Stanley wollte einfach dazugehören, wollte das Richtige sagen, das Richtige tun. Er wußte nur zu gut, daß er anderen oft auf die Nerven fiel. Einmal hatte er durch die dünnen Wände eines Bahnhofshotels gehört, wie zwei Reisende, mit denen er eben noch im selben Abteil gesessen hatte, ihn als Abschaum bezeichneten. In Abessinien war er einem britischen General so lästig gefallen, daß dieser ihn einen »fürchterlichen Rüpel« schimpfte. Außerdem hatte er es sich auf seiner Reise von Alexandria nach Aden gefallen lassen müssen, daß ein Schotte sich über ihn lustig machte und einen »quirligen kleinen Yankee« nannte. In sechs Monaten feierte Stanley seinen siebenundzwanzigsten Geburtstag, aber noch nie hatte er eine einzige längere Beziehung zu jemandem gehabt, weder zu einem Mann noch zu einer Frau. Er wollte endlich gemocht werden.

Stanleys Tagebucheintragungen wurden allmählich philosophisch. Er nahm sich vor, »die Regentropfen zu zählen, die während eines Gewitters fallen, oder die Schneeflocken, die durch die Luft schweben«. Er analysierte seine Persönlichkeit und schrieb, eine »vage Neugierde könnte sich zu einem schlechten Ratgeber entwickeln« und: »Man hat zwei Stimmen: eine stumme und eine artikulierbare.«

Während Stanley derartige Selbstbeobachtungen anstellte, wartete er auf Livingstone. Sein Informant war der amerikanische Konsul auf Sansibar, Frances Rope Webb, ein ehemaliger Schiffskapitän aus Salem, Massachusetts. Der sechsunddreißigjährige Webb war lediglich dem Titel nach ein Diplomat. Die meiste Zeit verbrachte er damit, eine Reederei für Handelsschiffe zu leiten und zu seinem eigenen Nutzen und dem anderer Exilamerikaner in Sansibar den britischen Handel zu bekämpfen, wobei ihm der Titel eines Konsuls sehr gelegen kam. Denn während die Wareneinfuhr nach Ostafrika früher von Nordamerika beherrscht gewesen war, hatte Großbritannien die Rolle des Marktführers übernommen, als die amerikanische Flotte im Bürgerkrieg eingesetzt worden war. Der Konsul hatte diese Entwicklung nicht aufhalten können, so daß der Einfluß der Briten mit jedem Tag wuchs. Der frustrierte Webb entwickelte eine tiefe Abneigung gegen alles Britische, besonders gegen den Vizekonsul John Kirk, den er für seinen Widersacher hielt. Webb hatte Stanley nie persönlich kennengelernt. Als der Journalist ihm jedoch schrieb und um Hilfe bei der Suche nach Livingstone bat, war Webb hellauf begeistert – er hätte alles getan, um den Briten eins auszuwischen. Da es zwischen Sansibar und Aden keine Telegrafenleitung gab, sollte Webb Stanley per Schiff eine Nachricht zukommen lassen, sobald Livingstone aufgetaucht war.

Im Endeffekt stellten sich Stanley und Webb damit eindeutig

gegen das britische Empire. Die beiden bildeten sich die antiamerikanische Stimmung auf Sansibar keineswegs nur ein und waren auch nicht verantwortlich dafür. Sie hatte vielmehr mit dem unvermindert gespannten Verhältnis zwischen Großbritannien und den Vereinigten Staaten von Amerika zu tun. Zum Teil war dies eine Frage der Wahrnehmung: Obwohl der Unabhängigkeitskrieg seit fast einem Jahrhundert vorbei war und der britisch-amerikanische Krieg um das Seerecht seit fünfzig Jahren, sahen viele Briten in Amerika noch immer den verlorenen Sohn. Das 1868 erschienene Buch des britischen Politikers Charles Wentworth Dilke, *The Greater Britain*, das diese Auffassung lautstark verkündete, war in England sehr populär. Zum Ärgernis Großbritanniens lehnte Amerika diese Sichtweise nicht nur ab, sondern versuchte sogar, seine Einflußsphäre auf Kosten der Briten zu erweitern.

Der Aufstieg Amerikas in den späten sechziger Jahren des 19. Jahrhunderts widersprach im Grunde jeder Logik. Der Bürgerkrieg hätte die Bevölkerung an und für sich schwächen müssen. Die brutale, unerwartete Ermordung Lincolns hatte die Nation empfindlich getroffen und ins Wanken gebracht. Die Neuordnung der Südstaaten nach dem Bürgerkrieg, die Probleme mit den Profiteuren aus dem Norden sowie der Ku Klux Klan erinnerten schmerzlich daran, daß der Rassenhaß mit der Abschaffung der Sklaverei keineswegs verschwunden war. Die Nation war immer noch sehr stark gespalten. Doch wie ein Jugendlicher vor dem Spiegel Umfang und Kraft seiner Muskeln begutachtet, so prüfte auch Amerika voller Bewunderung seine Möglichkeiten. »Den Vereinigten Staaten«, bemerkte der amerikanische Zollinspektor Herman Melville nach dem Bürgerkrieg in einem Essay, »stand ›Weltreich‹ auf der Stirn geschrieben.«

Das gleiche dachte auch Großbritannien von sich, nur tat es das in einer wesentlich besitzergreifenderen Art und Weise. Der Konflikt zwischen den Nationen war somit vorprogrammiert. Großbritannien und die Vereinigten Staaten stritten um die Souveränität Oregons, den Anspruch der Briten auf die Vormachtstellung zur See, um Entschädigungszahlungen für amerikanische Schiffe, die im Bürgerkrieg durch Kreuzer britischer Machart versenkt worden waren, welche die Konföderation eingesetzt hatte, um das Fischereirecht in Neufundland, die Grenzen Kanadas und die Kontrolle über den Pazifik. Besonders schockiert waren die Briten darüber, daß die Amerikaner es auf Kanada abgesehen hatten. »Es ist von der Natur so vorgesehen, daß der gesamte Kontinent, nicht nur diese sechsunddreißig Staaten, früher oder später zu dem magischen Kreis der Amerikanischen Union gehört«, verkündete Außenminister William Seward, nachdem er den Russen 1867 Alaska abgekauft hatte. Es schien nur eine Frage der Zeit, bis auch Kanada, ein Land reich an Bodenschätzen, das Nordamerika von dem eben erworbenen Territorium trennte, Teil der Vereinigten Staaten wurde. Dennoch war es die britische Hudson Bay Company gewesen, die die ersten Pfade durch die kanadische Wildnis gebahnt und dort Handelsposten und Städte errichtet hatte. Die Briten, denen Kommerz schon aus historischer Sicht weit mehr bedeutete als Kolonien, wollten Kanada den Amerikanern daher keinesfalls ohne weiteres überlassen.

Stanleys Vorgesetzte beim *Herald* hatten dem Journalisten untersagt, den von den Briten betriebenen Telegrafendienst in Aden zu benutzen, damit die Londoner Zeitungen auf keinen Fall Wind von seinem streng geheimen Auftrag bekämen. Als Stanley aber Mitte Januar einen Brief von Webb erhielt, in dem es hieß, Livingstone werde auf keinen Fall in der Nähe von Sansibar auftauchen, telegrafierte Stanley die Nachricht eilig an das Londoner Büro des *New York Herald*. Bereits Ende des Monats bekam Stanley Antwort: Die Suche nach Livingstone war zu Ende. Statt dessen wurde er nach Spanien beordert, wo er über den Bürgerkrieg berichten sollte. Am 2. Februar verließ er Aden mit dem Schiff. »Im Grunde bin ich erleichtert«, schrieb er fröhlich in sein Tagebuch.

Seine Vorsätze, sich zu bessern, verfolgte er noch lange, nachdem er sich auf der *Magdala* eingeschifft und Aden den Rücken gekehrt hatte. Noch monatelang schnitt er Ermahnungen aus Büchern und klebte sie in sein Tagebuch, als bereite er sich auf eine große Aufgabe vor, die er noch nicht genau kannte. Gelegentlich schrieb er auch Bibelstellen aus den Sprüchen Salomos oder dem Buch Jona ab. »Bei Gott«, notierte er am 16. Februar 1869, »es wäre wirklich eine Strafe, wenn man kein Ziel im Leben hätte.«

Doch obwohl Stanley seine Stimmung durch positives Denken aufzuhellen versuchte und sich selbst Mut zusprach, stellte sich schon bald wieder Frustration ein. Er erfuhr, daß seine Arbeitgeber die Reise nach Aden als Niederlage betrachteten. »Ich kann doch nichts dafür, wenn sich Livingstone nicht zeigt«, schrieb er in ohnmächtiger Wut. »Es ist einfach ungerecht, daß ich in Ungnade falle, wo ich doch die Ereignisse nicht beeinflussen oder den Lauf des Schicksals ändern kann.«

Ob ungerecht oder nicht – Stanley neigte grundsätzlich dazu, die geringste Kritik als Anlaß zu nehmen, sich zu beweisen. Die Enttäuschung beim *Herald* stachelte ihn daher um so mehr an, sich mit ganzer Kraft in die Suche nach Livingstone zu stürzen.

Kapitel 6

Unterstützung aus der Heimat

Mai – Oktober 1869, London

Es war Frühling in London. Zu Tausenden entfalteten die Schlüsselblumen ihre zarten Blüten, die Schwäne kehrten auf die Themse zurück, die Schulkinder waren glücklich, wieder ins Freie zu dürfen, und die feinen Herrschaften freuten sich auf den Beginn der Gesellschaftssaison. Zwischen Mai und Juli kehrten die einflußreichsten Familien Englands von ihren Landsitzen in die Londoner Stadthäuser zurück. In Grosvenor, Piccadilly, der Park Lane und am Belgrave Square pulsierte das aristokratische Leben: Männer in Frack und Zylinder, Ehefrauen und Töchter mit Tournüren und Hauben, Schoßhündchen und Siamkatzen, schwarzweiß gekleidete Hausangestellte, klappernde Pferdegespanne auf dem Kopfsteinpflaster und Lieferwägen, die in aller Frühe Fleisch, Milch, Obst und Gemüse ausfuhren. Drei berauschende Monate lang vergnügte man sich auf Debütantinnenbällen und bei anderen gesellschaftlichen Anlässen, bei Pferderennen und Krocket, Sinfoniekonzerten, Einkaufsbummeln und anspruchsvolleren Veranstaltungen wie der jährlichen Ausstellung bedeutender Maler in der Royal Academy of Art. Von den Reitwegen im Regent's Park wehte der unvergeßliche Geruch von Pferden und Geld herüber. Das Parlament tagte wieder, und die Peers gingen ihrer täglichen Routine, der Regierungsarbeit nach. Die Abende waren lang und mild und wie geschaffen für einen Bummel durch die Park Lane oder einen Gin Tonic auf der Terrasse.

Diesen elitären Kreisen gehörten auch die meisten Mitglieder

der Royal Geographical Society an, und folglich legte ihr Präsident, Sir Roderick Murchison, seine jährliche Ansprache auch in diese Zeit. Sie bildete jedes Jahr aufs neue den Höhepunkt der Gesellschaftssaison. Statt im exklusiven Hauptsitz der RGS am Whitehall Place traf man sich an diesem Abend in einem Saal in Burlington Gardens. Zu Hunderten kam der Adel und alles, was Rang und Namen hatte. Wenigstens für eine Nacht wollten auch sie Abenteurer sein.

Meistens sprach Murchison über die aktuellen Forschungsaktivitäten der RGS und brachte damit Urwälder, Savannen und die unerreichbaren Gipfel des Himalaja nach London. Dazwischen gab es atemberaubende Reiseberichte der Männer, die er mit ihrer Eroberung beauftragt hatte. Murchison war Aristokrat, Geologe, Schotte, Baron und Ritter zugleich, doch vor allem war er ein glänzender Redner. Er wählte niemals nur ein Wort, wenn er ebenso gut auch drei verwenden konnte, so daß sich seine Ansprachen oft bis in den späten Abend hinzogen, wenn das stille Funkeln der Gaslaternen in den Straßen Londons die berühmte pastellfarbene Dämmerung bereits abgelöst hatte. Die RGS war damals jedoch so en vogue und die Abenteuergeschichten derart faszinierend, daß man über die Länge der Reden hinwegsah. Murchison stand meist vor einer Weltkarte und sprach mit einer solchen Leidenschaft, daß er das Publikum völlig in der Hand hatte. Für ein paar Stunden wurde jeder im Saal zu einem berühmten Entdecker – und das war von größter Bedeutung, denn wenn Murchison einen Monat oder ein Jahr später Forschungsgelder sammelte, würden viele seiner jetzigen Zuhörer die Finanzen bestimmen. Jedes seiner Worte führte ihnen vor Augen, daß er und die RGS dieses Geld auch verdienten, weil sie sich unermüdlich dafür einsetzten, daß Großbritannien zur einflußreichsten Nation der Welt wurde.

Die Ansprache des Jahres 1869 war jedoch etwas ganz Besonderes. Zwar stand Murchison auch diesmal im Rampenlicht: Es gab die übliche Rede, und dann wurde er offiziell und zum sechsten Mal für zwei weitere Jahre zum Präsidenten gewählt. Das Hauptaugenmerk aber galt an diesem Abend jemand anderem: Dr. David Livingstone. Man redete über nichts anderes. Murchison gestand den Zuhörern seine »inständige Hoffnung, daß mein lieber Freund Livingstone bald zu uns zurückkehrt, so daß ich das Vergnügen habe, die Feierlichkeiten zu seinen Ehren zu leiten, welche die ganze Nation dann zweifellos abhalten wird«.

Obwohl Murchison jede einzelne der laufenden RGS-Expeditionen in Australien, Kanada, dem Mittleren Osten, Südamerika und Zentralasien eifrig verfolgte, war es die Frage nach dem Aufenthaltsort seines Freundes, die ihn am Leben hielt. Das gab er auch vor seinem Publikum zu. Mit den klaren Worten eines Mannes, der schon den Hauch des Todes spürt, brachte er Livingstones Rückkehr und sein Ableben miteinander in Verbindung: »Sollte ich die Erfüllung dieses meines innigsten Bestrebens noch erleben«, erklärte er, »dann nehme ich vollen Herzens von Ihnen Abschied.«

Diesmal übertrieb Murchison ausnahmsweise nicht. Es war schon lange her, daß der mittlerweile siebenundsiebzigjährige Präsident der RGS, einst ein athletisch gebauter Geologe, durch die Schweizer Alpen marschiert war. Für ihn war der Tod keine ferne, abstrakte Bedrohung, sondern ein Eindringling, dessen Gegenwart mit jedem Tag stärker wurde. Murchison war gebrechlich, kahl und schlaffwangig geworden, und die Haare seiner wulstigen, graumelierten Augenbrauen standen in alle Richtungen ab. Seine Villa am Belgrave Square 16 war nach wie vor einer der führenden Salons in London, ein Treffpunkt intellektueller Kreise, wo Murchison mit Debatten und Empfängen seinen gesellschaftlichen Rang behaupten und der geduldigen Zuhörerschaft seine Abenteuer schildern konnte. Seine Frau Charlotte, mit der er vierundfünfzig Jahre lang verheiratet gewesen war, war am 9. Februar nach einer langwierigen Krankheit gestorben. Murchison war indirekt einer der Architekten des britischen Empires gewesen, der das Kolonialreich nach und nach aus einzelnen Außenposten zusammengetragen hatte, und Charlotte seine Fürsprecherin, Ratgeberin und Inspiration. Sie hatten keine Kinder, so daß Charlottes Tod den Tag ahnen ließ, an dem der Salon für immer schließen würde.

Der Aufruhr um Livingstone, der Murchison schmerzlich berührte, stellte den gebührenden Abschluß eines Lebens dar, das ganz der Förderung des öffentlichen Interesses an der Geographie gewidmet war. Denn Murchison war ehrgeizig wie Richelieu und akribisch wie Boswell – ein Mann, der aus gewöhnlichen Abenteurern Helden der Forschung machte.

Männer wie Roderick Impey Murchison waren eine Seltenheit. Auf den ersten Blick schien es, als sei er einfach nur einer jener idealistischen Mäzene, die an der Erforschung der Welt beteiligt sein wollten, so wie es sie schon oft gegeben hatte: Königin Isabella hatte sich für Kolumbus eingesetzt, Lord Sandwich hatte James Cook finanzielle Unterstützung und politische Fürsprache zukommen lassen und Präsident Thomas Jefferson hatte Meriwether Lewis und William Clark den Marschbefehl in den amerikanischen Westen erteilt. Doch Murchison war viel mehr als das. Er war nicht nur die treibende Kraft hinter einer einzelnen Expedition, sondern über eine ganze Generation hinweg für Entdeckungen in aller Welt verantwortlich gewesen. Einige Mitglieder der Royal Geographical Society – der bedeutendste unter ihnen Charles Darwin – fanden zwar, seine Selbstdarstellungen lenkten von den wissenschaftlichen Zielen der Gesellschaft ab, doch die Expansion des britischen Empires und der damals bekannten Welt war dennoch Murchisons Verdienst. Seine Entdecker dankten es ihm, indem sie auf sechs Kontinenten Flüsse, Berge, Vorgebirge, Gletscher, einen Wasserfall und sogar eine Insel nach ihm benannten. So heißen beispielsweise die Nebenflüsse des australischen Murchison River Roderick und Impey. »Wollte man die Errungenschaften der Royal Geographical Society unter dem Vorsitz Murchisons schildern, dann müßte man fast eine Chronik der ereignisreichsten Jahre in der Geschichte der modernen Entdeckungsreisen schreiben«, hieß es förmlich in einem offiziellen Bericht der RGS – wobei all jene einflußreichen Männer unberücksichtigt blieben, die sich den Präsidententitel zeitweilig von Murchison ausgeliehen hatten, als dieser sich zwischendurch ein paar Jahre Ruhe gönnte.

Murchison war eigentlich eher zufällig zum Architekten des Empires geworden. Im Jahr 1792 war er als Nachkomme schottischer Hochländer zur Welt gekommen. Wegen ihrer projakobitischen Neigungen hatte man die Familie entrechtet. Sein Vater, Kenneth, war ein Chirurg, Weiberheld und Duellant gewesen. Als er einen

Auftrag in Indien annahm und fürstlich dafür entlohnt wurde, daß er das kranke Kind eines Prinzen heilte, kam die Familie zu neuem Wohlstand. Kenneth zeugte fünf Kinder, von denen allerdings drei unehelich waren. Nachdem der Vater 1796 eines natürlichen Todes gestorben war, fiel dem erst vierjährigen Roderick als ältestem ehelichen Erben Tarradale zu, das Anwesen der Familie. Später wurde Roderick Offizier bei der Armee, kämpfte in den Napoleonischen Kriegen und legte dann sein Offizierspatent nieder. Im Jahr 1815 heiratete er Charlotte, das kluge, temperamentvolle und einzige Kind eines wohlhabenden Generals. Zwischen 1816 und 1818 lebten die beiden in der Schweiz, in Frankreich und Italien. Während dieser Zeit unternahmen sie lange Wanderungen in den Alpen, und Murchison begann, sich für die wachsende internationale Präsenz Nordamerikas zu interessieren.

Zurück in England, verkaufte Murchison Tarradale. Da er keinen Beruf erlernt hatte, verbrachte er die folgenden Jahre als Gutsbesitzer und Sportsmann und entwickelte eine so große Begeisterung für die freie Natur, daß er bald als »einer der besten Fuchsjäger Nordenglands« galt. Als Roderick dreiunddreißig Jahre alt war, hatten die Murchisons das Erbe weitgehend verpraßt. Süßes Nichtstun und schlechte Investitionen hatten ihren Tribut gefordert. Roderick und Charlotte zogen nach London, wo sie von vorne beginnen wollten. Er folgte ihrem Rat und führte von nun an das Leben eines Privatgelehrten. »Sie hatte Naturwissenschaften studiert, vor allem Geologie, und es ist insbesondere ihrem guten Vorbild zu verdanken, daß sich ihr Gatte den Bereichen zuwandte, in denen er später so glänzte«, meinte ihre Freundin, die Physikerin Mary Somerville.

Die Naturwissenschaft galt damals als schicker Zeitvertreib für begüterte Männer. Die Geologie ermöglichte es Murchison, zugleich seiner Vorliebe für die freie Natur nachzugehen. Er widmete sich der Arbeit mit einer geradezu obsessiven Leidenschaft, die später zu seinem Markenzeichen werden sollte. Nach ersten Erkundungen im Themsetal begann er durch Schottland und Rußland zu wandern und unbekannte Felsformationen zu untersuchen. Die Benennung der Erdzeitalter Silur, Devon und – mit Sedgwick – Kambrium war sein Verdienst. Schon bald waren seine erdgeschicht-

Der schottische Geologe und Präsident der Royal Geographical Society Sir Roderick Impey Murchison (1792–1871)

lichen Kenntnisse so profund, daß er die Entdeckung einer riesigen Goldader in Australien voraussagte, obwohl er selbst nie dort gewesen war. Er sollte recht behalten.

Die Wissenschaft hatte Murchison verändert. Er konnte zwar immer noch sehr arrogant sein, aber irgendwann war es ihm wichtiger geworden, seinem Land zu dienen, als sich selbst zu beweihräuchern. Während seiner Ausbildung hatte Murchison eine genaue Vorstellung davon entwickelt, was Großbritannien auf lange Sicht Nutzen bringen konnte. Am 24. März 1830 wurde er Stammmitglied der sogenannten Geographical Society of London. Kurze

Zeit später änderte sie ihren Namen. Erklärtes Ziel der neuen Royal Geographical Society war die Förderung der weltweiten Erforschung und die Einrichtung einer geographischen Bibliothek mit Büchern und Kartenmaterial. Es war der ideale Zeitpunkt, um eine solche Institution ins Leben zu rufen, denn die geographische Forschung brauchte eine starke Hand, die sie durch die bevorstehende Umbruchszeit geleiten würde.

Vor der Jahrhundertwende hatten Forschungsreisen hauptsächlich zur See stattgefunden. Die Regierung finanzierte die Expeditionen, durch Patent bestallte Schiffsoffiziere leiteten sie. Das Hauptinteresse galt den Meeren, das Ziel war die Eroberung. Die wichtigsten Fragen der damaligen Zeit betrafen die Entdeckung neuer Landmassen auf der südlichen Erdhalbkugel und die Prüfung ihrer Eignung für eine spätere Besiedelung. Von einzelnen Ausnahmen abgesehen, waren nur die Schiffe und Offiziere der britischen Marine in der Lage, die schwierigen Weltumsegelungen zu meistern, die zur Durchführung dieser Aufgaben nötig waren.

Als Captain James Cook im Jahr 1779 von hawaiischen Ureinwohnern ermordet wurde, hatte man bereits sämtliche Kontinente in ihren Grundzügen vermessen und von fast allen Pazifikinseln Karten angefertigt. Zwei Jahre später stellte die Regierung die Finanzierung aller Forschungsreisen ein. In Frankreich, der zweiten großen Entdeckernation, tobten kurze Zeit später die Wirren der Revolution. Auch die Franzosen gaben daher ihre Forschungspläne fürs erste auf.

Das Bedürfnis, die Erde zu erforschen, blieb jedoch ungebremst. Den Ruf des Abenteuers konnte selbst etwas so Prosaisches wie das bürokratische Desinteresse nicht zum Verstummen bringen – zumindest was eine Handvoll Männer und Frauen betraf, denen der Forschungsdrang im Blut lag. Diese Privatpersonen begannen, die unbekannten Welten auf eigene Faust zu erkunden. Von nun an stand statt des Meeres das Land im Mittelpunkt des Interesses. Der Amazonas, der indische Subkontinent und der australische Busch erforderten mutige, tatkräftige Männer. Die größte Anziehungskraft übte jedoch Afrika aus, möglicherweise deshalb, weil es am furchteinflößendsten und Europa zugleich am nächsten war. Hier lebten prähistorische Raubtiere, und der Mensch war ihre Beute. Rätselhafte Krankheiten, die vermutlich durch schlechte Luft übertragen wurden – wie die Malaria, vom Italienischen *mal'aria* –, brachten Fieber, Schüttelfrost, Wahn und Tod mit sich. Die Ureinwohner hielt man für Menschenfresser und glaubte, sie kastrierten ihre Feinde.

Im Jahr 1788 hatte der Dandy und Botaniker Joseph Banks die African Association gegründet, eine Vereinigung zur Erforschung dessen, was damals als »der dunkle Kontinent« bekannt war. Der Ausdruck war dadurch entstanden, daß die Kartografen die damals noch unbekannten Regionen Afrikas – also fast alles südlich von Kairo und nördlich von Kapstadt – schwarz markierten. Erst später bekam diese Bezeichnung einen rassistischen Beigeschmack. Mit der Durchführung ihrer ersten Expedition, die den Nil entlangführen sollte, beauftragte die African Association den amerikanischen Abenteurer John Ledyard. Doch noch bevor die Reise richtig begann, starb der in Kairo an einer merkwürdigen Krankheit, und auch das prägte das bedrohliche Bild von Afrika.

Banks war ein alter Angelfreund des Earl of Sandwich und bereits mit Captain Cook zur See gefahren. Als die African Association kurz nach ihrer Gründung von der Royal Geographical Society (damals noch Geographical Society of London) geschluckt wurde, stellte der Botaniker das Verbindungsglied zwischen zwei verschiedenen Generationen von Entdeckern dar. Murchison wiederum machte dort weiter, wo Banks aufgehört hatte. Zu seinen publikumswirksamen Auftritten gehörte beispielsweise, daß er zu einer öffentlichen geologischen Wanderung in weißen Hosen, einem weißen Jagdjackett und einem weißen Zylinder erschien. Als Vertreter der besten Londoner Gesellschaft nutzte er außerdem seine Beziehungen zur höchsten politischen Ebene weidlich aus, wenn er eine Expedition finanzieren wollte – ein unschätzbares Talent, denn weltweite Forschungsreisen waren eine kostspielige Angelegenheit und die RGS ständig knapp bei Kasse.

»Fleiß und Tatkraft, ein klarer Kopf, ein starker Wille und eine ausgesprochene Zielstrebigkeit« seien Murchisons wesentliche Charakterzüge, erklärte sein Freund und Bewunderer, der berühmte

Archäologe Henry Rawlinson, gepaart mit »einer liebenswürdigen Art, dem Fehlen jeglicher Mißgunst, Taktgefühl, Herzlichkeit, Ausgeglichenheit und Entschlossenheit.«

Mit der Zeit wurde Murchison zum Synonym für die RGS, und deren Forschungsexpeditionen standen für die Expansion Großbritanniens zu einem Weltreich. Die beiden jährlich verliehenen Goldmedaillen der RGS für besondere Verdienste stellten die begehrtesten Auszeichnungen weltweit dar. Generäle, Staatsmänner und Wissenschaftler aus Großbritannien und Europa forderten lautstark ihre Aufnahme in die Gesellschaft, damit auch sie das Kürzel »F. R.G.S.« – »Fellow«, Mitglied, der Royal Geographical Society – hinter ihre Unterschrift setzen und im exklusiven Klubhaus am Whitehall Place dinieren durften. Insgesamt stieg die Zahl der RGS-Mitglieder im Lauf von Murchisons Leben von fünf – den Gründern – auf erlesene zweitausenddreihundert.

In den frühen fünfziger Jahren des 19. Jahrhunderts gab Murchison seine geographischen Studien auf, um sich voll und ganz der imperialen Expansion widmen zu können. Die Einführung von Fächern wie organische Chemie machte es ihm schwer, mit der Naturwissenschaft Schritt zu halten. Selbst für die Geographie brauchte man mittlerweile Kenntnisse in Physik, Chemie und Mathematik, so daß Murchison letztlich nur auf dem Papier ein Geologe war. Sein Spezialgebiet wurde vielmehr die Verbindung von geographischer Forschung und imperialer Machtausübung.

In dieser Zeit trat durch einen Zufall Livingstone in Murchisons Leben. England war damals von einer evangelikalen Erweckungsbewegung erfaßt worden. Gruppierungen wie die London Missionary Society besannen sich darauf, daß auch Großbritannien heidnisch gewesen war, bis im sechsten Jahrhundert Missionare auf der Insel gelandet waren, und revanchierten sich, indem sie Männer und Frauen in die Welt hinausschickten, um die Menschen zu bekehren. Obwohl diese keine Entdecker im herkömmlichen Sinn waren, weckten sie Murchisons Interesse, da sie weit in die Wildnis vordrangen, um den christlichen Glauben zu verbreiten. Die Missionare richteten an den Siedlungsgrenzen Schulen und Kirchen ein, lebten unter den Ureinwohnern Polynesiens, Asiens, Südamerikas und Afrikas, erlernten die Landessprachen und aßen die Speisen der Einheimischen (gelegentlich passierte es auch, daß die Einheimischen die Missionare aßen, so zum Beispiel ein neuseeländischer Stamm, der Anglikaner zu seinen Lieblingsgerichten zählte). Letztendlich war die Beziehung der Missionare zu den fremden Menschen und Kulturen intensiver als es die vorbeiziehender Forscher jemals sein konnte.

Livingstone verkörperte für Murchison die ideale Mischung aus Entdecker, Missionar und Wissenschaftler. Sein christlicher Glaube war stark, was für ein Weltreich, das sich zum Christentum als seiner offiziellen Religion bekannte, von großem Interesse sein konnte. Obwohl er keineswegs perfekt war und sicher kein Heiliger, haftete seinen Reisen eine gewisse Rechtschaffenheit an. Murchison war bereits auf Livingstone aufmerksam geworden, als in den späten vierziger Jahren erste Nachrichten über dessen frühe Expeditionsversuche nach London durchgesickert waren. Doch erst 1856, nach Livingstones Rückkehr, lernten sich die beiden kennen. Schon bald verband sie eine tiefe Freundschaft. Murchisons umfangreicher Werbekampagne war es zu verdanken, daß die Leute Livingstone in London auf offener Straße und sogar in Kirchen auf seine kühne Afrika-Durchquerung ansprachen. Als Livingstone für seine herausragenden Verdienste um die geographische Forschung die Goldmedaille der Royal Geographical Society entgegennahm, war es Murchison, der sie ihm überreichte. Und als Livingstone später, inzwischen ein Herr mittleren Alters, finanzielle Unterstützung für seine Sambesi-Expedition benötigte, führte Murchison die Verhandlungen mit dem Außenministerium. Er rang der Regierung nicht nur die entsprechende Summe ab, sondern überzeugte sie auch noch davon, einen Dampfer für die Flußfahrt zu bezahlen.

Im Grunde waren somit vor allem Livingstones ehrgeizige Reisen dafür verantwortlich, daß sich Murchison »der Entdeckung Afrikas widmete und sich das große Forschungsgebiet zu eigen machte«, schrieb Rawlinson. Sein Ziel war die Suche nach der Nilquelle geworden, so daß er besonders diejenigen förderte, die Afrika erkunden wollten. Mit der Zeit bildete sich um Murchison ein harter Kern von Afrikaforschern, den »Löwen«, wie Burton sie nannte. Das Rudel bestand aus Livingstone, Burton, Speke, Grant, Baker, dem französisch-amerikanischen Gorillaspezialisten Paul Du Chaillu und der britischen Äthiopien-Koryphäe Charles Beke. Murchisons ungeteiltes Interesse galt jedoch Livingstone, da dieser aus dem schottischen Hochland stammte und Murchisons Denken von der starken Loyalität schottischer Klans geprägt war, auch wenn er schon über fünfzig Jahre in London lebte.

Die Bewunderung der beiden Männer beruhte auf Gegenseitigkeit. Livingstone schien Murchison regelrecht zu verehren. »Der beste Freund, den ich jemals hatte – zuverlässig, herzlich und treu«, schrieb der Entdecker über ihn. Einmal schleppte er als Geschenk für den befreundeten Geologen einen ganzen Handkoffer voller Gesteinsbrocken aus Zentralafrika mit nach Hause. Dennoch war es zweifellos Murchison, der ältere der beiden, der sich in ihrer Beziehung als dominant erwies, während Livingstone die mühsame Forschungsarbeit erledigte. Ihr Verhältnis war weniger das eines Vaters zu seinem Sohn als das »eines schottischen Hochländers zu seinem Anführer«. Die Männer verbrachten viele Mußestunden mit Spaziergängen auf dem Land, der Suche nach Fossilien und Gesprächen über Afrika. Beiden kam die Bekanntheit des jeweils anderen zugute: Murchison genoß das Interesse, das die ganze Welt aufgrund von Livingstones Entdeckungen für ihn und die RGS zeigte, der Forscher hingegen erhielt die Unterstützung der Regierung, Mitgliedsbeiträge für geplante Expeditionen und den insgeheim begehrten Ruhm.

Murchison riet Livingstone nach dessen mißlungener Sambesi-Reise, jeden Kontakt zu den Medien und alle öffentlichen Auftritte für zwei Monate nach seiner Rückkehr zu meiden, und bewahrte ihn somit vor einem Fiasko. Ihm war klar, daß selbst die negativsten Leitartikel schon nach kurzer Zeit in Vergessenheit geraten würden. Außerdem sprach er die einführenden Worte zu der Rede, die Livingstone am Montag, den 19. September 1864, nur drei Tage nach Spekes Selbstmord, auf der Sitzung der British Association in Bath hielt. Da er wußte, daß die Einkünfte seines Freundes zurückgingen, sprach er dabei die finanzielle Lage des Entdeckers an in der Hoffnung, die britische Regierung würde Livingstone eine Rente anbieten. »Dr. Livingstone ist nur so überhäuft worden mit Auszeichnungen, doch davon allein kann er nicht leben und seine Familie ernähren. Ich bin der Ansicht, er verdient von öffentlicher und staatlicher Seite eine Belohnung«, erklärte Murchison. Er war ein so mitreißender Redner, daß er bereits während seiner Einführung dreimal vom Applaus der Gäste unterbrochen worden war. Als dann Livingstone auf das Podium stieg, hatte die Stimmung im Saal ihren Höhepunkt erreicht. Die Kombination aus Murchisons emotionalen Worten und Livingstones ernstem Abenteuerbericht machte sie zur besten Rede der British Association im gesamten Jahr 1864.

Nun aber, im Sommer 1869, nach seiner Ansprache vor der RGS, wußte Murchison nicht, wie er seinem Freund noch helfen konnte. Krampfhaft überlegte er, welche Route Livingstone für seine Reise durch Afrika gewählt haben mochte und wie seine Rückkehr dadurch vielleicht verzögert wurde, immer wieder ging er im Geist jede erdenkliche Möglichkeit durch. Folgte Livingstone dem Nil vom Victoriasee aus Richtung Norden bis ans Mittelmeer, notierte Murchison, dann müßte er versuchen, im April das Schiff von Gondokoro nach Khartoum zu erreichen. Von dort wären es noch fünfundzwanzig Tage bis nach Alexandria, und Livingstone wäre gegen Ende Juni wieder zu Hause. Gelang es ihm nicht, dann würde er ein Jahr lang auf das nächste Schiff warten müssen.

Im April war die Nachricht eingetroffen, daß Livingstone in Sansibar aufgetaucht sei und nun auf dem Weg nach Europa. Im Juli hieß es in einem Artikel der *Medical Times and Gazette*, Livingstone sei irgendwo in der Gegend des Victoriasees. Die *Times* brachte durchschnittlich einmal die Woche ein Gerücht über Livingstone. Sobald irgendwo der Tod seines Freundes gemeldet wurde, verfaßte Murchison einen Widerruf und ermahnte die Öffentlichkeit, sich nicht entmutigen zu lassen.

Doch dann wandte sich Isabel Burton, die Frau des gerade als Konsul in Beirut eingesetzten Afrikaforschers, in einem Leserbrief an die *Times* und forderte, man solle Livingstone endlich nach Hause holen, anstatt nur nachzusehen, wo er sich befand, so wie Young es getan hatte.

Sir Samuel White Baker (1821–1893),
Entdecker des Albertsees in Afrika

Am 29. September nahte Hilfe in Form eines Briefes von Sir Samuel White Baker. Der siebenundfünfzigjährige Forscher, der den Albertsee entdeckt hatte, war der lebhafteste und ausgeglichenste von Murchisons »Löwen«. Er hatte eine stark gewölbte Brust, Ansätze von Tränensäcken unter seinen blauen Augen und eine ausgeprägte Nase, graumeliertes, rechts gescheiteltes Haar und einen krausen Vollbart, der bis auf die Brust reichte. Er befand sich gerade an der Nilmündung, in Alexandria, und berichtete Murchison von der Tour flußaufwärts, die er mit seiner neuen Gattin und langjährigen Reisebegleiterin Florence, geborene von Sass, vorhatte.

Die blonde Ungarin war fünfzehn Jahre jünger als er und seine zweite Frau.

Baker schilderte die geplante Route und die Zielorte, übermittelte die herzlichsten Grüße Mrs. Bakers und setzte ein bezwingendes Postskriptum darunter: »PS: Entdecke eben in der Zeitung Mrs. Burtons Brief, in dem sie eine Suchexpedition vorschlägt, um Livingstone zu finden. Wenn dies auch sicherlich in guter Absicht geschieht, so wäre es doch ein nutzloses Unterfangen, denn noch bevor irgendeine Expeditionsgruppe aus Sansibar den Tanganjikasee erreicht, bin ich schon südlich des Albertsees angekommen. Dort werde ich sicher mehr über ihn herausfinden.«

Genauso wurde es vereinbart. Baker würde Livingstone zwar nicht direkt suchen, aber er würde nilaufwärts nach Gondokoro reisen. Dort wollte er eine Siedlung errichten, um das Landesinnere für den Handel zu erschließen, die ihm gleichzeitig als Horchposten dienen sollte. Sobald ihm zu Ohren käme, wo sich Livingstone aufhielt, würde er seinem Kollegen, dessen Nilquellen-Theorien er im übrigen für absurd hielt, zu Hilfe eilen.

Murchison legte Bakers Schreiben einen Begleitbrief bei und leitete es an die *Times* weiter. Er war fest davon überzeugt, daß es keinen besseren Garanten für Livingstones Sicherheit gab als Baker: Er war intelligent, gründlich und mutig und beherrschte die Sprache dieser Region perfekt. Wenn es einen Entdecker gab, der etwas über einen anderen Weißen in Erfahrung bringen konnte, dann Baker. Die RGS würde also keine Suchexpedition losschikken – das war nun nicht mehr nötig.

Isabel Burtons Brief rief jedoch auch andere auf den Plan. Ungeachtet Bakers Versprechen und angeregt von E. D. Youngs neuem Bestseller, *Die Suche nach Livingstone*, schickten Abenteurer aus dem ganzen Land der RGS ihren Lebenslauf in der Hoffnung, sich der Suchmannschaft anschließen zu dürfen. Sie wurden ausnahmslos abgelehnt. »Eine derartige Expedition war überhaupt nie vorgesehen«, lautete schließlich die öffentliche Stellungnahme der RGS. »Dr. Livingstone war auch früher schon über dreieinhalb Jahre und ohne einen einzigen europäischen Begleiter mitten in Afrika unterwegs.« Murchison war sich »nicht sicher, ob der Anblick eines jungen Herrn aus England, der sich noch nicht akklimatisiert hat, nicht vielleicht sogar von Nachteil für den Doktor wäre. Denn zusätzlich zu seiner sonstigen Arbeit müßte er sich dann auch noch um den Neuankömmling kümmern«.

Von da an schnitt Murchison, nach wie vor felsenfest davon überzeugt, daß Livingstone am Leben war, und fast ein bißchen stolz darauf, daß er dessen Beharrlichkeit so standhaft verteidigte, das Thema Suchexpedition nicht mehr an. Livingstone würde entweder von selbst zurückkehren oder gar nicht.

Daß eine Suche und Rettung auch ohne die RGS in Angriff genommen werden könnte und Livingstones Verschwinden keineswegs ausschließlich die Angelegenheit Großbritanniens oder der RGS sein könnte, kam Murchison nicht in den Sinn. Doch jetzt gehörten der Mann und seine Geschichte allen. So ereignete sich genau zu dem Zeitpunkt, als Isabel Burtons und kurz darauf Samuel Bakers Brief in der *Times* erschien, in New York etwas, was für Livingstones Schicksal nicht ohne Folgen bleiben sollte.

Es war im Oktober 1869. In London wurde es allmählich Winter. Europa rüstete sich zum Krieg. Mitten in dieser Phase des Umbruchs beschloß James Gordon Bennett jr., daß es nun an der Zeit sei, sich ernsthaft auf die Suche nach Livingstone zu machen.

Kapitel 7

Der Lualaba

Livingstone hatte inzwischen einen herben Rückschlag erlebt: Erst hatte ihn auf der Reise Richtung Udschidschi eine Lungenentzündung so geschwächt, daß er sich hatte tragen lassen müssen, dann, endlich am Westufer des Tanganjikasees angekommen, hatten keine Einbäume bereitgelegen, um den See zu überqueren. Livingstone drängte es, in Udschidschi seine Nachschublieferung in Empfang zu nehmen, denn er wollte sich so schnell wie möglich von der arabischen Karawane trennen und endlich wieder sein eigener Herr sein. Das Entsetzen war groß, als er feststellen mußte, daß die Vorräte fast völlig geplündert worden waren. Doch wenn er dem Lualaba nach Norden folgen wollte, um zu beweisen, daß es sich bei dem Fluß um den Nil handelte, so wie die Landkarte von Ptolemäus nahelegte, mußte er sich wohl oder übel erneut den Arabern anschließen. Am 1. August stieß er zu Mohamed Bogharibs Männern.

Oktober 1869, Bambarre

Nun ging es durch Manjuema, eine stark bewaldete Region westlich des Tanganjikasees, die später den Namen »Kongo« erhalten sollte. Es gab hier nur zwei größere Dörfer. Das eine, Bambarre, lag in einem Tal am Fuße eines hohen, ebenfalls als Bambarre bekannten Granitgebirges, dessen Gipfel Livingstone an Gletscher erinnerten. Weiter im Landesinneren und viel tiefer gelegen, befand sich am Ufer des Lualaba die üppig grüne Oase von Njangwe, das nächste Ziel seiner Reise. Das Terrain zwischen dem Tanganjikasee und Njangwe war jedoch stark zerklüftet, so daß er nur langsam vorankam. Auf halber Strecke nach Njangwe erreichte er am

21. September 1869 das Dorf Bambarre. In den zwei Monaten, seit er Udschidschi verlassen hatte, war er nur etwa dreihundert Kilometer vorangekommen.

Allerdings zählte diese Reiseetappe zu den schwierigsten, die es in ganz Afrika zu bewältigen gab. Wie die Mauern einer gewaltigen Festung schienen die Berge des Bambarre-Massivs verhindern zu wollen, daß jemand ohne weiteres in die Königreiche im Herzen Afrikas eindrang. Die dicht bewaldeten Hänge waren so steil, daß Livingstone und seine Männer bei ihrem Anstieg oft auf allen vieren klettern und sich an Bäumen und Lianen festklammern mußten, um nicht in die Tiefe zu stürzen. Kurz unterhalb des Gipfels war der Boden feucht und kühl, denn das undurchdringliche Dickicht des Urwalds schützte ihn vor der Sonne. Da sich kein Lüftchen regte und kaum Licht durch das Blätterdach fiel, war es schwül und stickig. Auf den Bäumen wuchsen Moose und Farne. Die Kletterpflanzen rankten sich so eng an ihren mächtigen Stämmen hoch, daß sogar abgestorbene Bäume gerade stehenblieben, gestützt von denselben Schmarotzern, die ihnen den Garaus gemacht hatten.

Der Abstieg ins Tal auf der anderen Seite führte Livingstone durch tiefe Wasserrinnen und Schluchten. Die Bäume waren hier fast hundert Meter hoch, und ihre Kronen ineinander verflochten, was den Wald noch furchteinflößender erscheinen ließ. Doch als er am Fuß des Gebirges ankam, blitzten schon wieder die ersten Sonnenstrahlen und der blaue Himmel durch. Der Wald lichtete sich, und die Bäume waren nicht mehr so hoch. Schließlich hatte Livingstone den Gebirgszug überwunden und betrat nun eine Landschaft mit fruchtbaren Äckern, glitzernden Bächen und vereinzelten Grüppchen höherer Bäume. So eine Gegend hatte er in Afrika noch nie gesehen.

Vom Grundriß her ähnelte das Dorf Bambarre einer europäischen Stadt. Zwischen den quadratischen Häusern aus leuchtend rotem Lehm verliefen lange Straßen. Mitten im Ort wuchsen Palmen. In gemeinschaftlich genutzten Getreidespeichern schützte man die Lebensmittelvorräte vor Vögeln und anderen Tieren. »Die Häuser sind gut mit Feuerholz ausgestattet, das in Regalen gestapelt ist, und jedes hat im Inneren ein Zimmer mit einem erhöhten

Bett«, schrieb Livingstone. »Es kommen sehr viele Leute herbeigelaufen, um sich die Fremden anzusehen. Überall im Dorf stehen riesige Bäume.«

In Bambarre konnte man sich wirklich zu Hause fühlen – und das tat Livingstone auch. Er war so erschöpft vom Reisen und genoß die vielen Menschen und das reichliche Essen im Dorf so sehr, daß er seinen Marsch zum Lualaba sofort verschob. Er beschloß, seine Forschungspläne für eine Weile ruhen zu lassen, und ließ sich von seinen Männern am 22. September ein Haus in Bambarre bauen. Mohamed Bogharib und die anderen Araber, mit denen Livingstone gereist war, ließen ihn zurück und zogen rasch weiter auf Sklavenraubzug. Livingstone hatte gerade noch genug Tuch und Kupferdraht, um seinen Tauschhandel zu machen, und die Leute konnten ihn gut leiden. Das kleine Dorf Bambarre lag mitten im Urwald, nur wenige Breitengrade südlich des Äquators, der Häuptling war höflich, und die Einwohner interessierten sich für die geographische Lage Englands und die Worte der Bibel. Die Männer trugen einen Schurz aus Hirschfell, einen Speer und ein Messer. Mit Lehm formten sie aus ihrem Haar kunstvolle Gebilde, die an Tiere erinnerten – Hörner, Schuppen oder Kehllappen –, und dekorierten diese mit eisernen oder kupfernen Ringen. Daß sie zu gelegentlichem Kannibalismus neigten, verunsicherte Livingstone keineswegs.

In Sansibar war inzwischen eine Choleraepidemie ausgebrochen, die bald auf der gesamten Insel wütete. Auch Marion, die fünfjährige Tochter des Vizekonsuls Kirk, war erkrankt und litt an Darmkoliken und Brechdurchfall. Mit viel Glück sollte sie zu den wenigen Überlebenden gehören. Kirk selbst und seine Frau steckten sich nicht an, was sie der Quarantäne zu verdanken hatten, einer damals noch neuen Methode, die die britische Krankenpflegerin Florence Nightingale im Krimkrieg entwickelt hatte. Fast siebzigtausend Sklaven dagegen überlebten die Seuche nicht. Da ihre Arbeitskraft auf den Plantagen der Insel jedoch unverzichtbar war, suchten ihre Besitzer nun verzweifelt nach Ersatz. Die Sklavenhändler stürmten wie wild ins Landesinnere, um die Nachfrage auf dem Markt zu befriedigen.

Für Livingstone hatte das schwerwiegende Folgen. Mehr denn je befürchteten die Händler, seine Briefe könnten die Stimmung gegen die Sklaverei neu anheizen, sobald sie in London einträfen, und ihre Geschäfte jetzt, wo sie am lukrativsten waren, zum Erliegen bringen. Livingstone konnte noch so viele Briefe schreiben und den Karawanen auf ihrem Weg nach Osten mitgeben – sie verschwanden alle, als hätte es sie nie gegeben. Jetzt war er völlig von der Außenwelt abgeschnitten.

Die relative Sicherheit Bambarres war somit trügerisch. Livingstone saß im Grunde nicht nur in der Falle, auch seine Gesundheit verschlechterte sich stetig. Fast alle unteren und hinteren Zähne waren ihm ausgefallen, und das Kauen wurde zur Qual. Er war zu geschwächt, um größere Strecken zu bewältigen. Außerdem waren die Geschwüre an seinen Füßen wiedergekommen. Anstatt wie bei seinen Erkundungsgängen die Welt aus einem weiten Blickwinkel zu betrachten, wandte er sich nun winzigen Details zu. So schrieb er beispielsweise, während er sich in Bambarre erholte, über weiße Ameisen und wie leicht man sie fangen und rösten könne, wenn sie gegen die größeren und noch verheerenderen Treiberameisen gekämpft hatten. Vor allem aber grübelte er über seine Nil-Theorien nach und kam zu dem Schluß, daß ganz sicher der Lualaba seine Quelle war. »Ich muß dorthin, um zu sehen, wo die einzelnen Quellflüsse zusammenkommen, und zum Schluß alle Quellen umrunden oder das Gebiet südlich davon untersuchen. Ich möchte nämlich meine Arbeit so hinterlassen, daß mich niemand übertrumpfen und behaupten kann, er habe südlich von meinen Quellen noch andere gefunden. Mein Traum wäre es, die versunkene Stadt Meroë zu finden, aber statt dessen habe ich fast alle meine Zähne verloren. Daran sind nur die Quellen schuld«, schrieb er.

Während Livingstone früher in einem Monat mehrere hundert Kilometer zurückgelegt hatte, brauchte er mittlerweile für dieselbe Strecke ein ganzes Jahr. Fremde Hilfe anzunehmen, war eine Sache, doch sich tragen lassen zu müssen, entsprach überhaupt nicht seiner Art. Als einer der großen Wanderer der Weltgeschichte beherrschte er alle Varianten, vom gemächlichen Spaziergang bis zum strammen Marsch. Wie ein Blatt von einer leichten Brise durch die

Lüfte getragen wird, so ließ sich auch Livingstone durchs Leben treiben und landete, wohin der Wind ihn wehte, um sich schon mit der nächsten Bö erneut zu erheben. »Wer niemals große Strapazen durchstehen mußte«, schrieb er einmal, »versteht nicht den Zauber der Ruhe.« Nun aber ließen Livingstones Gesundheit und seine Kräfte nach, und die Zeiten endloser Strapazen schienen vorüber.

Im Jahr 1841, als Livingstone zum ersten Mal nach Afrika gekommen war, hatten die Einheimischen ihn ausgelacht, als er sie auf ihren Streifzügen durch den Busch begleiten wollte. Er werde das nicht überstehen, meinten sie und deuteten auf seine weiten Hosen und die ungebräunte Haut. Sie spöttelten in Setswana, ihrer Stammessprache, über ihn, unwissend, daß Livingstone diese beherrschte. Er ging trotzdem mit, und als er problemlos mit ihnen Schritt hielt, hatte er sich ihre Anerkennung verdient. Die extremen Temperaturen konnten ihm nichts anhaben – ja, er fühlte sich dabei sogar wohl. »Eine anständige Hitze ist wie eine gute Medizin«, schrieb er. Auf seinen Reisen lernte er nicht nur die Landschaften und das Klima, die Bodenbeschaffenheit und die Gefahren Afrikas kennen – also all jene Aspekte, die für Europa von Interesse waren –, sondern auch dessen bedeutende, aber bislang unbeachtet gebliebene Geschichte.

Livingstones wundersame Wanderlust war es auch, die die Royal Geographical Society dazu bewog, ihn in ihre Reihen aufzunehmen. Im Jahr 1850 verlieh sie ihm in Abwesenheit einen goldenen Chronometer für seine Kalahari-Durchquerung, kurz darauf die begehrte goldene *Founder's Medal* für seine vierjährige Reise durch Afrika. Auf dieser Expedition benannte Livingstone eine geographische Attraktion nach einem Mitglied des britischen Königshauses – es blieb das einzige Mal, daß er so etwas machte. Der Bericht über seine Vermessung der Victoriafälle sprach sich schnell in London herum und trug zum Mythos Livingstone bei, der sich bereits damals zu bilden begann. Der Forscher hatte die Glanzleistung im Jahr 1855 vollbracht. Er war dem Lauf des Sambesi von seiner Quelle im zentralafrikanischen Hochland aus gefolgt und hatte zu seinem Erstaunen festgestellt, daß der Fluß sogar mehrere

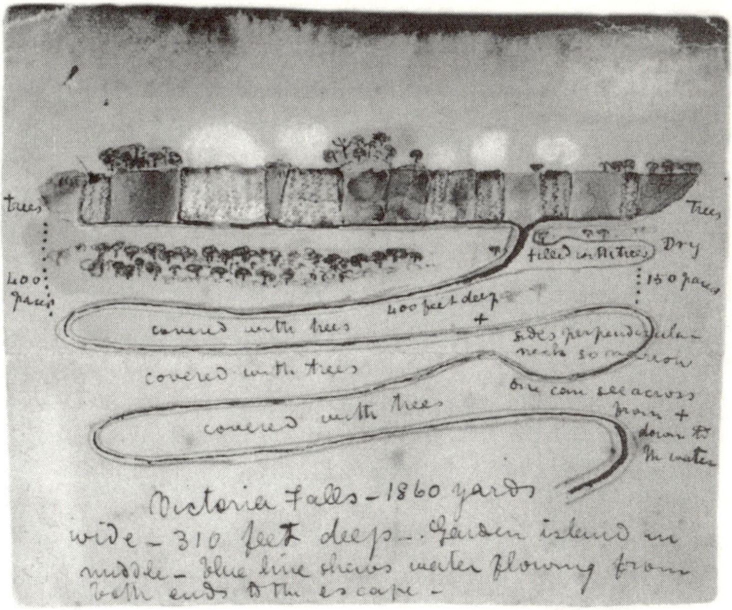

Livingstones Skizze vom Ablauf des Sambesi aus den Victoriafällen. Er notiert, die Landzungen in den Flußwindungen seien »von Bäumen bedeckt«.

hundert Kilometer nach seinem Ursprung noch kaum ein Gefälle aufwies. Auf anderthalb Kilometer Breite wälzte sich der gewaltige Fluß mit einschläfernder Trägheit durch die Landschaft. Seine Ufer waren von Rattenlöchern und Gebüsch gesäumt, und im Wasser tummelten sich Flußpferde, Otter und Tigerfische.

Livingstone wußte, daß der Sambesi irgendwann schmaler werden und zum Meer hin fallen mußte, doch er floß Kilometer um Kilometer weiter, ohne daß sich seine Höhe verringerte. Livingstone war erschöpft und litt unter lästigen Insektenstichen, entzündeten offenen Wunden und schwächenden Schüben von Ruhr. Die Reise wurde allmählich zur Sisyphusarbeit. Livingstone war dem Fluß achthundert Kilometer weit gefolgt, und dennoch schien es, als sei er dem Geheimnis keinen Schritt näher gekommen.

Dann endlich hörte er ein fernes Grollen. Als er in die Richtung schaute, aus der das Geräusch kam, stellte er fest, daß ein Stück stromabwärts der ganze Fluß in einem Felsspalt verschwand. Vorsichtig näherte er sich der Abbruchkante und sah entgeistert, wie der Sambesi über eine Steilwand hundertzehn Meter in eine unglaublich enge Klamm stürzte. Derartig zusammengedrängt entwickelte der Fluß eine verheerende Wucht und raste schäumend und aufgewühlt Richtung Meer.

Livingstone wollte unbedingt die genaue Höhe des Wasserfalls messen. Er stieg also in ein Kanu, das er sich ausgeliehen hatte, und paddelte allein zu einer Insel in der Mitte des Flusses, die über die Abbruchkante des Wasserfalls hinausragte. Auf allen vieren kroch er zum Rand des Felsens vor. Dann legte er sich bäuchlings auf den Boden, spähte in den Spalt und ließ eine Schnur mit einem Gewicht in den donnernden Abgrund hinunter. Wegen der gewaltigen Gischtwolken konnte er nur mit Mühe abschätzen, wo der Wasserfall endete und der Fluß anfing. Das ohrenbetäubende Tosen brach sich an den Felswänden der Schlucht und ließ den Erdboden erzittern. Vorsichtig holte Livingstone die Schnur wieder ein und robbte rückwärts von der Abbruchkante weg. Normalerweise blieb er gelassen, wenn er eine Entdeckung gemacht hatte, doch dieser gewaltige Wasserfall ließ ihn vor Ehrfurcht erstarren. Wie er später schrieb, war es für ihn der wunderbarste Anblick, den er jemals in Afrika erlebte.

Als Livingstone im Dezember 1856 nach London zurückkehrte, stand er im Zenit seines Ruhms und seiner Beliebtheit. Er war vierundvierzig Jahre alt und hatte zum ersten Mal in seinem Leben Geld und Ansehen. Zwischen seinen Forschungsreisen hatte er außerdem geheiratet und vier Kinder gezeugt. Noch hatte ihn Afrika nicht ausgezehrt, und die tragischen Ereignisse, die seine letzten Jahren trüben sollten, lagen in weiter Ferne.

Livingstone war so berühmt, daß sich am 13. Februar 1858, kurz bevor er zu seiner zweiten Sambesi-Expedition aufbrach, dreihundertfünfzig der prominentesten Persönlichkeiten Englands in der Londoner Freemason's Tavern einfanden, wo Murchison eine Abschiedsfeier für den Entdecker gab. Dabei fiel auf, daß Lord Clarendon fehlte, der britische Außenminister. Daß einem Nichtadeligen soviel Aufmerksamkeit zukam, ärgerte ihn. Seiner Meinung nach sollte ein britischer Entdecker ein Mann von Stand sein und über ein gewisses Vermögen verfügen. »Schon seit geraumer Zeit«, brachte er gegenüber Murchison als Entschuldigung vor, »scheint mir, daß Dr. L. mehr Ehre zukommt, als für ihn gut ist, und daß die Öffentlichkeit an seine zukünftigen Unternehmungen somit größere Erwartungen stellen wird, als vermutlich erfüllt werden können.« Die unglückliche Sambesi-Expedition würde ihm schließlich recht geben.

Und auch jetzt, in den letzten Monaten des Jahres 1869, schien sich das Schicksal gegen Livingstone gewendet zu haben. Hätte er in den ersten dreieinhalb Jahren seiner Nilquellen-Suche jederzeit den Strapazen entrinnen und umkehren können, war er nun nicht mehr in der körperlichen Verfassung für einen derartigen Kraftakt. David Livingstone war weder in der Lage weiterzuwandern, noch konnte er zurückgehen – er saß fest. Wollte er jemals lebend nach London heimkehren, zu den Menschen, die ihn liebten und ihn mochten, auch wenn er die Nilquelle nicht fand, dann würde man ihm zu Hilfe kommen müssen.

Kapitel 8

Der große Auftrag

Oktober 1869,
Paris,
6500 Kilometer von
Livingstone entfernt

Zur gleichen Zeit saß James Gordon Bennett jr. in der Suite eines Pariser Hotels, zermarterte sich das Hirn und wartete auf einen Geistesblitz. Der achtundzwanzigjährige Zeitungsmogul versuchte wieder einmal, eine Krise in einer ganzen Reihe von Katastrophen zu entschärfen, die sich während der beiden vergangenen Monate in New York ereignet hatten. Diesmal ging es um einen Goldmarktskandal, in den neben dem neuen Präsidenten, Ulysses S. Grant, auch Bennett verwickelt worden war. Der Ruf, wenn nicht sogar die Zukunft, seines *New York Herald* stand auf dem Spiel, so daß er an Bord eines Cunard-Luxuskreuzers nach Paris geflüchtet war. Im mondänen Grand Hôtel, der exklusivsten Adresse der Stadt, nahm er sich eine Suite, um seinen nächsten Schritt zu planen. Die Situation verlangte nach einem mutigen Schachzug, einem geschickten Ablenkungsmanöver. Bennett würde in seiner Zeitung eine ausführliche Story oder gleich eine ganze Serie bringen, um zu verhindern, daß man ihn und damit auch den *Herald* überhaupt in Zusammenhang mit dem Skandal brachte. Die Frage war nur: Wovon sollten die Storys handeln?

Doch schon bald hatte Bennett ein Thema gefunden: Am 11. Oktober veröffentlichte die *Times* wieder einmal einen Brief über Livingstone. Diesmal aber hieß es, aus dem Landesinneren seien Araber nach Sansibar zurückgekehrt, die in Udschidschi einen Weißen gesehen hätten. Wenn das keine Story war! Womit würde der

Herald besser Format beweisen, als wenn Bennett die Briten ein zweites Mal vor den Kopf stieß – oder, wie er es nannte »dem Löwen auf den Schwanz trat«? Er telegrafierte also nach New York und erkundigte sich nach Randolph Keim, einem seiner besten Reporter. Keim sollte den Livingstone-Auftrag übernehmen. Als jedoch die Antwort kam, er sei gerade irgendwo in Amerika unterwegs und unauffindbar, mußte sich Bennett mit dem Spanienkorrespondenten des *Herald* begnügen, der von dort über den Bürgerkrieg berichtete. »Erwarte Sie in wichtiger Angelegenheit in Paris«, lautete das knappe Telegramm an Henry Morton Stanley.

Drei Wochen vergingen. Am 27. Oktober um Mitternacht klopfte Stanley endlich an die Zimmertüre seines Chefs. Dieser war schon im Bett. »Herein«, bellte er, ohne aufzustehen.

Stanley betrat die Suite. Er war nervös, denn er hatte Angst, gefeuert zu werden. Seinem Mißerfolg in Aden waren einige angenehme Monate als Berichterstatter in Spanien gefolgt, in denen er letztendlich kaum an der Front gewesen war. Stanley befürchtete also das Schlimmste, denn er wußte, wie gern Bennett seine Leute vor die Tür setzte – zuletzt Stanleys Chef im Londoner Büro, Colonel Finlay Andersen. Außerdem war ihm nicht mitgeteilt worden, warum er seine Taschen packen und so schnell wie möglich nach Paris kommen sollte.

Bennetts Salon hatte ein Deckengewölbe und war so groß wie eine ganze Wohnung. In der Ecke stand ein Bett, gleich neben dem Eingang eine Sitzgruppe mit einem Tisch. Natürlich hatte Stanley Bennett bereits bei anderen Gelegenheiten zu Gesicht bekommen, das letzte Mal vor sechs Monaten. Bennett hatte auch den Leitartikel in Auftrag gegeben, in dem Stanleys Abessinien-Berichte gelobt worden waren. Andererseits war Bennett berüchtigt dafür, daß er seine Angestellten gerne im Ungewissen ließ.

»Wer sind Sie denn?« fragte Bennett, als seien sie einander noch nie begegnet.

»Mein Name ist Stanley«, kam die Antwort.

»Ach ja. Setzen Sie sich. Ich hätte da einen wichtigen Auftrag für Sie.« Bennett stieg aus dem Bett und warf sich seinen Morgenmantel über. Er ging beim Sprechen auf und ab und überragte mit seiner langen, hageren Gestalt den kleinen sitzenden Reporter um einiges.

»Wo hält sich Livingstone Ihrer Meinung nach auf?« fuhr Bennett fort.

»Ich habe keine Ahnung, Sir.«

»Glauben Sie, daß er noch lebt?« drängte Bennett.

»Vielleicht, vielleicht aber auch nicht.« Insgeheim war Stanley davon überzeugt, daß Livingstone nicht mehr am Leben war, wie er auch in seinem Tagebuch schreibt. Fast alle, die er kannte, dachten das.

»Nun, ich glaube, daß er lebt und daß man ihn ausfindig machen kann, und werde Sie deshalb damit beauftragen, ihn zu finden.«

»Wie bitte? Glauben Sie wirklich, daß ich Dr. Livingstone finden kann? Wollen Sie mich wirklich nach Zentralafrika schicken?«

»Ja. Ich möchte, daß Sie sich auf die Suche machen und ihn finden, ganz egal, wo er sich aufhält«, antwortete Bennett. »Vielleicht steckt der alte Mann in Schwierigkeiten. Nehmen Sie sich genug mit, um ihm, wenn nötig, auszuhelfen. Natürlich werden Sie nach Ihren eigenen Plänen vorgehen und tun, was Sie für richtig halten – Hauptsache, Sie finden Livingstone.«

Stanley war sprachlos. Er wunderte sich, daß Bennett ihm einen so bedeutenden Auftrag erteilte. Das hier war weder eine professionelle militärische Suchaktion wie damals bei Sir John Franklin, noch gab es humanitäre Beweggründe für die Rettung, wie es bei E. D. Young der Fall gewesen war. Einen Journalisten ins Innere Afrikas zu schicken, zeugte entweder von ausgesprochener Wichtigtuerei oder unglaublicher Dummheit. Afrika war alles andere als ein Ort für Amateurdetektive.

»Haben Sie sich auch gut überlegt, welche hohen Kosten bei dieser kleinen Reise vermutlich auf Sie zukommen würden?« erkundigte sich Stanley.

Doch Geld interessierte Bennett nicht. Für ihn war nur wichtig, daß er mit den Meldungen den richtigen Rahmen für die Livingstone-Story schaffen konnte. Es würde eine Weile dauern, bis sich ein Erfolg zeigte. Die Berichte sollten zunächst in unregelmäßigen Abständen erscheinen. Schon bald würden die Leser des *Herald* ei-

James Gordon Bennett jr. (1841–1918),
Herausgeber des New York Herald

niges über Afrika wissen und sich von der Suche nach Livingstone begeistern lassen. Wenn man es richtig anstellte, würden Livingstone und Afrika allmählich ganz von selbst in das Unterbewußtsein New Yorks dringen und zum Thema Nummer eins werden. Die New Yorker würden sich plötzlich um Livingstones Sicherheit sorgen und brav die Zeitung mit den neuesten Nachrichten kaufen.

Um Zeit zu gewinnen – und, was noch viel wichtiger war, um zu verhindern, daß Tausende von Dollar für eine Afrikaexpedition verschwendet würden, obwohl der Goldmarktskandal womöglich von allein in Vergessenheit geriet –, wies Bennett Stanley an, mit der Suche noch zu warten und inzwischen eine Serie von Reiseberichten zu schreiben. Der erste sollte von der Eröffnung des Suezkanals am 17. November handeln. Bennett erwartete von ihm einen kritischen Artikel über die Wirtschaftlichkeit des Kanals. Genauso wichtig war es ihm jedoch, daß Stanley der Expedition Bakers ein Stück nilaufwärts folgte und ihr nachspionierte.

Dann sollte er nach Jerusalem, um über die archäologischen Ausgrabungen biblischer Stätten zu berichten, und anschließend nach Konstantinopel, um zu überprüfen, was es mit den Gerüchten über einen Krieg auf sich hatte. »Und dann – lassen Sie mich nachdenken –, dann könnten Sie eigentlich auf die Krim und die alten Schlachtfelder dort besuchen. Und danach über den Kaukasus ans Kaspische Meer. Ich habe gehört, daß eine russische Expedition nach Khiva unterwegs ist. Von dort kämen Sie dann durch Persien nach Indien – Sie könnten einen interessanten Brief aus Persepolis schreiben«, fuhr Bennett fort.

Und so ging es noch eine Weile weiter. Etwa ein Jahr später würde Stanley dann schließlich in Sansibar ankommen. Hatte man Livingstone in der Zwischenzeit gefunden, würde Stanley gleich nach China weiterreisen und nachsehen, ob es von dort etwas Aufregendes zu berichten gäbe. Andernfalls sollte er auf dem schnellsten Weg ins Landesinnere vorstoßen und nicht eher zurückkehren, als bis er Livingstone gefunden hätte. »Und wenn Sie herausfinden, daß er tot ist«, schloß Bennett, »bringen Sie alles mit, was seinen Tod beweist. Das wäre alles. Gute Nacht, und Gott schütze Sie.«

Während Bennett wieder ins Bett stieg, stolperte Stanley hinaus in die kühle Herbstnacht. Seine Verwirrung war ebenso groß wie das Chaos in dieser Stadt. Die Besprechung hatte nur kurz gedauert, nicht einmal eine halbe Stunde. Wichtige Punkte wie die Finanzierung und der genaue Ablauf der Unternehmung waren zwar berührt, nicht aber geklärt worden. Bennett hatte die mühsamen ersten Schritte auf Stanley abgewälzt. Doch so kurz das Treffen auch gewesen sein mochte: Es hatte Henry Morton Stanleys Leben – und zugleich auch das Livingstones – unwiderruflich verändert. Der angehende Reporter war soeben dazu bestimmt worden, der Welt vom Schicksal David Livingstones zu berichten, ganz gleich, was geschah. Er hatte nicht nur seinen Job behalten: Stanley, der sich als Journalist einmal mit einem Gladiatoren verglichen hatte, war außerdem gebeten worden, sein Leben dem Journalismus zu opfern.

Und was das Beste war: Er hatte die Chance bekommen, einen zweiten Coup zu landen.

Teil Zwei

Irgendwo im Nirgendwo

Kapitel 9

Sansibar

Genau vierhundertsechsunddreißig Tage nach seinem Treffen mit Bennett und fast fünf Jahre nach Livingstones Verschwinden, machte sich Henry Morton Stanley endlich auf die Suche. Den ausführlichen Reisebericht für Bennett hatte er abgeschlossen.

6. Januar 1871,
1500 Kilometer von
Livingstone entfernt

Die Luft auf Sansibar war mild und feucht. Stanley stand auf dem knarrenden, verwitterten Deck des amerikanischen Walfängers *Falcon*. Als das Boot durch den Sansibarkanal an der Insel entlanggefahren war, hatte sie wie ein faszinierender grüner Teppich ausgesehen. Stanley war gebannt von der lehmfarbenen Landschaft und dem berauschenden Geruch der Tropeninsel. Als an diesem Freitag, den 6. Januar, schließlich die Sonne aufging und die *Falcon* in den betriebsamen Hafen einlief, wurde ihm doch etwas mulmig. Am Wasser standen weiße Paläste mit flachen Dächern, dicht nebeneinander aufgereiht wie eine Reihe gewaltiger Stoßzähne. Sie hatten alle jene reich beschnitzten hölzernen Eingangstüren, für die Sansibar bekannt war. In der Luft, schrieb Stanley in sein Tagebuch, lag ein Geruch von Abwasser, Holzfeuer, kaltem Schweiß, trocknenden Tierhäuten und Frühstück. Jenseits des Sansibarkanals, dreißig Kilometer von der Insel entfernt und eingehüllt in den morgendlichen Nebel, lag der Grund für Stanleys Unruhe: Afrika.

Stanley war seit 1866 in der Welt herumgereist. Er wußte, was man in Amerika, Europa und dem Mittleren Osten aß, wie man feierte, handelte, wohnte und reiste. In Afrika aber hatte das alles keine Bedeutung. Hier mußte er ganz von vorne anfangen. Alles war neu für ihn. Er hielt es kaum aus vor Spannung. Zunächst einmal war Stanley darauf erpicht, die neuesten Gerüchte über Livingstone zu erfahren und dann entweder seine Jagd zu beginnen oder umzukehren und gemäß Bennetts Ersatzplan nach China zu reisen. Er machte sich Gedanken darüber, wie er seine Reise durch Afrika anpacken sollte, denn ihm war bewußt, daß er die Arbeitsmoral und die Transportmöglichkeiten in der Äquatorregion nicht kannte. Dann wollte er endlich den berüchtigten John Kirk treffen und ihn mit Fragen nach Livingstone bombardieren. Falls Livingstone sich immer noch irgendwo dort draußen aufhielt, wollte er unbedingt aufbrechen, bevor im April die vierzigtägige Monsunzeit begann.

Außerdem machte er sich Sorgen wegen des Geldes, denn er besaß keines mehr. Beim *Herald* hatte man ihm zu Beginn seiner Reise tausend Pfund vorgestreckt, aber die hatte er längst ausgegeben. Er betete darum, daß sein Chef vom Londoner Büro ihm Nachschub geschickt hatte und das Geld im amerikanischen Konsulat für ihn bereitlag.

Vor allem aber war Stanley gespannt auf Zentralafrika. Die »ewige, fiebrige Region« ließ ihn nicht mehr los. Seit er bei Bennett gewesen war, hatte er alle Bücher über die Erforschung des Kontinents gelesen, die er finden konnte: die von Speke, Livingstone, E. D. Young und besonders die des tollkühnen Abenteurers Burton. Er war so begeistert von seiner knallgrünen, zweibändigen Ausgabe der *Lake Regions of Central Africa*, daß sie zu seinem ganz persönlichen Reiseführer wurde. Seite für Seite studierte er den detailreichen Text und machte am Rand und ganz hinten im Buch eifrig Bleistiftnotizen: welche Routen Burton vorschlug, welche Vorräte man sich besorgen, wie viele Träger man anstellen und wie man sie bezahlen sollte.

Burton beschrieb in seinem Werk jedoch genauso ausführlich die Gefahren, die in Afrika lauerten. Sie waren der eigentliche Grund für Stanleys Nervosität. Aufgrund von Burtons Schilderungen stellte sich Stanley den Kontinent, den er nun durchqueren würde, als einen riesigen Sumpf voller Malariamücken, Flußpferde, Krokodile, Kröten, Eidechsen, Schlangen und Schildkröten vor. Wenn er nur daran dachte, bekam er ein flaues Gefühl in der Magengegend. Die journalistische Faustregel, nach der man als Korrespondent einer Story so lange nachging, bis man sie abgeschlossen hatte oder jemand anderes den Auftrag bekam, galt beim *Herald* erst recht. Es gab kein Zurück: Solange Stanley keine andere Weisung von Bennett erhielt, mußte er nach Afrika und Livingstone suchen. Erst dann durfte er zurück nach London in die Geborgenheit seines Büros.

Dank seiner hervorragenden Begabung, unangenehme Dinge zu verdrängen, konnte Stanley seine Nervosität und Angst in Aktion umsetzen. In dem Augenblick, als er von der Landungsbrücke der *Falcon* auf den steinernen Kai von Sansibar trat, begann er bereits mit der Problemlösung. Da er nur einen Menschen in der Stadt kannte, Frances Rope Webb, war sein erstes Ziel das amerikanische Konsulat. Begleitet wurde er von einer zweiköpfigen Suchmannschaft, mit deren Aufstellung er auf dem Weg nach Sansibar begonnen hatte: William Farquhar, einem schottischen Seemann, Navigationsoffizier, Schlägertyp und Säufer, den er auf der Reise über den Indischen Ozean kennengelernt hatte, und dem Diener Selim, einem mageren, halbwüchsigen Christen arabischer Abstammung, den er in Jerusalem angeworben hatte. Selim war jemand, der Stanleys Meinung nach keiner Fliege etwas zuleide tun konnte, Farquhar dagegen gab schon zwei Monate nach ihrer ersten Begegnung Anlaß zu den übelsten Schimpfkanonaden, die Stanley in seinem Tagebuch losließ. »Farquhar ist ein halbwegs intelligenter Matrose, aber sicher keine Ausnahmeerscheinung«, schilderte er ihn. »Er ist unheimlich schnell beleidigt, wortkarg und arbeitsscheu, ganz gleich, was man ihm anschafft.«

Doch ohne Farquhar würde Stanley nichts ausrichten können. Bei dem Plan für ihre Reise, der allmählich Gestalt annahm, würden sie auf Farquhars Erfahrung als ehemaliger Erster Offizier angewiesen sein. Stanley hatte vor, von Sansibar aus zunächst achtzig Kilometer Richtung Süden zu segeln und dann auf dem malerischen Fluß Rufidschi ins Landesinnere vorzudringen. »Ich werde diesem Fluß bis zum Tanganjikasee folgen«, schrieb er in die »Kolonialausgabe« seines Tagebuchs von 1871, die er nach Afrika mitnahm. Wenn er Glück hatte, würde er Livingstone irgendwo am See finden. Anschließend wollte er, vielleicht sogar gemeinsam mit ihm, auf dem Nil bis nach Kairo fahren, zurück in die Zivilisation. Seine Rückkehr wäre das Ereignis des Jahrhunderts und würde die ganze Welt in Erstaunen versetzen.

Auch rein praktische Gründe sprachen für diese Route: Eine Reise auf dem Nil wäre die schnellste Möglichkeit für Stanley, seine Story unter Dach und Fach zu bringen. »Falls sich Livingstone in Udschidschi aufhält, ist die Sache einfach«, schrieb er. »Dann gilt es, rasch zum nächsten Telegrafenamt zu kommen.« Da es in Sansibar jedoch keines gab, bräuchte er nach dem langen Marsch von Udschidschi dorthin noch einmal ein paar Monate, bis er Aden oder Bombay erreichte. Kairo dagegen verfügte über ein Telegrafenamt, und die Reise auf dem Nil wäre trotz der vielen tausend Kilometer um einiges schneller zu bewältigen als ein langer, mühsamer Fußmarsch und anschließend eine ebenso lange und mühsame Überfahrt.

Der Haken an seinem Plan war allerdings, daß Stanley jegliche praktischen Segelkenntnisse fehlten. Er hatte zwar kurzzeitig bei der Nordstaaten-Marine gedient, aber nur als Schiffsschreiber. Somit war er von Farquhar abhängig, der eine Menge von nautischen Dingen verstand.

Stanley marschierte am Hafenbecken entlang auf das große, weiße Haus mit der amerikanischen Nationalflagge zu. Er hoffte, dort seinen alten Bekannten Webb persönlich treffen, die Expeditionsgelder des *Herald* mitnehmen und das Neueste über Livingstone erfahren zu können.

Webb zeigte sich Stanley gegenüber ausgesprochen gastfreundlich und bot ihm und seinen Männern sogar Quartier an, aber er überbrachte ihm auch die ernüchternde Nachricht, daß kein Geld vom *New York Herald* für ihn bereitlag. Stanley war vor Schreck wie gelähmt. Natürlich hatte er daran gedacht, daß auch etwas schiefgehen konnte, doch jetzt sah es tatsächlich so aus, als bedeutete das schwerwiegende Versäumnis des *Herald* das Ende seiner Suche. Dieses Problem konnte er nicht lösen, indem er seine Einstellung änderte. Er brauchte ganz einfach dringend Bargeld, um Vorräte kaufen und eine Mannschaft zusammenstellen zu können.

Die naheliegendste Lösung wäre, zurück nach Aden oder sogar nach Bombay zu fahren und ein Eiltelegramm an Bennett zu schicken. Stanley hatte noch acht Dollar, was für eine solche Reise gerade eben reichen würde, aber egal wie er sich entschied, es würde ihn mindestens sechs Monate Zeit kosten. Auch Baker hatte bei seiner Reise Startschwierigkeiten gehabt, aber womöglich würde er Livingstone trotzdem in der Zwischenzeit finden. Sansibar zu verlassen, kam also nicht in Frage.

Schließlich griff Webb Stanley unter die Arme. In einem Akt der Verzweiflung flehte Stanley den amerikanischen Konsul an, ihm einen Kredit von zwanzigtausend Dollar zu gewähren. Webb, der wußte, daß er den Betrag von James Gordon Bennett jr. auf jeden Fall zurückbekommen würde, willigte ein. Er stellte Stanley jedoch zur Bedingung, daß er das Geld nur bei Tochtergesellschaften amerikanischer Unternehmen ausgab. Denn obwohl Webb einen Diplomatentitel besaß, galt sein eigentliches Interesse einzig und allein dem Handel. Außer als Konsul fungierte er nämlich auch als Direktor der Bostoner Handelsfirma John Bertram and Company. Der Bürgerkrieg und die Eröffnung des Suezkanals waren dafür verantwortlich, daß der Anteil amerikanischer Unternehmen am Markt von Sansibar – der ein jährliches Absatzvolumen von immerhin drei Millionen Dollar aufwies – allmählich schrumpfte. John Kirk dagegen war dafür verantwortlich, daß der britische Marktanteil beständig wuchs.

Webb ärgerte diese Entwicklung ungeheuer. Sansibar war so überschaubar, daß alle Geschäfte auf persönlicher Ebene abgewickelt wurden – und auf persönlicher Ebene wurde Kirk von den amerikanischen Händlern gehaßt. Webb selbst hielt ihn für einen unnahbaren »Baumeister des Empires«, der in überheblichen »Kirkismen« sprach. Selbst ein Mitglied des britischen Klerus bemerkte einmal während eines Aufenthalts in Sansibar, Kirk sei »sehr geschickt darin, einem kategorisch zu widersprechen, und wäre gern auf jedem Gebiet der Diskussion die Autorität«.

Außerdem war Kirk unverschämt erfolgreich. Nach nur einem

Monat als stellvertretender britischer Konsul legte er bereits ein diplomatisches Geschick an den Tag, wie es Webb selbst jetzt noch fehlte. Er ging eine Allianz mit Sultan Bargash ein, dem neuen omanischen Herrscher Sansibars. Bargash war ein korpulenter Mann mit einem Kinnbart und einem langen, dünnen Schnurrbart und trug ständig Pantoffeln, da die Elephantiasis seine Füße hatte anschwellen lassen. Eigentlich gehörte er nicht zu den Menschen, mit denen der eher zugeknöpfte Kirk sich sonst umgab, doch für diesen war das Bündnis von größter Bedeutung: Bargash kontrollierte den gesamten Handel in Ostafrika, von Sansibar bis zum Tanganjikasee.

Gleichzeitig gewann die britische Marine allmählich die Herrschaft über die ostafrikanischen Küstengewässer. Webb wartete nur auf den Tag, an dem man die amerikanischen Händler und Schiffe völlig verdrängt hätte. Stanleys Reise würde die Geschäfte und den Wettbewerb zwischen den beiden Nationen jedenfalls kräftig ankurbeln, und das zu einem Zeitpunkt, wo die amerikanischen Unternehmen in Sansibar – Bertram; Arnold, Hines and Company; William Goodhue – es am nötigsten hatten.

Webb zeigte Stanley die Stadt. Er stellte ihn dem Sultan und dem zweitwichtigsten Mann Sansibars vor, Zollinspektor Ladha Damji, die Stanley möglicherweise weitere nützliche Auskünfte für seine Fahrt auf dem Rufidschi geben konnten. Stanley verheimlichte den eigentlichen Grund seiner Reise und erklärte dem Hindu mit dem schlohweißen Bart, der *Herald* habe ihn zum Rufidschi geschickt, da er einen Bericht über die sagenhafte Schönheit des Flusses schreiben solle. Gesäumt von Grasland und Wäldern und dicht bevölkert von Flußpferden, Nashörnern, Büffeln, Giraffen, Pavianen und anderen Affenarten, hatte der Fluß tatsächlich immer größere Bekanntheit als eines der Schmuckstücke Afrikas erlangt. Dem Zollinspektor war die Sache mit der Titelgeschichte zwar neu, aber er glaubte ihm. Er hatte davon gehört, daß schon einmal ein Reisender – der erste Tourist in der Geschichte Zentralafrikas – hierhergekommen war, nur um die Victoriafälle zu sehen. Ein Zeitungsreporter, der Berichte über den Rufidschi schrieb, war also nichts weiter als der Vorbote einer zukünftigen Entwicklung.

Leider wußte Damji nur wenig über den Rufidschi. Er lag südlich von seinen Karawanenstraßen und zu weit davon entfernt, um für ihn von Interesse zu sein. Doch genau das war der Grund, warum Stanley diese Route gewählt hatte. Die Entfernung würde es ihm ermöglichen, weitgehend unentdeckt zu reisen. Keine der Karawanen, die von Sansibar nach Udschidschi zogen, würde sie sehen, niemand erfahren, wo er sich gerade aufhielt. In London würde man nichts von seiner Reise wissen und daher auch keine weitere Expedition zur Suche nach Livingstone losschicken oder einen Boten, der Baker auf schnellstem Wege nach Udschidschi beorderte. Im Grunde hatte sich das Ganze nämlich zu einem regelrechten Wettlauf entwickelt: Stanley kam aus Sansibar, Baker über den Nil. Wer Livingstone als erster fand, hatte gewonnen.

Doch dann brachte Kirk einen unerwarteten Zeitfaktor ins Spiel. Zur ersten Begegnung zwischen ihm und Stanley kam es am 9. Januar. Stanley und Webb hatten eben das Zollamt verlassen. Gnadenlos brannte die Hitze auf sie herab – es war die reinste Folter. Die Straße war eng und schmutzig und »von hohen, massiv wirkenden Häusern gesäumt«, erinnerte sich Stanley später. Kirk war achtunddreißig Jahre alt, also nur wenig älter als Webb, hatte breite Schultern und einen Bart, der das Kinn, nicht aber seine ausgezehrten Wangen verdeckte. »Dr. Kirk«, rief Webb, als der stellvertretende britische Konsul ihnen über den Weg lief. »Darf ich Ihnen Mr. Stanley vom *New York Herald* vorstellen?«

Der frühere Botaniker der Sambesi-Expedition sagte gar nichts. Er hob nur die Augenbrauen, bis seine Augen kugelrund waren, was aussah, als falle er jeden Moment in eine Art Trance. Sein Mund zuckte keinen Millimeter, sein Kopf bewegte sich nicht. »Müßte ich diesen Blick beschreiben«, schrieb Stanley später unbeeindruckt, »dann würde ich sagen, es war ein ausdrucksloses Starren.«

Kirk hatte es Livingstone zu verdanken, daß er überhaupt in Sansibar war. Im Jahr 1860 war Kirk, der sich irgendwie immer noch als Entdecker fühlte, an einer Expedition beteiligt gewesen, bei der Livingstone versucht hatte, mit sieben Meter langen Einbäumen durch die heimtückischen Cabora-Bassa-Stromschnellen des Sambesi zu fahren. Kirk hatte Todesangst ausgestanden, als sein Boot außer Kontrolle geriet und zwischen den weiß gischtenden Wellenbergen hin und her schlingerte, bis sein »Körper unter einen Einbaum« gezogen wurde. Als er sich schließlich auf einen Stein gerettet hatte, sah er gerade noch, wie die Boote weiter flußabwärts auseinanderbrachen und von den Wassermassen an den zerklüfteten Felsbrocken zermahlen wurden. Was diesen Anblick noch schrecklicher für ihn machte, war die Gewißheit, daß sich in dem schäumenden Mahlstrom auch seine acht Bücher mit botanischen Aufzeichnungen befanden, die nun für immer verloren waren.

Die restlichen drei Jahre der Reise verbrachte Kirk damit, seinen Haß gegen Livingstone zu nähren. Besonders mißfielen ihm sein willkürlicher Forschungsstil und die Bereitschaft, sein Leben und das seiner Karawane Tag für Tag leichtfertig aufs Spiel zu setzen. »Die eigenwillige Leidenschaft« des Entdeckers, schrieb Kirk einem Freund, »trübt seine Vernunft und sein Urteilsvermögen.«

Das hielt Kirk jedoch nicht davon ab, Livingstone um Hilfe anzuflehen, als er sich nach ihrer Rückkehr nach England eine Anstellung verschaffen wollte. Dieser ahnte nichts von Kirks Groll, überwand seinen Stolz und ging zum schärfsten Kritiker der Sambesi-Expedition, Außenminister Lord Russell, um für den Botaniker eine Stelle als Konsul zu erbitten. Es war jedoch keine verfügbar – zumindest keine, die Kirk zusagte. So lehnte Kirk beispielsweise einen Einsatz auf den Komoren und in Moçambique ab, und zunächst sogar den auf Sansibar. Er wollte einen Posten, der ihm Ansehen einbrachte, viel Zeit für die Jagd und für botanische Sammeltouren ließ, leicht zu bewältigen war und vor allem gut bezahlt. Livingstone versprach, die Augen offenzuhalten. Als er im Januar 1866 auf dem Weg nach Sansibar seine Reise in Bombay kurz unterbrach, drängte er seinen Freund Sir Bartle Frere, den Gouverneur der Stadt, Kirk die Stelle als Sanitätsoffizier in Sansibar zu geben. Frere stimmte zu und Kirk kam im Juni 1866 nach Sansibar. Er verpaßte Livingstone nur um zwei Monate.

Als Stanley an jenem stickigen Januarmorgen fünf Jahre später Kirk zum ersten Mal begegnete, wußte er nichts von dessen Animositäten oder Livingstones persönlichem Engagement. Er wußte nur, daß Kirk mit Livingstone unterwegs gewesen war und dessen besondere Vorlieben bei Expeditionen besser als jeder andere in Sansibar – vielleicht sogar auf der ganzen Welt – kannte. Wie ein Detektiv, der einem Augenzeugen Beweise entlockt, wollte Stanley Kirk einige Auskünfte abringen. Es würde keine leichte Aufgabe sein, und allein der Gedanke daran machte Stanley ganz nervös. Um an Informationen zu kommen, ohne dabei seine geheimen Pläne preiszugeben, durfte er Livingstone selbst nicht erwähnen. Er würde Kirk also über den Rufidschi ausfragen. »Habe Kirk getroffen, einen Reisebegleiter Livingstones«, schrieb Stanley in sein Tagebuch. »Er ist noch nie auf diesem Fluß gefahren. Er hatte es früher wohl einmal vorgehabt und meinte, es sei vermutlich ein großer Fluß.«

Das war alles. Kein Wort über Livingstone. Und während Kirk dem Augenblick keine besondere Bedeutung beizumessen schien, begann Stanley in dem Konsul seinen Gegenspieler zu sehen. So wie Webb überzeugt war, daß Kirk dem amerikanischen Machtstreben im Wege stand, empfand Stanley den ehemaligen Botaniker zunehmend als seinen Widersacher bei der Suche nach Livingstone.

Am 17. Januar begegneten sie sich ein zweites Mal. Kirk hatte zu einem Weinempfang bei sich zu Hause eingeladen. Stanley war als Webbs Gast mit dabei. Vornehme Gesellschaften machten ihn, der sonst eher die Zerstreuung suchte und gern provokante Ansichten äußerte, immer furchtbar unsicher. Die Gäste gehörten alle dem Diplomatenkreis an. Den ganzen Abend über verfolgte Stanley verächtlich ihre belanglosen Gespräche und wartete darauf, bis er für einen Augenblick mit Kirk allein war. Tatsächlich standen sie schließlich nebeneinander, der untersetzte Amerikaner und der hagere Schotte. Sie sahen sich eine Elefantenflinte an und sprachen über die Jagd. Kirk wollte Mitte Februar auf dem Festland auf Großwildjagd gehen und ließ sich über seine Reisepläne und seine Schießkünste aus. Zu Stanleys größter Erleichterung fiel dann irgendwann endlich und ohne sein Zutun der Name Livingstone.

»Ach, wo wir gerade über Livingstone sprechen, Dr. Kirk«, hakte Stanley ein, der das Gespräch später Wort für Wort aufschrieb. »Was meinen Sie, wo er sich gerade aufhält?«

»Tja, das ist wirklich schwer zu sagen«, antwortete Kirk. »Vielleicht ist er gar nicht mehr am Leben. Immerhin haben wir keine verläßlichen Informationen, auf die wir uns stützen können. Eines weiß ich jedoch gewiß: Seit mehr als zwei Jahren hat niemand mehr etwas Genaues über ihn erfahren. Ich persönlich glaube trotzdem, daß er noch lebt. Wir lassen ihm regelmäßig etwas zukommen. Zur Zeit steht in Bagamojo sogar eine kleine Expedition bereit, die bald aufbrechen wird«, erklärte Kirk. Er meinte damit den Hilfskonvoi, der in Murchisons Auftrag zwar zusammengestellt worden war, aber seit Anfang November an der Küste feststeckte, da der von seinem neuen Amt völlig überforderte Kirk nicht in der Lage war, Träger anzuwerben.

»Ich finde, der alte Mann sollte wirklich zurück nach Hause«, fuhr Kirk fort. »Immerhin wird er langsam alt, und wenn er einmal stirbt, geht der Menschheit seine ganze Arbeit verloren. Er macht sich nämlich nie Notizen und führt auch kein Tagebuch. Nur selten bestimmt er seine Koordinaten. Statt dessen macht er auf der Karte ein Zeichen, einen Punkt oder etwas Ähnliches, dessen Bedeutung nur er kennt. Falls er tatsächlich noch lebt, dann sollte er meiner Meinung nach nun wirklich zurückkehren und einen Jüngeren seinen Platz einnehmen lassen.«

»Wie sind Sie mit ihm ausgekommen, Dr. Kirk?«

»An und für sich halte ich ihn für eine eher schwierige Persönlichkeit. Ich selbst hatte zwar nie Anlaß zur Klage, aber ich habe ihn oft mit anderen streiten gesehen. Das ist meiner Ansicht nach auch der Grund, warum er jede Art von Gesellschaft haßt.«

»Ich habe gehört, daß er sehr bescheiden ist. Stimmt das?« erkundigte sich Stanley.

»Nun ja, er ist sich über die Bedeutung seiner Entdeckungen durchaus im klaren. Naiv würde ich ihn nicht gerade nennen«, gab Kirk zurück.

»Angenommen, ich begegnete ihm auf meiner Reise – es könnte ja durchaus sein, daß wir uns irgendwann über den Weg laufen, falls er zufällig in derselben Richtung unterwegs sein sollte wie ich: Wie würde er sich mir gegenüber verhalten?«

»Ehrlich gesagt bezweifle ich, daß er sehr begeistert wäre. Wenn ihm Burton, Grant, Baker oder einer dieser Burschen nachliefe und

Livingstone würde davon erfahren, dann würde er machen, daß er davonkommt, und einen Sumpf von hundert Kilometern Durchmesser zwischen sich und seinen Verfolger bringen, das können Sie mir glauben.«

An diesem Abend kehrte Stanley völlig am Boden zerstört zu Webbs Haus zurück. Er war kurz davor aufzugeben. Es schien ihm, als müsse er jeden Tag neue Hindernisse überwinden, um ans Ziel zu gelangen. Nicht genug damit, daß Bennett versäumt hatte, ihm Geld zu schicken. Nun nahm ihm auch noch Kirk völlig ungerührt, fast mit der Gleichgültigkeit eines Chirurgen, jede Hoffnung und pflanzte ihm statt dessen etwas ein, was noch schlimmer war als die Furcht: Zweifel.

Doch Stanley versuchte, seine Niedergeschlagenheit nicht weiter zu beachten. »Ich hatte mich zwar ohne Zögern bereit erklärt, nach dem Doktor zu suchen, doch ich war durchaus darauf gefaßt, daß es ein langer, dorniger Weg durch Zentralafrika würde. Hatte ich etwa nicht den Auftrag, ihn zu finden? Und falls er noch unter den Lebenden weilte, dann würde ich ihn auch finden«, schrieb er in sein Tagebuch.

Das Rennen hatte an Spannung gewonnen: Stanley lief jetzt nicht nur mit Baker um die Wette, er trat auch gegen die Sklavenkarawanen und die Buschtrommeln an. Er mußte dafür sorgen, daß niemand etwas von seiner Reise erfuhr, bevor er am Ziel war, denn sonst lief Livingstone womöglich vor ihm weg. Und da Stanleys große Mission darin bestand, Livingstone zu folgen, bis er ihn gefunden hatte, würde sich das Katz-und-Maus-Spiel vielleicht über Jahre hinziehen.

Stanley mußte sein Geheimnis mehr denn je hüten, als er auf den Basaren und Märkten die ersten Einkäufe erledigte, um sich für die Reise auszurüsten. Die Händler überhäuften ihn mit Fragen und wollten unbedingt wissen, wohin der weiße Mann denn gehe. Der Amerikaner »verhielt sich reichlich sonderbar, ließ sich von niemandem einen Rat geben und blieb somit auf sich selbst gestellt«, bemerkte der französische Botschafter, der Stanley beim Einkaufen beobachtet hatte.

Zu den ersten Dingen, die Stanley besorgte, gehörten zwei Boo-

Shaw und Farquhar

te – das eine siebeneinhalb Meter lang und knapp zwei Meter breit, das andere drei Meter lang und etwa anderthalb Meter breit. Farquhar, Selim und ein von Stanley angeheuerter britischer Matrose namens John William Shaw, der auf Sansibar hängengeblieben war, nachdem man ihn von einer Anklage wegen Meuterei freigesprochen hatte, mußten die seitlichen Planken wegreißen und sie durch Bootshäute ersetzen. Für den einfacheren Transport an Land wurden die Boote in Spanten, Kiel, Steven und dessen Einzelteile zerlegt. Bei Bedarf konnte man sie wieder zusammensetzen und zu Wasser lassen.

Selbst als Stanley erfuhr, daß der Rufidschi nicht in den Tanganjikasee mündete, sondern daß die zwei Gewässer durch ein dreihundert Kilometer breites, gebirgiges und bewaldetes Gebiet voneinander getrennt waren, gab er noch vor, der Fluß sei sein Reiseziel. Nicht einmal Selim, Farquhar und Shaw kannten die Wahrheit. Während seine drei Gehilfen Tage damit verbrachten, im Innenhof von Webbs Anwesen die Bootshäute zu teeren und Segel und Zelte zu nähen, änderte Stanley seinen Plan: Er würde auf den Karawanenstraßen Richtung Westen ziehen, von Bagamojo nach Udschidschi. Die Boote würde er für den zweiten Teil der Reise brauchen, die Fahrt nach Kairo.

Was die Ausrüstung seiner Karawane betraf, vertraute Stanley auf Webbs Vorschlag hin dem Rat eines mächtigen Händlers namens Scheich Hashid. Dieser erklärte ihm, welche Art von Stoffen, Perlen und Kupferdraht man im Landesinneren als Tauschmittel benötigte. Mit ihnen konnte man in den Dörfern entlang des Weges Lebensmittel kaufen, wenn nötig neue Träger anwerben und den Stammeshäuptlingen Tribut zollen, die für das Privileg, ihr Land zu durchqueren, ein Wegegeld verlangten. In Afrika waren Stoffe, Perlen und Draht mehr wert als Gold. Er würde große Mengen dieser Waren benötigen, und sie mußten zweckmäßig und geschmackvoll sein. »Die Frauen in Afrika«, meinte Hashid, »sind bei den Perlen ebenso wählerisch wie die New Yorkerinnen bei ihrem Schmuck.«

Dann erläuterte er ihm in einigen Grundzügen, wie der Transport vonstatten ging. Die Träger, auch Pagazis genannt, trugen auf ihren Schultern ein Höchstgewicht von dreißig Kilogramm. Sie bedienten die Strecke zwischen Bagamojo und Tabora, einem Ort, durch den man nach etwa zwei Dritteln des Weges nach Udschidschi kam und wo sich mehrere Straßen kreuzten. In Tabora würde Stanley die Männer auszahlen und für die letzte Etappe neue Träger einstellen. Sollte er noch weiter ins Landesinnere reisen müssen, weil Livingstone nicht in Udschidschi war, kämen weitere Kosten auf ihn zu. Bezahlt wurde in Dotis – Stoffballen mit blauem Kattun aus Indien – oder in Merikanis, einem noch begehrteren, amerikanischen Baumwollstoff aus den Webereien von Salem oder Nashua. Ein Doti war etwa drei Meter sechzig lang und zwei Meter siebzig breit. Je nachdem, welche Erfahrung ein Pagazi mitbrachte, erhielt er für seine Dienste zwischen fünfzehn und fünfundzwanzig Dotis.

Um seine Träger zu bezahlen und im Landesinneren Waren eintauschen zu können, stattete sich Stanley mit siebentausenddreihundert Metern Merikani aus. Die Weberei lieferte den Stoff zusammengelegt an, doch für den weiteren Transport mußte er auseinandergefaltet und straff zu dreißig Kilo schweren Ballen aufgewickelt werden. Diese wiederum wurden mit Seilen aus Kokosfasern umwickelt und von zwei Männern so lange bearbeitet, bis sie die Form und Größe eines zusammengerollten Bettzeugs hatten: neunzig Zentimeter lang und dreißig Zentimeter breit. Dann kam jeder einzelne Ballen in eine geflochtene Tasche, auch Makanda genannt, die der Pagazi auf die Schultern hievte, wenn es losging. Die Perlen dagegen beförderte man in langen, schmalen Taschen, die auf ein Gewicht von jeweils achtundzwanzig Kilo kamen. Für den Transport der Drahtrollen reihte man je sechs davon auf eine Stange auf. Diese wog dann siebenundzwanzig Kilo.

Allerdings waren Stoffe, Perlen und Draht erst der Anfang. Stanley kaufte außerdem noch Proviant, Medikamente, Munition und Maulesel als Lasttiere. Zudem besorgte er in Erwartung des historischen Moments, wo er Livingstone treffen würde, eine Flasche Champagner. Stanley gab das Geld mit vollen Händen aus, so daß sein kleiner Suchtrupp schon bald die größte Expedition war, die Sansibar jemals verlassen hatte – so groß, daß Stanley sie in fünf kleinere Karawanen aufteilen und den Zeitpunkt ihres Aufbruchs staffeln mußte, um möglichst keine Überfälle zu riskieren. Die Maulesel sollten die Lasten befördern, die für die Träger zu schwer waren.

Der Januar war fast vorüber, und Stanley traf die letzten Vorbereitungen für seine Fahrt nach Bagamojo. Ganz Sansibar sprach über den weißen Mann, der zu einer Reise ins Landesinnere aufbrechen wollte. »In den Straßen verbreitete sich die Kunde in Windeseile, und auch in den Ladeneingängen und im Zollamt erzählte man sie weiter«, schrieb Stanley. »Dann kursierte sie auf dem Basar der Einheimischen und wurde bis zum Tag meiner Abreise lebhaft erörtert. Die Fremden, auch die Europäer, wollten den Sinn und Zweck meiner Reise nach Afrika und zurück wissen.« Allmählich machte er sich Sorgen. Seine Geschichte vom Rufidschi erschien immer unglaubwürdiger. Daß für eine so kurze Reise solche Unmengen an Ausrüstung gekauft wurden und ein einfacher Zeitungsreporter so viel Geld ausgeben konnte, war schon sonderbar. Doch Stanley blieb bei seiner Version. Auch wenn seine Pläne

Sir Henry Morton Stanley in Sansibar

irgendwann durchschaubar würden, mußte er versuchen, sie so lange wie möglich geheimzuhalten.

Bis kurz vor der Abreise kaufte Stanley eifrig ein, doch wahllos ging er dabei nicht vor. Die Armut in seiner Kindheit hatte ihn gelehrt, sparsam mit Geld umzugehen. Als letztes mußte er nur noch »ein kleine Truppe treuer Männer aufstellen, die, wenn nötig, als Kämpfer, Karawanenaufseher und Diener fungieren sollten«, wie Stanley einige Monate später in seinem ersten Bericht für den *Herald* schrieb. Der legendäre Sidi Mubarak Bombay – »der rechtschaffenste Schwarze, der in Burtons und später auch Spekes Dienst gestanden hatte« – war als Anführer der Miliz zu Stanleys Schutz mit von der Partie. Später würde er sich als inoffizieller Karawanenführer und Mittelsmann zwischen Stanley und den Pagazis bewähren.

Dreizehn Jahre waren vergangen, seit Bombay Burton und Speke mit seiner unbeschwerten Art und seinem unendlichen Arbeitseifer verblüfft hatte. Er konnte immer noch fast fünfzig Kilometer am Tag in zügigem Tempo marschieren, hatte so viele Expeditionen begleitet wie kein anderer und kannte sich im Landesinneren hervorragend aus. Allerdings war er mit seinen fünfzig Jahren nicht mehr der Jüngste. Er war kahlköpfig geworden, und die jüngeren Pagazis hatten keinen Respekt vor ihm. Als einer der wenigen, die dem Nil vom Victoriasee bis zum Mittelmeer gefolgt waren, hielt er sich für etwas Besonderes. Er hatte ein ausgeprägtes Selbstbewußtsein, wie Stanley aus Burtons und Spekes Büchern wußte, und konnte schonungslos offen sein. Er war Frauen und dem Alkohol nicht abgeneigt und gelegentlich ein großer Zauderer. Ihn anzustellen brachte also auch einige Nachteile mit sich, doch letzten Endes war der expeditionserfahrene Bombay unabkömmlich.

Stanley vertraute dem ehemaligen Sklaven so sehr, daß er ihm erlaubte, sich seine Soldaten selbst auszusuchen. Mit großer Sorgfalt wählte Bombay zwanzig Männer aus. Zur Verteidigung der Karawane verfügte die Mannschaft über »ein glattläufiges Doppelkaliber Nr. 12, zwei amerikanische Winchestergewehre oder ›Sechzehnlader‹, zwei Starr's Hinterladerkarabiner, ein Jocelyn Hinterlader, eine Elefantenflinte mit acht Kugeln pro Pfund, zwei Hinterladerrevolver, vierundzwanzig Steinschloßgewehre, sechs einläufige Pistolen, eine Streitaxt, zwei Schwerter, zwei Dolche, einen Sauspieß, zwei amerikanische Beile, vierundzwanzig Kriegsbeile und vierundzwanzig lange Messer«.

Anscheinend war Stanley auf alles gefaßt. In weniger als einem Monat hatte er seine Karawane zusammengestellt und bereitete sich nun auf den Aufbruch vor.

Am Morgen des 5. Februar verabschiedete sich Stanley von Webb und dessen Familie. Über dem Indischen Ozean ging die Sonne auf, und im Hafenbecken, unmittelbar vor dem amerikanischen Konsulat, wiegten sich die Dhaus. Als Abschiedsgeschenk hatte Webbs Frau Stanley eine amerikanische Flagge genäht. Sie hatte seine Gesellschaft sehr zu schätzen gelernt, nachdem sie seine Art anfangs als unwirsch empfunden hatte. Die Flagge war ihr Beitrag zu Stanleys und Webbs antibritischem Täuschungsmanöver. Stanley hißte sie provokant am Mast seiner Dhau. Aus Angst, seine wahren Absichten preiszugeben, hatte er von Sansibar aus noch keine Zeitungsberichte an den *Herald* geschickt – damit wollte er warten, bis er tief im Landesinneren war. Nun flatterte und schnalzte die handgenähte *Old Glory* im Wind und verlieh seiner Reise einen Hauch von Patriotismus, der bei seinen Lesern sicher gut ankommen würde.

Stanleys Flotille aus mehreren zwölf Meter langen Dhaus barg ein weiteres wertvolles Geschenk: zwei Pferde. Eines davon, ein Brauner, hatte er von einem amerikanischen Kaufmann geschenkt bekommen. Das andere, ein etwas größerer Grauschimmel, stammte von Sultan Bargash. Er hatte Gefallen an dem Reporter gefunden, nachdem ihn dieser mit Geschichten von seinen Reisen durch die islamische Welt beeindruckt hatte. Der Sultan stattete Stanley außerdem mit einem von ihm unterzeichneten Dokument aus, das der *New York Herald*-Expedition gestattete, sich in seinem ganzen Herrschaftsgebiet frei zu bewegen. Daß ein so mächtiger Mann ihn unterstützte, ermutigte Stanley. Als er vor gerade einmal vier Wochen in Sansibar angekommen war, hatte er nur einen Menschen gekannt, doch mit Ehrgeiz, Elan und sogar ein wenig persönlicher Ausstrahlung war es Stanley gelungen, die gesamte Reise zu finanzieren und in Webb und Bargash zwei äußerst einflußreiche Freunde zu finden.

Als sie dann die Segel setzen wollten, waren jedoch Shaw und Farquhar nirgends zu finden. Erst am späten Vormittag stöberte Stanley sie in einer Hafenbar auf, wo sie, umringt von neuen Bekanntschaften, Whiskey tranken und ihren Vorschuß verzechten. Farquhar »hielt Vorträge über die große Kunst der Afrikaforschung«, schrieb Stanley später voller Verachtung. In Wahrheit aber hatte Farquhar, ein frecher und niederträchtiger Faulpelz, eine höllische Angst vor dem Unbekannten, das ihn erwartete, und trank nun, um sich zu betäuben. »Mit Hilfe von Whiskey versuchten sie, die bösen Vorahnungen abzuwehren, die sich immer wieder heimtückisch in ihre Gedanken einschlichen. Sie fürchteten, daß – selbst wenn ihnen das neue Land die fantastischsten Anblicke bieten würde – sie in diesen fremden Gefilden zugleich etwas erwartete, was vielleicht … nun ja, was …?«

Stanley blickte die beiden Seemänner finster an. »Machen Sie, daß Sie so schnell wie möglich auf die Dhaus kommen«, bellte er. »Das ist ja eine erbärmliche Art, seine neue Anstellung zu beginnen.«

Da meldete sich Shaw zu Wort. Er war ein komplizierterer, sensiblerer Mensch als Farquhar und scheute sich nicht, seine Gefühle zu zeigen. Anders als dieser, der auf einem Schiff anheuern und Sansibar und Afrika weit hinter sich lassen konnte, wenn er von der Expedition desertieren wollte, steckte Shaw auf der Insel fest. Er hatte keine Chance, von irgend jemandem angestellt zu werden, seit der Kapitän der *USS Nevada* ihn fälschlicherweise der Meuterei angeklagt hatte. Auch wenn man seine Unschuld bewiesen hatte, würde ihn kein Skipper im ganzen Hafen mehr beschäftigen. Wollte er nicht für den Rest seines Lebens auf Sansibar bleiben, dann mußte er die Gelegenheit nutzen und für Stanley arbeiten, um das Geld für seine Überfahrt zu verdienen.

Doch jetzt, wo die Abreise so kurz bevorstand, quälte ihn die Frage, ob er seinen Vertrag nicht voreilig unterschrieben hatte. »Wenn es erlaubt ist, Sir, würde ich Sie gern fragen, ob es Ihrer Ansicht nach von mir richtig war, Ihnen zu versprechen, daß ich mit nach Afrika komme?« erkundigte sich Shaw vorsichtig bei Stanley, der über ihm stand. Farquhar sagte nichts.

Die Frage, wie sicher die Reise nach Afrika für sie sein würde, war die ganze Zeit über ausgespart geblieben und schwebte nun unausgesprochen zwischen ihnen. Was ihre Art und Herkunft betraf, konnten die drei Männer nicht unterschiedlicher sein, und das hörte man ihnen auch sofort an: Shaw sprach ein verschliffenes Londoner Cockney, Farquhar hatte den Akzent eines schottischen Arbeiters, und bei Stanley hörte man einen schleppenden Südstaatendialekt heraus. Doch insgeheim hatten sich alle drei Gedanken darüber gemacht, ob die Reise nach Afrika wirklich eine so gute Idee war, und dieses Zögern war eines der wenigen Dinge, die sie verbanden. Shaws Frage – völlig frei von Überheblichkeit oder Machismo –, in der die Bitte mitschwang, ihn doch noch seiner Pflicht zu entheben, stellte das Thema mitten in den Raum. Dort würde es bleiben, solange sie gemeinsam auf Reisen waren.

»Haben Sie etwa keinen Vorschuß bekommen? Und haben Sie etwa nicht den Vertrag unterschrieben?« fuhr ihn Stanley an. »Los jetzt, Shaw, aufs Boot, und zwar augenblicklich. Wir haben nun einmal alle ein gemeinsames Schicksal. Entweder wir überleben es oder nicht. Wir müssen alle unsere Pflicht tun.«

Als die Dhaus der *New York Herald*-Expedition kurz vor Mittag dann endlich Richtung Festland segelten, waren Shaw und Farquhar nur widerwillig mit an Bord. Stanley blickte zurück und ließ seine Augen über die Küstenlinie streifen. Kirk konnte er nirgendwo entdecken, dafür aber Webb, dessen Frau und die beiden kleinen Kinder, die ihm zujubelten, Hüte und Taschentücher mit der amerikanischen Flagge schwenkten und ihm mit einem Sternenbanner hinterherwinkten. »Was für glückliche und gute Menschen!« schrieb Stanley über die Webbs. »Möge es ihnen wie auch uns wohl ergehen und Gottes Segen mit uns allen sein.«

Dann kehrte Stanley Sansibar den Rücken. Er war bereit, nun endlich das Land kennenzulernen, das ihn in seinen Träumen verfolgte. Während der letzten Tage auf der Insel hatte er nicht mehr vom Quellgebiet des Rufidschi gesprochen, wenn die Leute sich nach dem Ziel seiner Reise erkundigt hatten. Statt dessen hatte er einfach gesagt: »Ich gehe nach Afrika.«

Und nun segelte Henry Morton Stanley nach Afrika – mit dem Segen des amerikanischen Konsuls und unter amerikanischer Flagge. Ein bedeutendes Geheimnis jedoch hütete er nach wie vor, eines, das er vor allen, denen er begegnet war, verborgen gehalten hatte und jetzt nach Afrika mitnahm: Stanley war eigentlich gar kein Amerikaner, sondern Brite, genau wie Livingstone.

Kapitel 10

Die Suche beginnt

Februar – März 1871, Bagamojo, 1300 Kilometer von Livingstone entfernt

In Bagamojo schien die Zeit noch langsamer zu vergehen als auf Sansibar, so daß es Stanley mit seiner ruhelosen Art und seiner Ungeduld schnell langweilig wurde. Voller Euphorie war er in Sansibar aufgebrochen, aber nun konnte er es kaum erwarten, Bagamojo hinter sich zu lassen. Er hatte nicht mehr viel Zeit, denn schon bald würde der Monsun kommen. Doch Stanley saß fest. Die Choleraepidemien von 1869 und 1870 hatten auch an der Küste Ostafrikas gewütet und über hunderttausend Menschenleben gefordert. Aus Angst vor einer Ansteckung mieden die Träger Bagamojo auch jetzt noch, was zur Folge hatte, daß es nicht genügend Männer gab, die Stanleys Unmengen an Ausrüstung hätten transportieren können. Obwohl der Journalist das Doppelte und Dreifache des üblichen Lohnes bot, fand er keine Träger. In der Zwischenzeit kümmerte er sich zwar um andere Dinge und ließ beispielsweise die Dotis zu Bündeln packen, doch davon abgesehen konnte er nichts tun, als zu warten, bis wieder Arbeitskräfte verfügbar waren.

Mit der Langeweile kam auch die Angst zurück. Wieder einmal wurde Stanley bewußt, was für ein undurchführbares Unternehmen die Suche nach Livingstone im Grunde war. Und wieder spielte er mit Selbstmordgedanken. Um sich umzubringen, heißt es an einer bizarren Stelle in seinem Tagebuch, würde er »den Kopf in ein Faß mit Sand stecken«, und weiter: »Das hielt ich für einen sehr leichten Tod und würde ihn allen empfehlen, die sich mit dem Gedanken an Selbstmord tragen.«

Auch wenn seine Gedankenspielereien nur Theorie waren, spiegelten sie Stanleys Stimmung wider. Er war gereizt, hatte Angst zu versagen und versuchte, seine bösen Vorahnungen zu unterdrücken. Livingstone zu finden, bedeutete für ihn mehr, als nur einen Auftrag zu erledigen. In seinen Augen war es der krönende Abschluß der Selbsterziehung, die er zwei Jahre zuvor in Aden begonnen hatte. Obwohl er auch auf Ruhm und Ehre aus war, ahnte er, daß ihm die Reise durch Afrika die Gelegenheit bieten würde, sich seinen Ängsten zu stellen. »Wenn ich mich ganz meiner Aufgabe widme, mich selbst zurücknehme und unermüdlich arbeite, werde ich mein eigener Herr werden und zugleich auch der anderer«, schrieb er.

Am 21. März, nach sieben endlos scheinenden Wochen, war auch Stanleys Karawane bereit zum Aufbruch. Die erste Karawane, angeführt von drei Soldaten, hatte Bagamojo am 18. Februar verlassen, die zweite hatte sich am 21. Februar auf den Weg gemacht. Die dritte, unter Farquhars Kommando, war vier Tage später losgezogen, und die vierte folgte am 11. März. Shaw sollte mit Stanley in der letzten Kolonne gehen. Stanley hatte die beiden Seemänner absichtlich voneinander getrennt. Farquhar war ein alter Hurenbock und Säufer, der Shaw, einen einfältigen Träumer, der zu Depressionen und Wutausbrüchen neigte, gern ein wenig quälte. Die beiden voneinander fernzuhalten, schien Stanley daher die beste Methode, um Konflikte möglichst zu verhindern, während sie unterwegs waren.

Stanley war überglücklich, als er nun auf dem Grauschimmel aus der Stadt ritt. Zu seiner Gruppe gehörten außer ihm und Shaw noch achtundzwanzig Träger, Bombay mit elf Soldaten, der vierzehnjährige Selim als Dolmetscher, ein Hund namens Omar, ein Schneider und ein Koch. Sie bildeten den größten Teil der Karawane. An der Spitze der Marschkolonne flatterte Mrs. Webbs Flagge. »Wir waren alle bester Laune – die Soldaten fingen einfach so an zu singen, und der Kirangoze [Fahnenträger; Anm. d. Übers.] erhob seine Stimme zu einem grölenden Gesang und hielt die amerika-

Das Lager in Bagamojo

nische Flagge«, schrieb Stanley über diesen bewegenden Morgen. »Ich hatte das Gefühl, daß mein Herz viel schneller schlug, als es sich für einen ernsthaften Anführer gehörte, doch ich konnte nichts dagegen tun. Ich war voller jugendlicher Euphorie.«

Die fünf Gruppen der *Herald*-Expedition umfaßten insgesamt einhundertzweiundneunzig Personen. »Im Ganzen besteht die Expedition aus drei Weißen, zweiundzwanzig Soldaten und vier sonstigen Kräften sowie einer Transportkolonne aus zweiundachtzig Pagazis, siebenundzwanzig Eseln und zwei Pferden und einer Fracht von zweiundfünfzig Ballen Stoff, sieben Ladungen Draht, sechzehn Beuteln Perlen, zwanzig Paketen mit Bootsteilen, drei Bündeln mit Zelten, vier mit Kleidung und persönlichem Gepäck, zwei Ladungen mit Kochutensilien und Geschirr, einer mit Medikamenten, dreien mit Schießpulver, fünf mit Kugeln, Schrot und Patronen und dreien mit Meßinstrumenten und Dingen für den täglichen Gebrauch wie Seife, Zucker, Tee, Kaffee, Liebigs Fleischextrakt, gepreßtem Dörrobst, Kerzen etc., also alles in allem einhundertsechzehn Ladungen oder achteinhalb Tonnen Ausrüstung«, hielt Stanley fest.

Allein schon die Masse an Gepäck gab Stanley ein Gefühl von Sicherheit, ohne das er gar nicht losgezogen wäre. Doch sie zeigte auch, daß er sich bei der Ausrüstung seiner Karawane zu sehr davon hatte leiten lassen, was er bei Burton gelesen und von Scheich Hashid gehört hatte. Die Expedition des *New York Herald* konnte sich aber nicht mehr ohne weiteres auf die Erfahrungen früherer Forschungsreisender verlassen. Im Durchschnitt legte eine Karawane neuneinhalb Kilometer am Tag zurück, also weniger als einen Kilometer in der Stunde. Zeit spielte in Afrika kaum eine Rolle, und eine tägliche Strecke von zehn Kilometern war eine ordentliche Leistung. Stanley dagegen wollte das Unmögliche versuchen, und dazu war es nötig, daß er schneller vorankam. Er mußte also anfangen, eigene Strategien zu entwickeln.

In gewisser Hinsicht galt das nicht nur für die Karawane, sondern auch für sein Leben. Afrika war ein riesiger Kontinent mit einem weiten Horizont und endlosen Ebenen, in dem Stille, Einsamkeit und Langeweile sogar jemanden wie Stanley, den die Selbstbeobachtung zugleich faszinierte und erschreckte, dazu zwangen, in seine Seele zu blicken und den Kern seines Wesens zu erkennen. Stanley wollte diesen Prozeß jedoch durch Aktivismus unterdrücken. »Kein Vergnügen kann mich ablenken und von dem Pfad abbringen, den ich mir vorgezeichnet habe«, schrieb er und offenbarte damit die Selbstverleugnung und den Geltungsdrang, hinter denen er sein seelisches Chaos wie hinter einer Maske verbarg. »Ich kann auf nichts anderes zurückgreifen als auf meine Tatkraft und eine Menge Optimismus.«

Doch schon als Stanleys Reise ins Innere des Kontinents mit dem prächtigen Auszug aus Bagamojo begann, bekam seine Maske die ersten Risse, und ganz allmählich ergriff ein neues Gefühl von ihm Besitz: das Vergnügen. Stanley merkte es gar nicht, so berauscht war er von den vielen neuen Eindrücken. »Als ich die fruchtbaren Maniokfelder, die heitere Tropenlandschaft und die Schönheit der fremdartigen Bäume und Blumen, Pflanzen und Kräuter erblickte, das Zwitschern der Kiebitze und das Zirpen der Grillen hörte und das laute Summen unzähliger Insekten, erstrahlte alles um mich herum in Herrlichkeit«, schrieb Stanley. »Mir schien, als flüsterte es von überall her ›Endlich bist du aufgebrochen‹.«

Doch das Vergnügen war nur von kurzer Dauer. Schon wenige Tage später verendeten beide Pferde. Als Stanley ihnen bei einer provisorischen Obduktion jedoch den Bauch aufschlitzte, stellte er zu seiner heimlichen Genugtuung fest, daß Würmer die Todesursache gewesen waren, und nicht Tsetsefliegen, so wie Kirk es ihm vor seiner Abreise aus Sansibar mit überheblicher Miene vorhergesagt hatte.

Kapitel 11

Die Nilquelle

»O Vater«, hatte Livingstone an Neujahr 1871 in seinem Tagebuch gefleht, »laß mich diese Arbeit Dir zu Ehren vollenden!«

29. März 1871, Njangwe

Genau dies schien Livingstone nun, im Alter von achtundfünfzig Jahren, dank seines an Besessenheit grenzenden Durchhaltevermögens geschafft zu haben. Am 29. März 1871 erreichte er endlich das Dorf Njangwe am Ufer des Lualaba. Er war nahe daran gewesen, seine Suche nach der Nilquelle aufzugeben. »Sie ist so ungeheuer ermüdend«, hatte er einige Tage zuvor geschrieben, »und ich hatte so viele Hindernisse zu überwinden, daß ich zweifle, ob dies wirklich nach Gottes Wille und mit seiner Gnade geschieht.«

Doch er hatte die Quelle gefunden – zumindest dachte er das. Vor ihm lag der Lualaba, und Livingstone war mehr denn je davon überzeugt, daß dieser Fluß die Nilquelle war. Durch Gespräche mit Arabern und Dorfbewohnern sowie Beobachtungen, die er selbst in fünf zehrenden Jahren des Reisens angestellt hatte, war er zu dem Schluß gekommen, daß der Lualaba den Oberlauf des Nils darstellen mußte. Nil und Lualaba waren also ein und derselbe Fluß. Wenn er dem Lualaba Richtung Süden bis zu seiner Quelle folgte, hätte er zugleich die des Nils gefunden.

Früher hatte Livingstone geglaubt, der Lualaba sei statt dessen möglicherweise der Quellfluß des großen Kongo, doch als er sah, wie unglaublich breit und lang der Lualaba war und daß er stetig nach Norden floß und sechshundert Meter über dem Meeresspiegel lag, war er sicher, daß es sich um die Quelle des Nils handeln mußte. »Ich stieg hinunter zum Lualaba, um ihn mir aus der Nähe anzusehen«, schrieb er. »Der Fluß ist hier schmaler als weiter oben, aber immer noch gewaltig – er ist mindestens zweieinhalb Kilometer breit und überall ziemlich tief. Man kann ihn nirgendwo und zu keiner Jahreszeit durchwaten. Die Leute behaupten, wenn es jemand versuchte, dann wäre es ganz gewiß um ihn geschehen. Es gibt viele große Inseln im Fluß, und an diesen Stellen mißt er nur etwa anderthalb bis zwei Kilometer. Die Ufer sind abschüssig und breit, und die Erdschichten bestehen zum Teil aus Lehm und gelbem Schiefer. Die Stromschnellen liegen etwa drei Kilometer weiter nördlich.«

Und im Norden wurde der Fluß, so Livingstones Theorie, zum Nil. Um diese zu bestätigen, mußte er überprüfen, wohin der Lualaba führte. Dazu würde er sich in Njangwe ein Kanu leihen und dem Flußlauf folgen. Anschließend müßte er den Lualaba nur noch bis zu der Stelle erforschen, wo er entsprang, und das Geheimnis um die Nilquelle wäre gelöst.

Die Einwohner Njangwes hatten Livingstone jedoch mit den Arabern reisen gesehen und hielten den Weißen für einen besonders angesehenen Sklavenhändler. Sie waren fest davon überzeugt, daß er mit dem Kanu den Fluß überqueren und am anderen Ufer einen Krieg beginnen wollte. Trotzdem hatten sie seltsamerweise nichts dagegen, Chuma und Susi und sogar einer kleinen Gruppe weniger bedeutender Araber ein Kanu zu leihen. Allein dem hellhäutigen Livingstone trauten sie nicht über den Weg. »Mein Kommen hatte sie erschreckt«, schrieb er, »und in Fluchtbereitschaft versetzt. Viele hielten sich aus Argwohn weit von mir entfernt.«

Livingstone wollte unbedingt das Vertrauen der Einheimischen gewinnen, ganz gleich, wieviel Zeit es in Anspruch nehmen würde. Wie in Bambarre konnte man es sich auch in Njangwe gemütlich machen. Das Dorf zählte eindeutig zu den schönsten afrikanischen Orten, in denen er bisher gewohnt hatte. Es herrschte ein geschäftiges Treiben, und die Menschen waren ausgesprochen intelligent. Es gab so viel Elfenbein, daß sie die Türrahmen ihrer Häuser mit Stoßzähnen schmückten. Die Frauen waren auffallend hübsch: Sie hatten eine schmale Nase, eine volle Unterlippe und ein feingeschnittenes Gesicht. Ihre Haut war hellbraun wie Kakaopulver. Abgesehen von einem Lederriemen um ihre Taille, von dem kleine verzierte Grasmatten hingen, die Scham und Gesäßfalte bedeckten, waren sie nackt. Ihr kunstvoll geflochtenes Haar stand wie der Schirm einer Kappe von der Stirn weg und fiel ihnen hinten in Ringellöckchen in den Nacken. Viele von ihnen konnten sehr gut schwimmen und lange die Luft anhalten und tauchten bei der Austernernte bis zum Grund des Lualaba. Livingstone war zutiefst beeindruckt.

Leider war er nicht der einzige Fremde, der von den Frauen aus Njangwe und den anderen Dörfern der Manjuema-Region fasziniert war. In den vergangenen Monaten hatten die Araber den Sklavenhandel wegen der Choleraepidemie immer weiter ins Landesinnere verlagert. Die Stämme dieser Gegend hatten noch nie in ihrem Leben Feuerwaffen gesehen und konnten sich nicht vorstellen, womit die Araber bei ihren Angriffen auf sie schossen. Sie glaubten, die Eindringlinge wüßten, wie man Blitze einfing, und jeder Widerstand sei daher zwecklos. Während die Araber anfangs noch Angst vor dem Kannibalismus der Manjuemas hatten, fielen sie schon bald in die Region ein und raubten hemmungslos Elfenbein und Menschen. Bald hatte sich im Landesinneren herumgesprochen, daß die Frauen aus Manjuema auf dem Sklavenmarkt von Sansibar höchste Preise erzielten. Sie galten als so außergewöhnlich schön, daß viele der in der Stadt lebenden osmanischen Mischlinge sie sich als Ehefrau kauften statt als Haremsfrauen.

Livingstone hatte zwar nicht vor, eine der Frauen zu heiraten, die er Tag für Tag auf dem Marktplatz des Dorfes beobachtete – aber das hieß nicht zwangsläufig, daß er durch und durch tugendhaft war. Obwohl ein Mann Gottes, hatte auch er seine Schwächen. War er als keuscher Abstinenzler nach Afrika gekommen, so trank er inzwischen recht gern Bier und Champagner und hatte unterwegs oft ein Fläschchen Brandy dabei, sofern er sich eines beschaffen konnte. Auch an Frauen hatte Livingstone Gefallen gefunden – und am Sex. In einem Land, wo man wegen der extremen Hitze die Nacktheit jeder Form von Kleidung vorzog, wo sich das Sexualleben oft im Freien abspielte, da die gemeinschaftliche Familienhütte zu klein für Intimitäten war, wo man nachts die gedämpften Geräusche heimlicher Zärtlichkeiten hören konnte und Livingstone manchmal über ein Pärchen im Liebesakt stolperte, war das eine ganz natürliche Entwicklung. Es war auch nicht weiter verwunderlich, daß einem englischen Witwer, der oft lange Jahre weit fort von England zubrachte, die Gesellschaft einer Frau fehlte.

Was für eine wichtige Rolle die Körperlichkeit für Livingstone spielte, geht bereits lange vor Marys Tod aus seinen Tagebüchern hervor. Ein Eintrag vom 8. Januar 1854, in dem er eine feurige afrikanische Prinzessin namens Manenko beschreibt, verdeutlicht die aufdringliche Sexualität, der er auf seinen Reisen begegnete. Livingstone schilderte Manenko als »eine große, dralle Frau von etwa zwanzig Jahren ..., die sich in einem Zustand schockierender Nacktheit befand. Grund dafür war nicht etwa, daß sie nichts zum Anziehen besaß – als Stammesfürstin hätte sie sich ebenso gut kleiden können wie ihre Untertanen –, sondern daß sie einfach einen ganz eigenen Stil hatte. Gab es Streit mit jemandem aus ihrem Gefolge, dann trat sie mit großem rhetorischem Geschick immer wieder nach vorne und zurück ... und, ganz so wie es Frauen in zivilisierteren Ländern machen, wenn sie jemandem eine Strafpredigt halten, beugte sie sich über die, die ihren Zorn erregt hatten, zählte mit greller Stimme deren sämtliche Fehler und Versäumnisse seit dem Tag ihrer Geburt auf und schrie, wie vergebens doch jede Hoffnung sei, daß sie sich jemals besserten«. Livingstone wurde von Manenko »mein kleiner Mann« genannt und beklagte sich, daß er ihr gegenüber »völlig machtlos« sei. Es war durchaus üblich, daß Frauen von Manenkos Stand, wenn es ihnen beliebte, mit einem Durchreisenden das Bett teilten. Falls sie Livingstone also tatsächlich zu sich gerufen hatte, war ihm gar nichts anderes übriggeblieben, als eine Liebesnacht mit ihr zu verbringen, wenn er nicht getötet werden wollte.

Über all die Jahre in Afrika sind die einzigen Geständnisse sexuellen Inhalts, die sich in Livingstones Tagebüchern finden, Lobeshymnen über hübsche Frauen, die er auf seinen Reisen sah. In einem vertraulichen Brief an den britischen Konsul G. E. Seward, mit dem er sich 1866 während seines Aufenthalts in Sansibar angefreundet hatte, gab er jedoch ein aufschlußreiches und sehr intimes Detail preis. In einer für ihn völlig untypischen machistischen Manier verriet er Seward, zusammen mit Einzelheiten über die Expeditionsausrüstung und die Wechselfälle des Lebens in Afrika, er habe so viele Afrikanerinnen gehabt, daß er sich wie der für seine Fruchtbarkeit berühmte biblische Prophet fühle: »Wie Salomon hatte ich dreihundert Weiber zu Frauen (aber erzählen Sie Mrs. Seward nichts davon)«, gestand Livingstone seinem schottischen Landsmann.

Zweifellos belegte der afrikanische Kontinent jeden Fremden, der dorthin reiste, mit einem Zauber. Die Vielschichtigkeit des riesigen Landes vollzog nicht nur in Stanley einen Wandel. Auch Livingstone veränderte sich mit jedem Tag – selbst jetzt noch, fünf Jahre nachdem er aufgebrochen war, um die Nilquelle zu finden.

Kapitel 12

Ein dorniger Weg

April 1871,
an der Küste Ostafrikas,
6500 Kilometer von
Livingstone entfernt

Stanleys über elfhundert Kilometer langer Marsch von Bagamojo zum Tanganjikasee bestand aus drei etwa gleich langen Etappen. Die erste erstreckte sich vom Indischen Ozean bis hinter die Wälder der Küstenregion. Die zweite begann dort, wo der Pfad wieder aus dem Urwald kam, führte auf eine Höhe von vierhundertfünfzig Metern und verlief dann durch Grassavannen und Wüsten bis nach Tabora. Dort würde Stanley die erste Staffel von Trägern aus dem Dienst entlassen und neue Männer engagieren. Der dritte und letzte Teil würde ihn nach einem Marsch durch felsiges, dicht bewaldetes Gelände schließlich nach Udschidschi am Ufer des Tanganjikasees bringen.

Bei seinen Nachforschungen hatte der Journalist herausgefunden, daß Burton und Speke fünf Monate nach Tabora gebraucht hatten, und machte sich wegen des langsamen Tempos der Karawane daher nicht allzuviele Gedanken. Statt dessen verhielt er sich während der ersten Tage seiner Reise wie ein gelangweilter Tourist, machte Notizen und ließ die Landschaft an sich vorüberziehen. Auf ihrem Weg durch die Küstenebene überquerten sie Flüsse und kamen an kleinen Dörfern vorbei. In den Gärten arbeiteten barbusige Frauen, und Stanley fühlte sich angenehm erregt, obwohl sie auf ihn deuteten und sich über seine Safariausrüstung amüsierten: die khakifarbene Kleidung, die kniehohen Stiefel und den Tropenhelm zum Schutz gegen die Sonne. Ringsherum wucherten Würgefeigen,

Waldgras, Schilf, Akazien, Zwergfächerpalmen und Tigergras. In der Luft wie am Boden konnte man eine erstaunliche Vielfalt an Vögeln sehen: Pelikane, Tauben, Eichelhäher, Heilige Ibisse, Goldfasane, Wachteln, Habichte und Adler. In den Bäumen kreischten die Affen, und vor lauter Kreuchen und Fleuchen Schwarzer und Grüner Mambas, dicker Puffottern, Nachtottern, Kobras und siebzehn anderer Arten von Giftschlangen schien fast der Pfad selbst zu leben. Über der Wasseroberfläche des Kingani erhoben sich die malvenfarbigen Flanken halb untergetauchter Flußpferde wie gewölbte Trittsteine.

Stanley, der sich für einen ebenso glänzenden Großwildjäger hielt wie sein Rivale Kirk, schoß mit der Schrotflinte auf die Tiere, doch die Metallkügelchen störten sie offenbar nicht im geringsten. Einige gingen ein paar Schritte weiter, doch die meisten beachteten ihn gar nicht. Nur ein gereizter Bulle bellte Stanley an. Da griff der Journalist nach seiner Winchester, einer Henry Rifle mit einem 44er-Kaliber und einem siebzig Zentimeter langen Lauf, und erlegte das Flußpferd.

Trotz dieses blutigen Zwischenfalls kam sich Stanley vor wie im Paradies. »Die Landschaft«, schrieb er in der ersten Woche seiner Reise euphorisch, »ist eine Wildnis wie die Sahara, doch was ihr Aussehen betrifft, viel gefälliger. Wenn der erste Mensch die Welt bei ihrer Erschaffung so wunderschön vorgefunden hätte wie in diesem Teil Afrikas, dann hätte er keinen Grund zur Klage gehabt. Im undurchdringlichen Buschwerk, das sich, kleinen Inseln gleich, aus einem Meer von saftigem Gras erhebt, hätte er Schutz vor der Mittagshitze gefunden und in der angsteinflößenden Dunkelheit eine sichere Zuflucht für sich und seine Frau. Morgens hätte er über die sanft abfallende Wiese laufen, sich an ihrer kühlen Frische laben und in einem der vielen Bächlein am Fuße des Hanges seine Waschungen vornehmen können. Er wäre umgeben gewesen von tiefen, uralten Wäldern, in deren kühlem Schatten sich so viele Tiere tummelten, wie man sich nur wünschen konnte. Tagelang kann man hier in eine Richtung gehen, ob Norden, Süden, Westen oder Osten, ohne daß sich die Landschaft verändert.«

Wenn Bombay noch vor Sonnenaufgang sein »Aufbruch, Auf-

Ein gereiztes Flußpferd greift an

bruch!« durchs Lager rief, begann für Stanleys Karawane der Tag. Dann baute man rasch die Zelte ab, frühstückte und brach um sechs Uhr auf. Stanley verließ das Lager immer als letzter, um sicherzugehen, daß sie auch nichts vergessen hatten, preschte dann nach vorne und führte die Karawane an. Bombay sorgte dafür, daß alle in einer Reihe gingen. Shaw ritt ganz hinten und trieb die Nachzügler an. Wenn die Karawane am späten Nachmittag anhielt, machten sich die Männer eifrig daran, Dornbüsche für das Boma zu sammeln, den Schutzwall, der das Lager nachts gegen wilde Tiere schützen sollte. In seiner Mitte wurden die beiden Zelte von Stanley und Shaw aufgebaut. Dann brachte Selim eine Hängematte, einen Teppich und ein Bärenfell in Stanleys Zelt und packte dessen Seesack aus.

Inzwischen teilten die Träger und die Soldaten sich in Gruppen von drei bis sieben Männern auf, von denen sich jede um ihre eigene Feuerstelle, ihr Essen und ihre Schlafhütte kümmerte. Für diese wurde zunächst ein zentraler Pfosten aufgestellt, dann kamen gegabelte Stützbalken, Zweige und Baumrinde sowie Gras für die Wände und das Dach dazu. Das Innere der Hütte wurde mit Gras ausgelegt, das als Matratze diente. War der Untergrund matschig, bauten die Träger aus Stöcken und Gras erhöhte Schlafstellen.

Am Abend, nach dem Essen, rauchten die Männer noch ein wenig und unterhielten sich bis acht oder neun Uhr am Lagerfeuer. Stanley mischte sich nicht unter sie. Er zog sich lieber in sein Zelt zurück, wo er in seinen Flanellschlafanzug schlüpfte, sich auf den Feldstuhl setzte und die Ereignisse des Tages zu Papier brachte. Seine Handschrift war ordentlich und flüssig, seine Einträge ausführlich, anschaulich und voller persönlicher Gedanken und ehrlicher Äußerungen, die seine Angst, zugleich aber auch seinen Mut verrieten.

Obwohl Stanley dauernd an Livingstone denken mußte, hatte er es inzwischen nicht mehr so eilig wie zu Beginn seiner Reise. In Afrika hatte er zum ersten Mal in seinem Leben das Gefühl, seine Umgebung völlig unter Kontrolle zu haben. Er sah sich als »Vorhut, Reporter, Denker und Anführer« und genoß es, daß die Träger und die Soldaten ihn *Bana Mkuba,* »großer Herr«, nannten.

In Wirklichkeit war es jedoch nicht Stanley, der die Fäden in der Hand hielt, und das wußte er auch. Afrika würde sein Schicksal bestimmen, so wie er es von Anfang an befürchtet hatte. Als die Idylle schon kurze Zeit später mit einer erheiternden Episode endete, schien es somit auch, als wolle sich der Kontinent ein wenig über Stanley lustig machen. Eine Woche nach ihrem Aufbruch wurde der Urwald dichter. Während Stanleys Leute weiterzogen, blieb die vierte Karawane stehen, weil einige Männer krank geworden waren. Doch dann fiel ihm wieder ein, wie Burton in seinen Büchern davor gewarnt hatte, daß die Träger gern zu trödeln begannen oder überhaupt nicht mehr vorwärts wollten, sobald sie unbeaufsichtigt waren. Da Stanley befürchtete, seine vierte Karawane würde womöglich umkehren und zurück nach Bagamojo gehen, befahl er seinen Männern anzuhalten und zu warten, bis die anderen sie eingeholt hätten.

Bisher hatte der Küstenwind dafür gesorgt, daß es kaum Insekten gab, doch das änderte sich schlagartig, sobald sie den Urwald

Henry Morton Stanley,
eingekleidet für seine Afrika-Expedition 1871.

erreichten. Fliegen der unterschiedlichsten Art und Größe fielen über das Lager her und faszinierten Stanley so sehr, daß er sich von den Soldaten ein paar Handvoll fangen ließ, um sie sich aus der Nähe anzusehen. Gehorsam rannten die Männer im Lager herum, griffen in die Luft und brachten ihm ihre Beute ins Zelt. Dieser wollte es Burton, Livingstone und sogar Kirk gleichtun und mimte daher ganz den beflissenen Wissenschaftler. Er ließ die Fliegen auf seinem Körper herumlaufen, beobachtete ihr Verhalten und zeichnete seine Erkenntnisse auf. Unter den Insekten war auch eine große afrikanische Pferdebremse mit einem schwarzen Kopf, die um ein Drittel größer war als eine Biene und Blut saugte. Eine andere Spezies zirpte wie eine Grille, war jedoch kleiner und hatte einen weißgestreiften Hinterleib. Das kleinste Exemplar war braun und hatte lange Flügel, die es lediglich ein wenig größer aussehen ließen als eine normale Stubenfliege. Diese Art machte kein Geräusch. Stanley hatte beobachtet, daß die Tiere oft in ganzen Schwärmen über Pferde und Esel herfielen, bis diesen das Blut in Strömen die Beine hinunterlief und sie vor Schmerz laut wieherten. Sie zuckten mit dem Fell, schnappten um sich und wedelten mit dem Schweif, doch die kleinen Fliegen waren hartnäckig. Hatten sie einmal mit dem Blutsaugen begonnen, ließen sie sich nicht mehr so schnell abschütteln. Nur Ziegen und Antilopen waren vor der braunen Pest gefeit, erzählten die Pagazis Stanley, nicht einmal Menschen blieben verschont. Die Träger nannten die kleine Fliege Chufwa. Erst später erfuhr Stanley, daß sie auf Bantu auch Tsetse hieß.

Was Stanley – ebenso wie die damalige medizinische Forschung – nicht wußte, war, daß die Tsetsefliege Trypanosomen übertrug, mikroskopisch kleine Schmarotzer, die die Schlafkrankheit auslösten. Sobald eine Fliege ihren Rüssel in der Haut eines Menschen versenkt – was eher brennt als daß es sich wie ein Stich anfühlt – und mit dem Blutsaugen beginnt, kann sie den Erreger übertragen. Dieser setzt das körpereigene Immunsystem außer Kraft, indem er dessen Struktur verändert, was sich bereits nach wenigen Tagen in Form von Fieberanfällen, Sprachstörungen, geistiger Verwirrung und Schlafsucht äußert. Einige Wochen später tritt der Tod ein. Stanley ahnte nicht, daß die Schlafkrankheit unheilbar war und in Afrika jedes Jahr mehr Menschenleben forderte als alle Angriffe von Löwen, Flußpferden und Krokodilen zusammengenommen. Statt dessen verbrachte er den Abend damit, in seinem Flanellpyjama dazusitzen und mit der kleinen braunen Fliege zu spielen, als sei sie ein harmloses Spielzeug.

Am nächsten Morgen – Stanley trug immer noch seinen bequemen, luftigen Schlafanzug und statt der Stiefel leichte Stoffschuhe – hatte er Lust, auf die Jagd zu gehen. Hätte sich unter seinen Leuten ein Engländer befunden, dann wäre Stanley niemals auf die lächerliche Idee gekommen, im Pyjama loszuziehen, doch schon die eine Woche Abstand von Bagamojo und Konsul Kirk hatte seine Auffassung von Schicklichkeit verändert. Das nackte Überleben und ein gewisser Komfort waren für ihn von größerer Bedeutung als die angemessene Kleidung. Außerdem hatte er unterwegs Spuren von Elefanten, Weißschwanzgnus und Zebras entdeckt und war nun ganz wild darauf, etwas für den Kochtopf zu erlegen. Für eine Weile vergaß er sogar Livingstone. Außerdem ließ sich die vierte Karawane immer noch nicht blicken. So begab sich Stanley auf Großwildjagd: »Eine angemessene Entfernung zum Wild vorausgesetzt, würde es mir zweifellos gelingen, Fleisch für das Lager zu beschaffen«, notierte er.

Stanley schob den Dornbusch zur Seite, der als Eingang des Bomas diente. Ein Waffenträger begleitete ihn. Zuerst überquerten sie eine Wiese mit meterhohem Gras. Sie kamen nur langsam voran und stapften schweigend vor sich hin. Jede Furt und Erhebung suchten sie nach Spuren ab, die kauernde Tiere dort möglicherweise hinterlassen hatten. Schon bald entdeckte Stanley Hufabdrücke, Kot und niedergetretenes Gras, was darauf hindeutete, daß kurz zuvor Antilopen und Weißschwanzgnus vorbeigekommen waren. Beides waren kleine, flinke Tiere, die in Herden lebten und gut schmeckten. Stanley trennte sich von seinem Waffenträger und nahm allein die Verfolgung auf. Er war inzwischen anderthalb Kilometer vom Lager entfernt.

Die Spur führte in den Urwald. Eine ganze Stunde folgte Stanley in seinem schweißgetränkten Schlafanzug den Tieren entlang eines Baches, wobei er das Gewehr so tief wie möglich hielt. Doch dann verlor sich die Fährte ebenso plötzlich, wie sie aufgetaucht war. Instinktiv wandte sich Stanley um und wollte denselben Weg zurückgehen, doch im dichten Unterholz des Urwalds verlor er die Orientierung. Nicht einmal sein getreuer Taschenkompaß konnte ihm sagen, in welche Richtung er gehen mußte, um zurück ins sichere Lager zu gelangen. Also richtete er sich nach dem Stand der Sonne und verließ sich auf sein Gefühl. »Ich steuerte auf die weite Ebene zu, in deren Mitte sich das Lager befand«, schrieb er später.

Eine hoffnungsvolle Vorstellung – doch Stanley sollte sich täuschen. Er peilte sein vermeintliches Ziel an und marschierte los. Schon nach ein paar Schritten verfing er sich mit dem rechten Hosenbein am dornigen Zweig einer Akazie, so daß es beinahe komplett abriß. Beim Versuch, das Gleichgewicht zu halten, erfaßte ihn ein anderer Zweig an der Schulter seines Schlafanzugs und zerfetzte den Stoff. Zwei Schritte weiter blieb er am dornigen Blattrand einer Aloe hängen und stand schließlich mit nackten Beinen da.

Jemand, der weniger entschlossen oder pragmatischer veranlagt wäre, hätte jetzt wahrscheinlich eine kurze Verschnaufpause eingelegt, um sich zu beruhigen oder einen anderen Weg zu überlegen. Stanley dagegen, dem der Pyjama in Fetzen vom Leibe hing, stürmte weiter. Schon beim nächsten Schritt verhedderte er sich mit dem Fuß in einer Schlingpflanze und stürzte zu Boden. Anstatt jedoch auf einer anderen Kletterpflanze zu landen oder schmählich in den schwarzen Urwaldschlamm zu plumpsen, fiel er der Länge nach in ein Dornengestrüpp. Er schrie laut auf, aber das undurchdringliche Blätterdach und der Grund aus dichtverschlungenem Unterholz erstickten seine Schmerzensrufe. Unzählige abgebrochene Dornen steckten ihm in der Haut, und seine Beine bluteten. Von seinem wunderbaren Flanellpyjama, der ihm nachts ein so großer Trost gewesen war und ihm mit seiner flauschigen Wärme die Entbehrungen Afrikas ein wenig erträglicher gemacht hatte, war nichts übriggeblieben als ein paar schmutzige Stoffetzen, und so sah Henry Morton Stanley nun aus wie das nackte Elend.

Der junge Journalist befreite sich aus dem Gestrüpp und hockte sich auf den matschigen Boden, um den Schaden zu begutachten. Daß er sein Gewehr und den Kompaß noch hatte, stimmte ihn schon etwas versöhnlicher. Das eine in der linken Hand, das andere in der rechten, krabbelte er vorsichtig über den Dornenteppich und suchte verzweifelt nach dem Weg. »Ich konnte mich nur auf allen vieren fortbewegen, wie ein Hund auf einer Fährte«, schrieb Stanley. Doch dann sollte es noch schlimmer kommen: Als er durch den Urwald kroch, schlug ihm plötzlich eine Pflanze ins Gesicht, deren Blätter einen fauligen Geruch absonderten. Ein heftiger, brennender Schmerz durchfuhr ihn, als habe man seine Haut mit dem Saft von Chilischoten eingerieben, der tief in die Wunden drang. Die ganze Zeit über rann ihm der Schweiß in Strömen am Körper herunter.

»Die Luft, die sich im Dickicht des Urwalds staute, war heiß und stickig«, schrieb Stanley später. »Der Schweiß drang mir aus allen Poren, und mein zerfetzter Pyjama war völlig durchnäßt, als hätte ich eine Dusche genommen.«

Als Stanley sich dann endlich aus dem Dschungel geschleppt hatte und wieder aufrecht stehen konnte, blickte er noch einmal zurück in die grüne Hölle. Sein Körper war über und über mit Schnitten, Kratzern und Schürfwunden bedeckt. Spätestens jetzt, schlammverschmiert, in zerrissener Kleidung und krebsrot, verriet er sich als das, was er war: ein Afrikaneuling. Gedemütigt und erschöpft mußte Stanley die erstaunten Blicke und das Gekicher seiner Mannschaft ertragen, als er das Boma schließlich fand und sich in Sicherheit brachte. Er marschierte in sein Zelt, um sich zu waschen und umzuziehen. »Als ich die Ebene endlich erreicht hatte und wieder richtig durchatmen konnte«, schrieb er, »schwor ich mir, daß ich mich nie mehr in einen afrikanischen Dschungel hineinbegeben würde, außer, wenn es sich gar nicht vermeiden ließe.«

Afrika würde Stanley jedoch keine andere Wahl lassen. Der Urwald sollte auf der Reise sein ständiger Begleiter sein, bis die tropische Küstenebene in das Nyika überging, ein karges, niederschlagsarmes Buschland, an das sich die weite Savanne anschloß. Doch auch so übte Afrika eine derartige Faszination auf Stanley aus, daß er sich gar nicht lange ärgern konnte. Bereits wenige Augenblicke nachdem er dem Urwald abgeschworen hatte, wurde ihm bewußt, wieviel ihm die Schönheit und Härte Afrikas letztendlich bedeuteten. »Ich ließ meinen Blick über die erhabene Hügellandschaft schweifen, die von herrlichem Grün und von prächtigen Wäldern mit üppigem Frühlingslaub überzogen und auf ganzer Fläche mit hübschen kleinen Inseln aus Buschwerk versehen war«, gestand er in seinem Tagebuch, »und – trotz der garstigen Risse in meiner Kleidung und meiner Hautverletzungen – konnte ich nicht anders, als ihr die Bewunderung zu zollen, die ihr gebührte. Mit jedem Tag stieg das Land in meiner Wertschätzung, denn bisher glaubte ich, lediglich einen Befehl auszuführen und meiner Verpflichtung nachzukommen, wie unangenehm dies auch sein mochte. Doch ganz allmählich lüftete sich der düstere Vorhang ein wenig, und die freudlosen Aussichten hellten sich auf.«

Mit der Zeit lernte Stanley, sich auf Afrika einzulassen. Ganz anders als in seinen Alpträumen erwies sich der Kontinent als ein dichtbesiedelter, ungezügelt wachsender Lebensraum voller ungeahnter Herrlichkeit. Dies war die Insel, die er sich viele Jahre zuvor in Aden erträumt hatte, auf der niemand Fremder sein Geschick bestimmte. Im Grunde war er auf der Suche nach einem solchen Ort gewesen, seit er als junger Mann kurz entschlossen an Bord eines Schiffes gegangen war und seine Familie in England zurückgelassen hatte. Jetzt, wo er diesen Ort gefunden hatte, war für ihn eine jahrelange Sehnsucht in Erfüllung gegangen, und die Strapazen trieben ihn nur noch weiter an.

Als spüre der Kontinent Stanleys Euphorie, stellte er ihn erneut auf die Probe: Am 1. April öffnete der Himmel seine Schleusen, die Monsunzeit begann. Stanleys Schwärmerei für Afrika verebbte, und an ihre Stelle trat die Gewißheit, daß die Kilometer, die vor ihnen lagen, eine Herausforderung nach der anderen versprachen und seltene Augenblicke außergewöhnlicher, aber trügerischer Schönheit. »Mit schrecklichen Schauern kündigte sich die Masika an, was genügte, um die leidenschaftliche Liebe zu Afrika, die eben erst in mir erwacht war, zu dämpfen.«

Dann erlebte Stanley einen wirklich herben Rückschlag. Während er bei strömendem Regen im Lager saß und kostbare Zeit damit verbrachte, auf seine liegengebliebene vierte Karawane zu warten, damit er seine Suche nach Livingstone endlich fortsetzen konnte, begannen seine Männer zu desertieren. Auf ihrer Flucht nahmen sie Ausrüstung, Stoffe und Lebensmittel mit. Andere wiederum litten an verschiedenen Krankheiten, die das feuchte Wetter mit sich gebracht hatte: Fieber, Schüttelfrost und eine sonderbare »Schwäche der Lenden«. Selim machte die Malaria zu schaffen, und sogar der sonst so robuste Bombay hatte Rheumatismus. Nachdem Stanley eine Woche lang gewartet hatte, traf am 4. April endlich die vierte Karawane ein. Mit einer Gewehrsalve kündigten sie freudig ihre Ankunft an. Khamisi, der Träger mit der »Lendenkrankheit«, war anscheinend wieder gut genug bei Kräften, um in dem Trubel mit zwei Ziegen, Vorräten und ein paar persönlichen Habseligkeiten anderer Träger zu verschwinden.

Stanley verlor die Geduld. Er war streng mit seinen Männern gewesen, hatte sich jedoch gescheut, zu hart durchzugreifen. Doch Diebstahl und Desertion mußten ein Ende haben, wenn er nicht über kurz oder lang ganz mittellos dastehen wollte. Er befahl daher zwei bewaffneten Sepoys, nach Khamisi zu suchen und ihn zurückzubringen, wenn nötig mit Gewalt.

Während die beiden nach Osten Richtung Bagamojo gingen, befahl Stanley der Karawane, das Lager abzubrechen und in westlicher Richtung weiterzuziehen. Am 8. April durchquerten sie einen Urwald, in dem es derart nach modrigen Pflanzen und Verwesung stank, daß Stanley befürchtete, seine Träger würden vor Übelkeit kollabieren. Der Pfad war nur etwa dreißig Zentimeter breit. »Von beiden Seiten streckten sich uns Dornbüsche und Kletterpflanzen entgegen, und aus dem Gestrüpp über uns stachen Äste mit knorrigen, stacheligen Zweigen und langen Dornen heraus, die alles, was sich auf ihrer Höhe befand, ergriffen und festhielten.«

Als Stanley die Dornen, Regengüsse, Desertionen und den dichten Urwald überstanden hatte, begegnete er schließlich dem Dämon Afrikas. »Wir erlebten ein Schauspiel, wie es für diesen Teil der Welt nicht ungewöhnlich ist, nämlich eine Kolonne aneinandergeketteter Sklaven auf ihrem Weg Richtung Osten. Die Sklaven machten keineswegs einen niedergeschlagenen Eindruck, vielmehr schienen sie von derselben gleichmütigen Heiterkeit erfüllt wie der Diener Martin Chuzzlewits«, beobachtete Stanley am 10. April mit Blick auf Charles Dickens' Roman. Dann berichtete er überrascht, daß sowohl die Sklaven als auch ihre Aufpasser Afrikaner waren: »Wären die Ketten nicht gewesen, dann hätte man den Sklaven nur mit Mühe von seinem Herrn unterscheiden können, so sehr ähnelten sich ihre physiognomischen Züge: Die milde Güte, mit der sie uns anblickten, war auf den Gesichtern beider zu erkennen. Die Ketten waren schwer und hätten mühelos ausgereicht, um einen Elefanten festzuhalten, doch da die Sklaven sonst nichts zu transportieren hatten, konnte ihr Gewicht nicht ganz so unerträglich sein.«

Stanley reiste zweifellos durch eine Landschaft, wie es sie kein zweites Mal auf der Welt gab. Doch während er die Sklaven und Sklavenhändler als Kuriosum betrachtete, machten deren neugierige Blicke deutlich, daß Stanley eigentlich einen viel ungewohnteren Anblick bot: Er war ein Weißer, er war allein, und er war für sein Schicksal selbst verantwortlich – was auch immer es für ihn bereithielt.

Kapitel 13

Sumpffieber

April – Mai 1871, im Makata-Sumpf, 1200 Kilometer von Livingstone entfernt

Der April war eine trübe Mischung aus Schauern, Nieselregen, Gewittern, Schüttelfrost, Fieber, Schwüle, Schweiß, Erschöpfung und Tod, begleitet vom schmatzenden Geräusch der Füße und Hufe, die durch den Schlamm stapften. Der Monsun verhinderte, daß die Männer mehr als achthundert Meter in der Stunde zurücklegten, weshalb es der Karawane nicht gelang, ein gleichmäßiges Tempo zu finden. Die Träger waren im Lauf des Monats so oft krank, daß sie nur an vierzehn der ersten neunundzwanzig Expeditionstage überhaupt unterwegs waren. Stanley hätte die Marschgeschwindigkeit beschleunigen können, wenn er für die Träger genügend Medikamente mitgenommen hätte, aber er hatte es versäumt. So blieb ihm nichts anderes übrig, als mit der ganzen Karawane haltzumachen, wenn eine Krankheit umging.

Ausgerechnet Stanley, der eigentlich keine Erfahrung mit Afrika hatte, entpuppte sich als Titan der Gruppe und schien völlig immun gegen alle Erreger zu sein. Er schrieb seine robuste Gesundheit einigen malariaähnlichen Schüben von Arkansas-Sumpffieber zu, die ihn als jungen Mann gleich nach seiner Ankunft in Amerika außer Gefecht gesetzt hatten. Das Wechselfieber hatte ihn seiner Meinung nach abgehärtet. Obwohl Regen und Krankheit die Moral der Karawane sinken ließ, verfolgte Stanley die Suche nach Livingstone mit wachsender Hartnäckigkeit. Es war ihm schon immer schwergefallen, sich über einen längeren Zeitraum mit ein und derselben Sache zu beschäftigen, und er konnte Müßigkeit nicht ertragen. Sie ließ ihm zuviel Zeit zum Nachdenken, und dann versank er in Depressionen. Nach seinen Aussagen fühlte er sich viel wohler und unbeschwerter, wenn er unterwegs war, als wenn er voller Ungeduld im Lager sitzen und sich über Verzögerungen ärgern mußte, die unvermeidbar waren.

Stanley gefiel es, daß jeder Tag ihrer Reise ein neues Abenteuer für sie bereithielt. Manchmal war der Pfad Richtung Udschidschi schmal, manchmal so breit wie eine Straße, doch immer war er matschig und zugewuchert. Die Karawane zog durch Wälder mit Tamarinden, Akazien und Mimosen. Plötzliche Überschwemmungen ließen Flüsse wie den Ungerengi, an dessen Ufer Bananenstauden und zwanzig Meter hohe, dickstämmige Mparamusi-Bäume wuchsen, über die Ufer treten. Die gesamte Karawane mußte durch die Ströme waten, was für einen Träger mit dreißig Kilo auf den Schultern kein leichtes Unterfangen war. Als sie auf eine Höhe von dreihundert Metern kamen, wurde es nachts so kühl, daß jeder Mann zwei Decken brauchte. Stanleys Zelt beherbergte Abend für Abend unzählige Bremsen, Tsetsefliegen, Wespen, schwarze, weiße und rote Ameisen, Tausendfüßler und Käfer, die über seinen Körper krabbelten und gegen die Zeltwände flogen – es gab eine solche Fülle und Artenvielfalt an krabbelndem, brummendem und stechendem Ungeziefer, daß er in seinen Aufzeichnungen damit prahlte, er hätte es mit jedem Insektensammler aufnehmen können.

Dann kamen die Hyänen. Sie strichen nachts um das Lager, ließen die Esel durch ihren bloßen Geruch vor Angst erstarren und warteten darauf, daß sich ein leichtsinniges Mitglied der Karawane – ob Mensch oder Tier – herauswagte. Als sie immer seltener an Dörfern vorbeikamen, ging Stanleys wichtigstes Gut, der Proviant, zur Neige. Auf Jagdausflügen erbeuteten sie ein paar Waldhühner, Wachteln und Tauben, doch die kleinen Vögel lieferten bei weitem nicht genug Fleisch, um die ganze Karawane zu ernähren.

Die Moral der Truppe wurde erneut auf die Probe gestellt, als man Khamisi, den Deserteur und Dieb, faßte und ihn gefesselt vor ein Tribunal aus Trägern und Soldaten brachte. Als Strafe bekam er

Stanley und seine Gefährten bei der Durchquerung der Sümpfe

Schläge mit der Eselpeitsche des »großen Herrn«. Mit Khamisis »lautem Wehklagen« – jeder der dreizehn Pagazis und Soldaten versetzte ihm einen Peitschenhieb – war es mit dem letzten Rest von Heiterkeit im Lager vorbei.

Dann kam für Stanley der erste, zehrende Tag des afrikanischen Fiebers, so, als habe ihm die Krankheit auf die Schulter getippt und sich kurz entschlossen in seinem Körper eingenistet. »Ich leistete keinen Widerstand«, gestand er seinem Tagebuch am 20. April. »Zuerst erfaßten mich eine unglaubliche Mattigkeit und ein Bedürfnis nach Schlaf, dann kam, von den Lenden ausgehend, ein Ziehen im Rücken dazu, das sich zur Wirbelsäule hin ausbreitete, die Rippen erfaßte und sich schließlich in der Schultergegend als zermürbender Schmerz festsetzte.« Als die Beschwerden stärker wurden, folgten »Wahnvorstellungen, rasende Kopfschmerzen und furchtbare Übelkeit«. Zwölf Stunden später war die Krankheit vorbei. Ob es sich um gewöhnliches Fieber oder einen kräftigen Malariaschub gehandelt hatte, konnte Stanley nicht sagen. Für alle Fälle schluckte er in den folgenden drei Tagen eine ganze Menge bitteres Chinin, das aus der Rinde des Cinchonabaums gewonnene Mittel gegen die Malaria. Nachts lag er mit Schüttelfrost unter einer schweren Bärenfelldecke. Noch ahnte er nicht, daß die Karawane der größten Herausforderung ihrer bisherigen Reise entgegensah – und dafür würde der »große Herr« seine ganze Kraft brauchen.

Sie hatten eben einen lieblichen Wald mit hellrotem Erdboden durchquert. Was nun vor ihnen lag, kannte man den Großteil des Jahres über als einen träge dahinfließenden, schlammigen Nebenfluß namens Makata. Zur Monsunzeit jedoch schwoll der sonst gerade einmal zwölf Meter breite Makata an, riß auf beiden Seiten riesige Erdschollen aus der Böschung und trat über die Ufer. Er überschwemmte die angrenzenden, tieferliegenden Gebiete, bis schließlich die gesamte Ebene zwischen dem Usagara-Gebirge und dem Dorf Simbaweni unter Wasser stand. Der auf diese Weise plötzlich entstandene Sumpf erstreckte sich über eine Breite von siebzig Kilometern. Meist reichte den Trägern der Schlamm nur bis zum Knie, doch gelegentlich fielen sie auch in die Fußspuren, die Giraffen, Elefanten und Büffel hinterlassen hatten und die bis zu fünfmal so tief waren. Die Esel sanken mit ihrer schweren Ladung sogar ein, bis das Wasser über ihnen zusammenschlug.

Der stundenlange, nicht enden wollende Marsch durch die schwarze Brühe war Gift für die Moral und die Gesundheit der ohnehin schon angegriffenen Karawane. Gegen Abend suchten die Männer mit ihren Augen den Horizont nach irgendwelchen trockenen Erhebungen im Sumpf ab, auf denen sie das Lager aufschlagen konnten. Daß es unaufhörlich regnete und es keine Büsche oder Bäume gab, aus denen man Schlafhütten hätte bauen können, machte die Nächte noch unerträglicher.

Je weiter sie in das Sumpfgebiet vordrangen, desto schlimmer wurde es. Nun versperrte ihnen hohes, glitschiges Schilfgras den Weg und hinderte sie am Vorwärtskommen. Der Sumpf wurde tiefer, und es kostete eine immer größere Überwindung, morgens von

Durch den Makata-Sumpf

den trockenen Schlafhügeln ins trübe Wasser zu steigen. Bereits fünf Tage marschierte die *Herald*-Expedition tapfer durch den Makata-Sumpf. Es war unmöglich, etwas Eßbares zu finden, und auch das Jagen war sinnlos. Die erschöpften, halbverhungerten Träger verlagerten ihre Bündel von der Schulter auf den Kopf, damit die wertvollen Stoffe trocken blieben. Angesichts der schweren Krankheiten, die nun umgingen, war ein einfaches Fieber kaum erwähnenswert. »Als erster bekam einer von uns Weißen, Shaw, das schreckliche ostafrikanische Fieber, dann der Araberjunge Selim«, schrieb Stanley. »Danach kamen die Soldaten an die Reihe, einer nach dem anderen, und es wüteten Pocken und Ruhr unter uns.« Ein Träger starb. Sogar Omar, der Hund, bekam die Ruhr und verendete.

Schließlich steckte sich auch Stanley mit Ruhr an. Die Krankheit wurde durch ein tückisches Zusammenspiel biologischer Faktoren hervorgerufen und ließ sich im überschwemmten Urwald kaum vermeiden. Durch verschmutztes Trinkwasser und über Wunden, die sich im Schlamm des Makata-Sumpfes infizierten, gelangten Bakterien in den Körper und nisteten sich in der Schleimhaut des Verdauungstraktes ein, was zu Blutungen führte. Mit schleimigblutigem Durchfall versuchte sich der Körper gegen den Erreger zu wehren, es kam zu Fieber, Übelkeit und Erbrechen. Der häufige Durchfall bedeutete einen großen Flüssigkeitsverlust und verursachte Dehydrierung, was wiederum zu Lethargie führte. Da der Körper die Nahrung nicht richtig verwerten konnte, bevor er sie wieder von sich gab, wurden die Männer immer schwächer. Manchmal war die Ruhr nach zwei Tagen überstanden, manchmal aber endete sie auch tödlich.

Während des amerikanischen Bürgerkriegs, als Stanley in einem Kriegsgefangenenlager außerhalb Chicagos eingesperrt gewesen war, hatte er einige seiner Mitgefangenen, die wie er auf Seiten der Konföderierten gekämpft hatten, an Ruhr sterben sehen. Auch ihn hatte es beinahe erwischt. Jetzt, in Afrika, geschah das gleiche wie damals. Die Ruhr mergelte ihn zwar völlig aus, aber er überlebte. In einer einzigen Woche hatte er ein Viertel seines Körpergewichts verloren: Es schrumpfte von satten siebenundsiebzig auf magere achtundfünfzig Kilo – er war »nichts als Haut und Knochen«.

Dennoch blieb Stanley nichts anderes übrig, als so schnell wie möglich weiterzuziehen, denn sie befanden sich mitten im Sumpf. Bei seiner Durchquerung auch noch den Anschein höchster Autorität zu wahren, obwohl viele der Männer ihn inzwischen haßten und am liebsten umgekehrt wären, stellte eine ausgesprochen schwierige Aufgabe dar. Stanley stürzte drei Flaschen Collis Brown's Chlorodyne hinunter, ein bekanntes Mittel gegen Darmbeschwerden, doch ohne Erfolg. Immer wieder mußte er sich abwechselnd in beide Richtungen entleeren, und das zu seiner Schmach auch noch mitten im brackigen Wasser. Der Zwischenfall mit seinem Flanellschlafanzug war eine vergleichsweise triviale Blamage gewesen.

Nach fünf langen Tagen, am 4. Mai, kehrte die Karawane dem Makata-Sumpf endlich den Rücken. »Der Sumpf hatte mit seinen furchtbaren Greueln einen bleibenden Eindruck in unserem Gemüt hinterlassen, so daß wir die Strapazen und den Ekel nicht so schnell vergaßen«, schrieb Stanley. Er war erleichtert, aber immer noch krank, weshalb er in einem Dorf namens Rehenneko eine Rast anordnete, um wieder zu Kräften zu kommen. Die frische Luft und eine anregende Portion Dover's Powder, ein Opiat aus seiner Reiseapotheke, förderten seine Genesung.

Sie blieben vier Tage in dem Dorf, das zwischen Bambushainen und kristallklaren Bächen am Fuße des Usagara-Gebirges lag. Die gesamte Karawane hatte die Erholung dringend nötig, vor allem die Träger. Da nur fünf Esel den Sumpf überlebt hatten, mußten die Männer die übrige Fracht von achtundsechzig Kilo übernehmen.

Einen Grund hatten sie jedoch, in Rehenneko auch ein wenig zu feiern: Die Monsunzeit war zu Ende. Sie hofften also, daß jetzt, wo es trockener war, auch die Krankheiten und die Trägheit überstanden waren. Doch die Freude währte nur kurz, denn auf den Regen folgte die berüchtigte afrikanische Hitze. Zwei Tage nachdem die »entsetzlich geschundenen Menschen und Tiere« der Karawane begonnen hatten, über Granitfelsen und roten Sandstein hinauf ins Usagara-Gebirge zu klettern, lagen die Temperaturen bereits bei dreiundfünfzig Grad.

Kapitel 14

Meuterei

Mai 1871,
im Rubeho-Gebirge,
1100 Kilometer von
Livingstone entfernt

Auf seiner strenggeheimen Mission gelangte Stanley immer weiter ins Landesinnere. Selbst als die Konflikte in seiner Mannschaft allmählich zu eskalieren drohten, drang nichts über das Ziel seiner Reise nach außen. Stanley, dem es nur darum ging, die Karawane anzutreiben, entwickelte sich zu einem kleinen Tyrannen. Er war zwar als Kind selbst ausgepeitscht und sexuell belästigt worden, doch das hieß nicht, daß er ein besonderes Mitgefühl für Schwächere empfand. Wenn er krank war, mußte die Karawane anhalten. Dagegen befahl er immer seltener eine Rast, wenn es einem der Träger schlecht ging. Erkrankte jemand von seinen Leuten, ganz gleich ob schwarz oder weiß, dann ließ er ihn zurück, peitschte ihn aus oder beschimpfte ihn – falls er doch anhielt – in seinem Tagebuch als Simulanten. In Afrika hatte Stanley zum ersten Mal uneingeschränkte Macht: Hier konnte ihn niemand zurückweisen, hier durfte ihn niemand als Abschaum bezeichnen. Anderen Schmerz zuzufügen, bereitete ihm das größte Vergnügen, und er schien geradezu nach Vorwänden zu suchen, um seinen Männern die Peitsche auf den nackten Rücken prasseln lassen zu können. In seinen Augen gehörte auch das zu seinen Bemühungen, ein besserer Mensch zu werden. »Salomon mag durch eine göttliche Eingebung oder eigene Beobachtungen zu Weisheit gelangt sein. Mich jedoch machte die Erfahrung weise, und ich mußte feststellen, daß, wenn Schlamm und Nässe die Energie der zur Faulheit Neigenden geschwächt hatten, die Hundepeitsche auf ihrem Rücken Wunder wirkte und sie zu erfreulichem, gelegentlich sogar übertriebenem Eifer anspornte«, stellte Stanley voller Genugtuung fest.

Die Träger wurden ausgepeitscht, wenn sie zu desertieren versucht hatten, ein Hindu-Koch wurde wegen kleiner Diebereien aus dem Lager verbannt, ein Soldat bekam Hiebe, weil er zu krank war, um durch den Makata-Sumpf zu waten, und Abdul Kader, der Schneider der Karawane, wurde vor allen anderen als größter Schwächling aller Zeiten beschimpft und anschließend ebenfalls geschlagen. »An diesem Tag erprobte ich die Vorzüge einer guten Peitsche aufs Ausführlichste«, brüstete sich Stanley in seinem Tagebuch. »Und Abdul Kader (soll er nur seiner gesamten Sippschaft davon erzählen) wird gewiß nie wieder einen Weißen durch Afrika begleiten.«

Stanley hatte sich seinen Rassendünkel als Jugendlicher in New Orleans angewöhnt und sah sich darin bestätigt, als er im Bürgerkrieg auf Seiten der Konföderierten kämpfte. Er neigte dazu, sich männliche Autoritätspersonen als Vorbilder für sein Verhalten zu suchen. Entsprechend ahmte er im Umgang mit den Afrikanern die Generäle George Armstrong Custer und Philip Henry Sheridan nach, die durch die Überheblichkeit, mit der sie 1867 in den Indianerkriegen die Cheyenne bekämpft hatten, zu trauriger Berühmtheit gelangt waren. Die beiden waren der Ansicht, man müsse die Indianer wie Kinder behandeln, und diese Haltung nahm auch Stanley gegenüber den Afrikanern ein. Die Einheimischen wurden geduldet, galten aber stillschweigend als Bürger zweiter Klasse, die den Weißen untergeordnet waren.

Je mehr Macht Stanley bekam und je weiter er nach Afrika vordrang, desto deutlicher zeigte sich bei ihm ein finsterer Charakterzug. Schon lange war er nicht mehr der Journalist, der sich damit begnügte, das Handeln anderer aufzuzeichnen, der unerfahrene junge Mann, der in Sansibar staunend von Bord der *Falcon* gegangen war, der aufgeregte neue Anführer, der seine Karawane stolz durch die Straßen Bagamojos hatte marschieren lassen. Um Livingstone für den *New York Herald* zu finden, war er zu allem bereit. Als dann sogar einige seiner Männer beim Einsatz für seine Sache umkamen, waren das ganz neue Maßstäbe für den Abenteuerjournalismus.

Am meisten hatten Bombay und Shaw unter Stanleys Schikanen zu leiden. Die beiden bekamen seine ganze Frustration und Angst zu spüren. Der berühmte Bombay, der unermüdlich die Karawane antrieb und sich um alle täglichen Dinge wie die Essenszubereitung, den Auf- und Abbau des Lagers und den reibungslosen Ablauf des Vormarsches kümmerte, konnte Stanley gar nichts recht machen. Der Journalist wußte genau, daß Bombay für seine abenteuerlichen Reisen mit Burton, Speke und Grant die Silbermedaille der Royal Geographical Society bekommen hatte und von der erlauchten britischen Institution damit zu einem richtigen Entdecker gekürt worden war – eine Auszeichnung und Ehre, auf die Stanley auch in seinen kühnsten Träumen nicht zu hoffen wagte. Es schien, als versuche Stanley, sich mit Burton und Speke gleichzustellen, indem er den tapferen Bombay erniedrigte. In einem Zeitalter, in dem Rassismus nicht nur entschuldigt, sondern als ganz selbstverständlich betrachtet wurde, konnte Stanley mit Bombay ohne weiteres umspringen wie mit einem unwissenden Kind, auch wenn dieser fast zwanzig Jahre älter war als er. »Ich geriet so in Rage, daß ich begann, ihm alle seine Verfehlungen aufzuzählen«, schrieb Stanley, nachdem er Bombay eines Nachts am Lagerfeuer vor versammelter Mannschaft zusammengestaucht hatte. In Bombays Sündenregister kam eine verlorene Ziege vor, seine Angewohnheit, den ganzen Abend über ins Lagerfeuer zu starren, sowie die erfolglose Suche nach einem desertierten Koch. Noch am selben Abend degradierte Stanley ihn und ernannte Mabruki, einen Dieb mit verkrüppelten Händen, von dem er wußte, daß Bombay ihn verachtete, zu dessen Nachfolger.

Shaw dagegen hatte Stanleys Zorn viel eher verdient. Der Matrose hatte sich als fauler Hypochonder entpuppt, dessen Talent als Segelmacher nutzlos war und der aus lauter Angst vor Afrika ständig damit drohte, den Dienst zu quittieren. Shaw schikanierte die Träger und die Soldaten, ritt die ganze Zeit auf dem Esel, anstatt zu Fuß zu gehen, und litt an diversen Geschlechtskrankheiten – obwohl unklar war, ob er sie von seinen Reisen mitgebracht oder sich

Bombay und Mabruki

bei einem seiner zahlreichen Techtelmechtel mit afrikanischen Dorfbewohnerinnen angesteckt hatte. In Anerkennung seiner Autorität wollte der ehemalige Meuterer mit *Bana Mdogo,* »kleiner Herr«, angesprochen werden. Obwohl Stanley ihm Privilegien wie ein Zelt und gelegentlich auch einen Diener zugestand, war Shaws Angst nicht vereinbar mit Stanleys Forderung nach einem bedingungslosen Einsatz für die Sache. Schon zu Beginn der Reise hatte Shaw die Nerven verloren und Stanley einen undankbaren Sklavenschinder genannt, dem man nichts recht machen könne. Er hatte geschworen, Stanley zu verlassen und sich der nächsten Karawane Richtung Osten anzuschließen, der sie begegneten.

Stanley hatte ihn mit gleichgültiger Miene daran erinnert, daß er ihm in Sansibar einen Vorschuß auf seinen Lohn bezahlt habe – den er am Tag ihrer Abreise verzecht hatte – und er die persönlichen Habseligkeiten des Matrosen behalten müsse, falls dieser seinen Vertrag nicht erfülle.

Shaw hatte klein beigegeben, aber weiterhin behauptet, Stanley sei verrückt. So war es nur eine Frage der Zeit, bis sie das nächste Mal aneinandergerieten und dann auch Farquhar wieder die Szene betrat. In den meisten Fällen ist Meuterei eher ein kollektiver Akt der Verzweiflung als die Tat eines einzelnen, und solange Stanley der einzige Weiße war, gab es für Shaw keine Möglichkeit, seinem Zorn Luft zu machen. Er beherrschte weder Suaheli noch Hindustani, die beiden verbreitetsten Sprachen unter den Trägern und den Soldaten. Als jedoch Stanleys und Shaws fünfte Karawane Farquhars dritte einholte, änderte sich die Situation schlagartig.

Die dritte Kolonne war liegengeblieben, da Farquhar sich eine Elephantiasis zugezogen hatte, eine Leprakrankheit, die durch mikroskopisch kleine Fadenwürmer im Organismus ausgelöst wird. Die Parasiten blockieren die Lymphbahnen und verursachen eine Vergrößerung und Schwellung der Gefäße. Dabei können die Hoden eines Mannes einen Durchmesser von über dreißig Zentimetern erreichen und seine Arme und Beine so dick werden, daß sie aussehen wie prall gefüllte Würste. Sobald bei Farquhar die Schwellungen eingesetzt hatten, konnte er sich kaum mehr rühren, und das Reiten wurde zu einer einzigen Qual. Er war völlig entkräftet. Unfähig, die Reise fortzusetzen, ließ Farquhar in der Nähe des Dorfes Kiora das Lager aufschlagen und blieb in seinem Zelt, bis Stanley zwei Wochen später ankam.

Bei ihrer ersten Begegnung, als sie an Bord der Barke *Polly* von Bombay zu den Seychellen gesegelt waren, hatte Stanley zutiefst beeindruckt beobachtet, wie Farquhar einen anderen Matrosen verprügelt hatte. Zu Beginn der Afrikareise war dieser noch ein breitschultriger, kampflustiger Mann gewesen und hatte nur so vor Kraft gestrotzt. Obwohl Bauch und Nase seine Trunksucht verraten hatten, war er stämmig und muskulös gewesen, eine Persönlichkeit, die man nicht unterschätzen durfte.

Als Stanley jedoch Farquhars Zelt bei Kiora erreichte und nach seinem Ersten Offizier rief, war er entsetzt über den Fleischberg, der auf ihn zuwankte. Wie Stanley und Shaw hatte sich auch Farquhar mittlerweile einen Bart wachsen lassen. Darüber hinaus war er aber so fett, wie es niemand in einem Land wie diesem sein sollte, wo Nahrung ein so kostbares Gut war. »Als Farquhar meine Stimme vernahm, stolperte er aus seinem Zelt. Der geschniegelte Offizier, mit dem ich Bagamojo verlassen hatte, sah aus, als hätte man ihn gemästet«, schrieb Stanley verwundert, »so wie wir es mit den Gänsen und Truthähnen für den Weihnachtsbraten machen.«

Farquhar war eindeutig krank. Sein kleines Geheimnis war jedoch, daß er in Kiora auf großem Fuß gelebt hatte und ihm Stanleys Mission so gleichgültig gewesen war, daß er fast den ganzen Stoff, der der dritten Karawane geblieben war, gegen ein tägliches Festmahl aus Ziegen, Eiern und Hühnern eingetauscht hatte. Farquhars neuer Körperumfang stach um so mehr ins Auge, als Stanley im Vergleich zu ihm aussah wie ein wandelndes Skelett. »Nicht ohne Erstaunen betrachtete ich Farquhars aufgedunsene Wangen und seinen angeschwollenen Hals. Auch seine Beine waren wuchtig, geradezu elefantenartig«, schrieb Stanley. Es war ihm schleierhaft, wie jemand mit einem derartigen Appetit gleichzeitig behaupten konnte, sich schwach und elend zu fühlen. Er war davon überzeugt, daß Farquhar nichts anderes als ein unersättliches Monstrum war, das auf Kosten des *New York Herald* lebte.

Am Abend ließ Stanley den erschöpften Farquhar von vier Trägern in sein Zelt schleppen, um ihn wegen der eingetauschten Stoffe zur Rechenschaft zu ziehen. Er wollte hören, womit Farquhar Zeit, Geld und die Arbeitskraft der Gruppe verschwendet hatte. Doch obwohl Stanley ihn in die Enge trieb, konnte der Matrose, der, alle viere von sich gestreckt, auf dem dünnen Teppich in Stanleys kleinem Zelt dalag, keinen klaren Gedanken fassen. Seine Antwort war umständlich und ausweichend. »Was er getan hatte und was nicht, wieviel er von den Stoffen und Perlen ausgegeben hatte und wieviel behalten, klang so wirr«, schrieb Stanley wütend, »daß ich schon selbst das Gefühl hatte, hilflos dem Irrsinn ausgeliefert zu sein.«

Stanley blieb nichts anderes übrig, als Farquhar von seiner Pflicht zu entbinden. »Ein arabischer Herr hätte ihm für seine Verschwendungssucht und Schwachsinnigkeit den Kopf abgeschlagen«, meinte er. Eigentlich hätte er Farquhar zurücklassen und ihn den Heimweg allein finden lassen müssen, doch statt dessen schloß er die dritte und die fünfte Karawane zusammen und setzte Farquhar auf einen Esel. Der Weg nach Udschidschi führte über ein steiles Gebirge, und schon der Ritt allein würde für den aufgedunsenen Farquhar eine Höllenqual sein. Jeder Stoß, jedes Schwanken des Esels, das ihn hilflos zu Boden warf, war Strafe genug für seine Unfähigkeit.

Das Rubeho-Gebirge war ihre nächste Herausforderung. Sir Roderick Murchison hatte einmal die Theorie aufgestellt, daß sich in der Mitte Afrikas eine Senke befand, die von einer Gebirgsebene ringförmig umschlossen war. Stanley befand sich zwar eineinhalbtausend Kilometer östlich der Sümpfe, die in der Mitte des späteren Belgisch-Kongo liegen, doch das Rubeho-Gebirge bestätigte zumindest den zweiten Teil der Theorie. Es verlief in Richtung Nord-Nordost ungefähr parallel zur Küste Ostafrikas und war mit seinen bis zu 2438 Meter hohen, zerklüfteten Gipfeln ein besonders eindrucksvolles Beispiel für eine plattentektonische Hebung.

Das erste Drittel der Reise war geschafft. Der Urwald lag weit hinter ihnen, und an seine Stelle rückte eine »Wildnis aus Aloe und Kaktuspflanzen, in der aber hauptsächlich der Kolquall und verschiedene Dornbüsche wuchsen«. Die Karawane gelangte in eine Mondlandschaft aus rotem Sandstein, aus der nur noch hier und da vereinzelte Dörfer hervorstachen. Für Shaw und Farquhar hatten die Berge eine besondere Bedeutung. Waren sie erst einmal dort angekommen, gab es für sie kein Zurück mehr, denn sie würden sich mitten in Afrika befinden. Die Karawane dann zu verlassen, würde um einiges schwieriger sein. Der Gedanke an Meuterei schoß ihnen durch den Kopf.

Shaw stellte Stanleys Geduld bereits in der ersten Nacht im Rubeho-Gebirge auf die Probe. Er war zu krank gewesen, um laufen zu können, und hatte sich auf einem Eselskarren durch die Berge ziehen lassen. Der holprige Weg war jedoch nicht für ein so sperriges Gefährt geeignet. Stanley hatte daher einen Boten zu Shaw zurückgeschickt, mit der Nachricht, er solle den Karren stehen lassen und so schnell wie möglich zu Fuß nachkommen. Als Shaw dann vier Stunden später bei der Karawane auftauchte, schleppte einer der Träger den Karren auf dem Kopf, während Shaw auf einem Esel hinterherbummelte. Vornübergebeugt und mit einem spitz zulaufenden, chinesisch wirkenden Hut auf dem Kopf, bot er einen erbärmlichen Anblick. Die halbnackten Träger dagegen, deren einzige Kleidung ein Stück Stoff war, das sie sich wie einen Rock um die Hüfte gewickelt hatten, sahen lange nicht so erschöpft aus wie Shaw. Auch sie waren zum Teil krank, mußten aber weitergehen, wenn sie nicht als Beute für Hyänen und Löwen zurückgelassen werden wollten – mit dem Eselskarren jedenfalls konnten sie nicht fahren. Shaw »ritt in einem Tempo, aus dem sich mir nicht erschloß, ob er oder das Tier müder war«, schrieb Stanley.

Wütend befahl er dem Träger, den Karren in den nächsten Graben zu werfen, und hielt Shaw vor seinen Männern eine Strafpredigt. Dann befahl er ihm, abzusteigen und zu Fuß weiterzugehen, weil der Esel zum Transport der Vorräte benötigt werde.

Nach drei Tagen gespannter Atmosphäre brachte Shaw den Mut auf, Stanley gegenüberzutreten. Er und Farquhar kamen bereits schlechtgelaunt zum Frühstück. Stanley wünschte ihnen einen guten Morgen, erhielt aber keine Antwort. Er hatte bemerkt, daß die beiden während der vergangenen Tage lebhaft miteinander diskutiert hatten, doch jetzt erst dämmerte ihm, daß sie sich über ihn unterhalten haben mußten. »Selim«, wies er seinen Diener an, »bring das Frühstück.«

Leber, gebratene Ziege, Pfannkuchen und Kaffee wurden aufgetragen. Shaw verschmähte das Essen als »Hundefraß« und machte dann seinem Ärger Luft. »Es ist eine Schande, wie Sie uns behandeln«, meinte er. »Ich dachte, wir würden jeden Tag Esel zum Reiten haben und jemanden, der uns bedient. Statt dessen muß ich nun Tag für Tag zu Fuß durch die glühende Hitze gehen, bis ich das Gefühl habe, ich wäre lieber in der Hölle als auf dieser verfluchten Expedition!«

»Haben Sie schon einmal daran gedacht, daß Sie mein Diener sind, Sir, und nicht mein Kamerad?« entgegnete Stanley gelassen.

»Diener! Zum Teufel damit!«

Der Schlag kam wie aus dem Nichts. Stanleys Faust schoß über den Feldtisch, und Shaw ging zu Boden. Dann befahl Stanley den Soldaten, Shaws Gewehr und Pistole sicherzustellen, sein Zelt abzubrechen und seine persönlichen Sachen zweihundert Meter außerhalb des Bomas liegenzulassen.

Shaw mußte mit ansehen, wie Bombay mit vier Soldaten sein Zelt abbaute, Stanley seine Waffen brachte und seine Habseligkeiten zusammensuchte. »Gehen Sie jetzt, Sir«, wies Stanley den jungen Matrosen an. »Die Männer werden Sie aus dem Lager bringen und Sie mit Ihrem Gepäck dort zurücklassen.«

Shaw aber wollte Stanley hinters Licht führen. Er verließ das Lager mit Bombay und dessen Männern, und kurze Zeit später konnte Stanley sie ohne Shaw zurückkommen sehen. Als er aber mit Farquhar im Zelt weiterfrühstückte und ihm möglichst schonend beizubringen versuchte, daß es nicht unbedingt im Interesse der *New York Herald*-Expedition lag, die Reise mit ihm fortzusetzen, tauchte plötzlich Bombay im Zelteingang auf und meinte: »Mr. Shaw würde Sie gern sprechen.«

»Ich ging hinaus zum Tor des Lagers, wo ich auf Shaw traf. Er machte einen äußerst zerknirschten und beschämten Eindruck«, schrieb Stanley später, »kam einen Schritt auf mich zu und bat mich um Verzeihung. Er flehte mich an, ihn doch wiederaufzunehmen, und versprach, ich sollte nie wieder etwas an ihm auszusetzen haben.«

Die beiden reichten sich die Hand. »Sprechen wir nicht mehr darüber, mein lieber Freund«, gab Stanley zurück. »Streitereien kommen in den besten Familien vor. Jetzt, wo Sie sich entschuldigt haben, ist die Sache erledigt.«

Doch Shaw war keineswegs so zerknirscht, wie er vorgab. Der Rest des Tages verlief ohne Zwischenfälle, und als am Abend Ruhe in das Lager einkehrte, schien alles in bester Ordnung. Am nächsten Morgen wollten sie nach Mpapwa weiterziehen, einem Dorf in einem waldigen Tal zwischen grünen Hügeln, etwa zweihundertfünfzig Kilometer von der Küste entfernt, das seit jeher als Station für die arabischen Karawanen diente. Stanley freute sich schon. Fast alle seine Esel waren verendet, doch in Mpapwa konnte er sicher neue Träger anwerben.

Stanley ging in sein Zelt und kletterte in die Hängematte. Da er kein Moskitonetz hatte, scheuchte er die Insekten mit der Hand weg. Dann starrte er zur Decke des Zeltes hinauf, bis er irgendwann einschlief. Plötzlich knallte ein Schuß. Eine Kugel durchbohrte die Zeltwand und pfiff an Stanleys Kopf vorbei. Sie hatte ihn nur um wenige Zentimeter verfehlt. Stanley stürzte barfuß aus dem Zelt und brüllte die Träger an, die um das Feuer kauerten: »Wer hat da geschossen?« Die Männer hockten dicht beieinander, denn die Nachtluft im Gebirge war frisch.

»*Bana Mdogo*«, kam die Antwort.

Stanley schnappte sich zwei Pistolen, eine links, eine rechts, stapfte zu Shaws Zelt hinüber und warf die Klappe am Eingang zurück. Shaw atmete tief, als schlafe er. Seine Waffe lag neben ihm. Stanley hob sie auf und berührte den Lauf – er war noch heiß. »Ich würde Ihnen empfehlen, in Zukunft nicht mehr in mein Zelt zu schießen«, sagte er zu Shaw, der sich regte. »Sie könnten mich dabei böse verletzen.«

Stanley erwähnte den Vorfall Shaw gegenüber nie wieder. Er war überzeugt, daß sich die Situation entspannen würde, wenn die Karawane endlich Mpapwa erreichte. Im großen und ganzen hatte Stanley damit auch recht. Die vielen Annehmlichkeiten und vor allem das Essen, das es in Mpapwa im Überfluß gab – Eier, Milch, Hammelfleisch, Honig und Bohnen –, entschädigte sie für all die Entbehrungen und Strapazen der Reise, die zum Teil der Grund für die rebellische Atmosphäre gewesen waren. »Gott sei's gedankt!« schrieb Stanley an diesem Abend in sein Tagebuch. Zu Hunderten krabbelten die Ohrwürmer in seinem Zelt herum, so daß es ihm schwerfiel, sich zu konzentrieren. »Nach siebenundfünfzig Tagen zähem Ziegenfleisch und Hafergrütze aus Matama [einer Hirseart; Anm. d. Übers.] habe ich mit salbungsvoller Hingabe wieder einmal ein richtiges Frühstück und Abendessen genossen.« Shaw vernaschte außer diesen Köstlichkeiten auch noch ein paar Frauen, denn in Mpapwa befand sich gerade eine arabische Karawane aus fast tausend Sklaven und Sklaventreibern, die auf ihrem Rückweg nach Bagamojo dort Rast machten. Die Frauen wurden als Prostituierte angeboten.

Abdullah bin Nasib, der große, nervöse Mann, der die Karawane anführte, behauptete zu wissen, wo sich Livingstone aufhielt. »Abdullah hat mir von L. berichtet«, schrieb Stanley. »Angeblich ist er nach Maurieria gegangen, das einen vierwöchigen Fußmarsch von Udschidschi entfernt liegt. Er habe sich bei der Büffeljagd ins Bein geschossen. Sobald er wieder gesund sei, werde er nach Udschidschi zurückkehren.«

Wenn Nasib die Wahrheit sprach, dann war Livingstone am Leben und auf dem Weg nach Udschidschi. Die Pause in Mpapwa entpuppte sich als ein wahrer Segen.

Stanley war von der Umgebung des Dorfes zutiefst beeindruckt. Die Hänge waren von dichten Wäldern mit Sykomoren, Akazien und Mimosen überzogen, durch die zahlreiche Bäche plätscherten. Während der Reise hatte Stanley kaum Zeit gehabt, allein zu sein und nachzudenken, so daß er jetzt die Gelegenheit nutzte und sich für ein paar Stunden davonstahl. Er stieg einen der Hügel bis zum Gipfel hinauf und folgte mit den Augen der Route, auf der er gekommen war. »Der Blick schweift Hunderte von Quadratkilometern weit über Berg und Tal, von der Spitze des Ugombo bis nach Ugogo, vom Rubeho- und Ugogo-Gebirge bis zum purpurroten Weideland der wilden, unbezwingbaren Wahumba«, beschrieb Stanley überwältigt den Ausblick.

Dann ließ er die Augen über das unfruchtbare Land im Westen wandern, das sie bald durchqueren würden. »Die Ebene von Ugombo und die angrenzende Marenga Mkali waren nur dem ersten Anschein nach so flach wie das Meer«, hielt er in seinem Tagebuch fest, »im Grunde aber übersät mit ›kleinen Hügeln, von der Natur in wilder Hast verstreut‹, die in der dunklen, grünen Weite wie Inseln aussahen. Wo der Urwald dichter war, hatte die Ebene eine teils grüne, teils dunkelbraune Färbung, wo das Flachland von Buschwerk und Gestrüpp entblößt war, eine weißlich-braune, auf die vereinzelt vorbeiziehende Wolken ihre dunklen Schatten warfen. Der Blick auf diese Seite war nicht gerade einladend. Zu deutlich zeigte sich hier die echte Wildnis in ihrer unerbittlichsten Form. Doch vielleicht war ich auch voreingenommen, da ich wußte, daß es in der endlosen Weite, die vor mir lag, keinen Tropfen Wasser geben würde, der nicht nach bitterem Salpeter schmeckte und so ungenießbar war wie Urin.«

Henry Morton Stanley konsultiert eine Afrikakarte.

Nach drei erholsamen Tagen brach die Karawane am 21. Mai aus Mpapwa auf. Stanley hatte im Dorf für die Lasten, die zuvor die Esel getragen hatten, Träger angeworben und sich mit neuen Lebensmittelvorräten ausgestattet und führte die Gruppe jetzt »nach Westen, immer nach Westen«. Die Rast hatte der Karawane gutgetan.

Der einzige der *New York Herald*-Expedition, der die Ruhe in Mpapwa nicht hatte genießen können, war Farquhar. Die Elephantiasis machte ihm schwer zu schaffen. Er konnte nicht laufen und war so dick, daß bereits zwei Esel tot unter seinem Gewicht zusammengebrochen waren. Als es schließlich Zeit wurde weiterzuziehen, hatte Stanley genug von ihm. Natürlich war es eine harte Entscheidung, ihn mitten in Afrika zurückzulassen, aber Stanley blieb keine andere Wahl: »Es war besser, ihn hier, an einem ruhigen Ort, unter der Obhut eines guten Häuptlings zu lassen, der sich gegen ein Entgelt um ihn kümmerte, bis er genesen war.«

Für den Fall, daß sich Farquhars Zustand verschlechterte, notierte Stanley sich in sein Tagebuch Name und Anschrift von Farquhars nächster Angehöriger, einer Schwester in Edinburgh. Ein Träger namens Jako, der Englisch sprach, wurde beauftragt, den sterbenden Seemann zu bewachen. Stanley versorgte Jako mit Stoffen, Tee, einem Karabiner und dreihundert Schuß Munition zu seinem Schutz und zum Tauschen. Niemand war unglücklicher über diese Lösung als Shaw, denn er verlor damit seinen einzigen Verbündeten. Die Träger dagegen haßten den Schotten wegen seiner Schimpfkanonaden und seiner Brutalität und äfften ihn so gekonnt nach, daß selbst Stanley lachen mußte. Da er seine eigenen Schwächen verachtete und deshalb gegenüber denen anderer Leute besonders kritisch war, fand er, daß Farquhar die Beleidigungen verdient hatte. »Mit seiner völligen Unfähigkeit, sogar die einfachsten Dinge selbst zu verrichten, war Farquhar zum Gespött der ganzen Karawane geworden«, schrieb Stanley. Er war froh, ihn endlich los zu sein und nun auf schnellstem Wege weiter nach Udschidschi reisen zu können.

Fünf Tage später starb Farquhar. Er hatte versucht, aus dem Bett zu steigen, und war gestürzt. Die Einheimischen wußten nicht, wie sie die Leiche des Weißen am besten beseitigen sollten, und schleiften sie in den Urwald, wo die Hyänen sie bald finden würden. »Jetzt sind wir also einer weniger«, bemerkte Stanley gegenüber Shaw, als arabische Händler ihm die Nachricht überbracht hatten. »Wer wohl der nächste sein mag?«

Stanleys sarkastische Andeutung sollte sich schon bald auf schaurige Weise bewahrheiten: Tatsächlich würde nur einer der beiden Sansibar lebend wiedersehen.

Kapitel 15

Gondokoro

26. Mai 1871,
Gondokoro am oberen Nil,
1200 Kilometer von
Livingstone entfernt

Sir Samuel White Baker hatte guten Grund, stolz zu sein. Vor ihm, auf dem neuen Paradeplatz am Nilufer, standen seine Soldaten sauber herausgeputzt in Reih und Glied. Um fast der gesamten Länge des Nils zu folgen und in Gondokoro eine militärische Basis der Briten zu errichten, hatte er zwar beinahe anderthalb Jahre gebraucht, doch nun war es geschafft. Er befand sich vier Grad nördlich des Äquators. Udschidschi lag zufällig genau vier Grad südlich des Äquators.

Es ging ein leichter, böiger Wind, und die Temperaturen lagen bei knapp dreißig Grad. Aus der Entfernung starrten Einheimische vom Stamme der Baris zu ihnen herüber. Sie waren nackt und beobachteten neugierig den untersetzten, bärtigen Mann, der eine sonderbar feierliche Ansprache hielt. Baker teilte der versammelten Truppe mit, daß der neue britische Außenposten nun eine Kolonie sei und Equatoria heiße. Jetzt wolle er die Suche nach Livingstone in Angriff nehmen und sämtliche Einzelheiten über dessen Aufenthaltsort in Erfahrung bringen.

Auf Bakers langer Reise am Fluß entlang hatte es Momente gegeben, in denen er glaubte, er würde Gondokoro niemals erreichen. So hatte ihm beispielsweise der Sudd fast das Genick gebrochen. Das Sumpfgebiet am Nil, achthundert Kilometer südlich von Khartoum, war das gefährlichste Stück Fluß, das es auf der Welt gab. Aus dem Victoriasee wurden Papyrusstauden und Geröll flußabwärts geschwemmt, die den Nil im Sudd verstopften und ihn völlig zum Stillstand brachten. Die Ufer des aufgestauten Flusses, die kaum mehr erkennbar waren, bestanden nur aus lockerem Erdreich und undurchdringlichem Urwald und erstreckten sich etwa hundertfünfzig Kilometer in beide Richtungen. In der stinkenden Brühe lauerten Krokodile und Flußpferde, lautlos wanden sich Schlangen durch Schilf und Bäume. Die Sonne stand glühend heiß am Himmel wie die Spitze einer brennenden Zigarre. Der Sudd war weder Land noch Fluß, und Bakers Expedition steckte schon seit Wochen darin fest.

Eine kleinere Expedition hätte nach einem anderen Weg suchen und sich möglicherweise durch das Unterholz am Flußufer kämpfen können, doch Baker führte eine ganze Armee an. Unter seinem Kommando standen eintausendsiebenhundert sudanesische und ägyptische Soldaten. Achtundvierzig Scharfschützen behielten ihn und seine Frau Florence rund um die Uhr im Auge. Baker hatte einen Leibdiener, einen Arzt, zwei Ingenieure, einen Krämer, einen Dolmetscher und einen Schiffsbauer mit dabei, die er um Rat fragen konnte, wenn er nicht weiter wußte. Eine Ausweichroute konnte nur mit einem Fiasko enden.

Außerdem wollte Baker die Boote nicht zurücklassen. Er hatte eine ganze Flotte dabei. Um seine Männer von Kairo nach Khartoum zu transportieren, eine Strecke von zweitausendvierhundert Kilometern, waren fünfundfünfzig Segelschiffe und neun Dampfer erforderlich gewesen. Der größte von ihnen war dreißig Meter lang und hatte ein Gewicht von über zweihundertfünfzig Tonnen. Am 8. Februar 1870 hatte Baker mit seiner Frau, seinen Helfern, seiner Armee und seiner Armada den Anker gelichtet. Die geplante Route sollte sie durch den Sudd führen und dann zur verlassenen österreichischen Missionsstation Gondokoro, die achthundert Kilometer jenseits des Sumpfes lag. Dort angekommen, würden sie das Gebiet beanspruchen, einen militärischen Vorposten aufbauen und mit ihren Erkundungen beginnen. Wie Baker Murchison versprochen hatte, war die Suche nach Livingstone eines seiner wichtigsten Ziele.

Baker wußte, wie er mit ungünstigen oder außergewöhnlichen Reisebedingungen fertigwurde. Bevor er Entdecker geworden war, hatte er zwei Jahre lang den Bau der Eisenbahnstrecke entlang der Donau zum Schwarzen Meer beaufsichtigt. Anschließend, im Jahr 1861, war er nach Afrika auf Großwildjagd gegangen. Die Suche nach der Nilquelle war für ihn nichts anderes als ein weiteres Abenteuer. Gemeinsam mit Florence – dem ungarischen Energiebündel, das er später heiratete – bahnte er sich von Kairo aus einen Weg entlang des Nils. Im März 1863 begegneten sie vier Grad nördlich des Äquators Speke und Grant. Obwohl sie von Spekes Hypothese über den Victoriasee als Nilquelle erfuhren, reisten sie in der Hoffnung, eigene Entdeckungen zu machen, weiter. Am 14. März 1864 stießen die beiden ein Stück nördlich des Victoriasees auf einen weiteren See, den sie Albertsee nannten, nach dem verstorbenen Gemahl der Königin.

Königin Viktoria war jedoch verärgert, als sie hörte, daß Baker und Florence unverheiratet waren und – was sie für noch schlimmer hielt – daß die Ungarin katholisch war. Obwohl Florence nach ihrer Rückkehr nach England zum Anglikanismus konvertierte und sich die beiden kurze Zeit später trauen ließen, stand der unkonventionelle Charakter ihrer Tour zum Albertsee in krassem Gegensatz zu dem spirituellen Eifer, den die britische Öffentlichkeit in Livingstones Reisen zu entdecken glaubte.

Trotzdem war es Baker, der damals die stärkste Anteilnahme für Livingstones mißliche Lage zeigte und am 8. März 1867, als Berichte über eine Ermordung Livingstones auftauchten, als erster zur Feder griff und Murchison schrieb. »Ich würde lieber auf diese Weise ums Leben kommen«, meinte er zu dem angeblichen Angriff der Masitus auf den Entdecker, »als langsam von einem Arzt vergiftet zu werden; für den letzten Atemzug eines Afrikaforschers ist der harte Erdboden Afrikas allemal ein angemesseneres Lager als ein Daunenkissen in der zivilisierten Welt. Mir scheint, als habe Livingstones Schicksal auf alle Afrikareisen einen Schatten geworfen, als höhnten die Zeitungen, wie närrisch die Forscher seien, die sich den Gefahren Afrikas aussetzen. Sollte England wirklich so feige geworden sein und so verweichlicht, daß man gefährliche Länder nicht mehr bereist, da sie einigen zum Verhängnis werden, dann ist es an der Zeit, die englische Flagge einzuholen und zuzugeben, daß es mit dem englischen Geist bergab geht. Ich stehe zu Ihrer Verfügung«, schloß er und bot sich Murchison für weitere Entdeckungsreisen an, »als Ihr ergebener Diener«.

Bakers offener Brief zeugte von seinen vielfältigen Interessen und Begabungen. Im Laufe seines Lebens hatte er in Ceylon eine landwirtschaftliche Kommune gegründet, in Indien Tiger erlegt, in Rußland Bären gejagt und seine erste Nil-Expedition unternommen, ganz einfach weil er es spannend fand, immer wieder neue Länder kennenzulernen. Als die Bakers einmal von einem afrikanischen Herrscher als Geiseln festgehalten wurden und dieser dem verwahrlosten Briten vorschlug, die Ehefrauen zu tauschen, drückte Baker dem Mann frech einen Revolver in die Magengrube, um ihm zu zeigen, wie wenig er von dieser Idee hielt. Dann stürzte sich auch noch Florence auf den Herrscher und beschimpfte ihn auf ungarisch.

Die Schwierigkeiten im Sudd hatten sie jedoch ein ganzes Jahr gekostet. Hunderte von Männern waren bei dem zermürbenden und letztendlich vergeblichen Versuch, einen Kanal durch den Sumpf zu graben, gestorben. Als Baker Männer und Material schließlich durch den Morast schaffte, indem er einen provisorischen Damm errichtete, der den Wasserspiegel so steigen ließ, daß sie mit den Schiffen fahren konnten, war er äußerst erleichtert.

Mit der Feier warteten sie jedoch bis Gondokoro. Am 26. Mai 1871, nur fünf Tage nach Stanleys Aufbruch aus Mpapwa, befahl Baker seinen verbliebenen zwölfhundert Soldaten, in sauberen Uniformen anzutreten. Die winzige Siedlung befand sich auf einem Hügel über dem Nil. Nur wenige hundert Kilometer weiter südlich lag der Tanganjikasee und – was von größerer Bedeutung war – Udschidschi. Sie hatten die verfallenen roten Ziegelhütten und Schuppen der österreichischen Missionsstation wiederaufgebaut und daneben ein Fort aus drei Haupthäusern errichtet sowie eine Ortschaft im afrikanischen Stil mit Hütten aus Lehm und Stöcken und mit kegelförmigen Dächern. Umgeben war das Ganze von einem Zaun, der am Nil begann und sich dann landeinwärts um die Siedlung zog. Außerdem hatte man Gemüsegärten angelegt. Bakers Schiffe waren entlang der Uferböschung vertäut, mit Ausnahme des größten Dampfers, der mit dem Rumpf voraus in einer kleinen Hafeneinfahrt lag. Um zu beweisen, daß er seine Wurzeln als Ingenieur nicht vergessen hatte, bastelte Baker sogar an einem Destillierapparat.

Das Festmahl der Bakers an diesem milden Maiabend bestand aus Roastbeef, Plumpudding und Rum. Die Feier hatte ihnen vor Augen geführt, daß sie ihre Ziele zwar langsam, aber letztendlich doch alle erreicht hatten. Baker hatte die wichtigste militärische Präsenz der Briten im Landesinneren geschaffen. Er führte den neuen Vorstoß nach Afrika an und hoffte, den Handel in dieser Region aufbauen und die Sklaverei ausrotten zu können. Außerdem war er wild entschlossen, Livingstone überall zu suchen, und hatte sich bereits angewöhnt, sämtliche Durchreisende nach Hinweisen auf den unauffindbaren Forscher auszufragen.

Was Sir Samuel White Baker und seine bezaubernde Frau Florence nicht wußten, war, daß sie an diesem Abend fast genauso weit von Udschidschi entfernt waren wie Stanley.

Teil Drei

Wiedergeburt

Kapitel 16

Wiedergeburt

31. Mai 1871,
in der Marenga Mkali,
950 Kilometer von
Livingstone entfernt

Folgte man der ostafrikanischen Handelsstraße von Bagamojo nach Udschidschi, dann kam man zwischen dem Tiefland der Küste und den höhergelegenen Savannen im Landesinneren durch die karge Marenga Mkali. Sie bildete das Tor zum pulsierenden Herzen Afrikas und war die reinste Hölle auf Erden. In dem Gebiet, das einen Durchmesser von knapp fünfzig Kilometern hatte, herrschten Hitze, Staub und ein extremer Wassermangel. Sie machten unmißverständlich klar, daß der weitere Weg nicht einfacher werden würde. Um die Mittagszeit herrschten Temperaturen von bis zu fünfzig Grad. Skorpione sowie weiße und rote Ameisen sorgten dafür, daß die Nächte im Lager zu einer heiklen Angelegenheit wurden. Die kleinsten Insekten arbeiteten sich bis in die Lebensmittel, das Bettzeug, die Kleidung und die Ohren vor. Außerdem fegte ein glühend heißer Wind über die Ebene und drückte einem Sand in Augen und Nase. »Nicht ein Tropfen Wasser war zu finden«, fluchte Stanley. Schon nach kurzer Zeit erkrankte er an Malaria und mußte sich von Bombays Soldaten tragen lassen.

Mitten in der unwirtlichen Weite der Marenga Mkali war Henry Morton Stanley hilflos wie ein Kind – was irgendwie paßte, denn hier, im Inneren Afrikas, wurde er zum zweiten Mal geboren. In einer Umgebung, in der nichts zählte als das nackte Überleben, waren Stanleys Lebenslügen fehl am Platz. Statt dessen bündelten sich all seine Erfolge, Bemühungen und Rückschläge, seine Neurosen, Hoffnungen und Träume und wurden zu einem Rettungsseil, an dem er sich während der gesamten Reise durch die Marenga Mkali festklammern konnte.

Seit Stanley erwachsen war, hatte er einen Sack voller Lügen mit sich herumgeschleppt, in den er griff, sooft er ein bestimmtes Image benötigte. Die größte Lüge betraf seinen Namen, die zweitgrößte seine Nationalität. Anfangs kannte nur ein kleiner Kreis die Wahrheit, doch im Lauf der Reise und durch die Veröffentlichung seiner Berichte in Bennetts Zeitung kam irgendwann alles ans Licht.

Stanleys richtiger Name war John Rowlands. Er war in Denbigh auf die Welt gekommen, einem kleinen walisischen Ort südwestlich der großen Hafenstadt Liverpool. Seine Mutter, die damals neunzehnjährige Betsy Parry, war die Dorfhure, sein Vater, dessen Namen er trug, der größte Säufer in ganz Denbigh. »John Rowlands – unehelich«, lautete der Eintrag vom 28. Januar 1841 im Kirchenbuch der St. Hilary's Church. Einen zweiten Vornamen hatte man ihm nicht gegeben.

Betsy schob das Kind sofort zu ihrem Vater ab. Als der kleine Rowlands fünf Jahre alt war, fiel der gütige alte Moses Parry eines Tages bei der Feldarbeit einfach tot um. Der Junge kam in die Obhut eines älteren Ehepaares, der Prices, die allerdings nicht wußten, was sie mit einem Fünfjährigen anfangen sollten. Schon kurze Zeit später geschah etwas, was geradewegs aus einem Dickens-Roman stammen könnte: Dick, der Sohn der Prices, nahm den Jungen mit und erklärte ihm, sie würden in einem der benachbarten Dörfer eine Tante besuchen gehen.

Statt dessen aber sollte er Rowlands aussetzen. »Dann hob mich Dick vor einem riesigen Steinhaus von seinen Schultern, und als wir durch das große Eisentor traten«, erinnerte sich Stanley, »tauchte an der Türe ein fremder Mann auf. Er blickte mich finster an und zog mich trotz meines lautstarken Protests nach drinnen, während Dick mich mit dem Versprechen abzuspeisen versuchte, er würde nur kurz fortgehen und dann mit meiner Tante Mary wiederkommen. Sobald sich die Türe mit einem hallenden Geräusch hinter ihm schloß, überfiel mich ein schreckliches Gefühl völliger Einsamkeit.«

Das St. Asaph Union Workhouse war ein Armenhaus, in dem vierzig Jungen und dreißig Mädchen lebten. Das Kommando führte ein psychotischer ehemaliger Grubenarbeiter namens James Francis, dem die linke Hand fehlte. »Für die Jüngeren ist es die reinste Folterkammer«, erzählte Stanley später. Die Kinder mußten zu zweit in einem Bett schlafen, wobei zum Teil auch Jugendliche mit ganz Kleinen zusammengelegt wurden. »Von klein auf«, stellte eine 1847 durchgeführte Untersuchung der Schulbehörde über die Zustände im St. Asaph's fest, würden die Kinder »Dinge lernen und ausprobieren, die nicht gut für sie sind.« So mußte der kleine Rowlands, der ohnehin entmutigt und verwirrt war, weil man ihn einfach so ausgesetzt hatte, zudem bald erkennen, wie hilflos er war, wenn die größeren Jungen ihn streichelten und sich an ihm vergingen, während er eigentlich nur schlafen wollte. In diesen Jahren entstand auch Stanleys sexuelle Zwiespältigkeit: Zeit seines Lebens fühlte er sich zu Frauen hingezogen, hatte aber auch zweifelhafte Bekanntschaften mit jungen Burschen.

Rowlands wurde sich besonders schmerzlich bewußt, daß er im Grunde soviel wie ein Waise war, als seine Mutter im Armenhaus auftauchte. Er war damals gerade zwölf Jahre alt. Betsy Parry, eine große Frau mit einem ovalen Gesicht und langem, schwarzem Haar, das sie auf dem Kopf zu einem Knoten zusammengebunden hatte, war ins St. Asaph's gekommen, um zwei weitere uneheliche Kinder dort abzugeben.

Als Rowlands erfuhr, daß die Frau seine Mutter war, schaute er schüchtern zu ihr hinüber. Sie starrte zurück, als erwarte sie, bei dem Jungen irgendwelche körperlichen oder geistigen Defekte zu erkennen. »Ich hatte damit gerechnet, daß mich ein Gefühl von Zuneigung zu ihr überkommen würde, doch ihr Blick war so eisig, daß sich das Innerste meines Herzens wie mit einem Ruck verschloß«, schrieb er über diesen Tag.

Als Rowlands mit fünfzehn Jahren aus dem St. Asaph's entlassen wurde, besaß er Grundkenntnisse im Lesen, Schreiben und Rechnen und den Ruf, Francis' Liebling zu sein. Der Junge war klein, pummelig und liebeshungrig und hatte außerhalb des Armenhauses keine Freunde. Er versuchte mehrmals, Kontakt zur Familie seiner Mutter aufzunehmen, wurde aber fast immer abgewiesen. Einmal hatte er Glück, und eine Tante in Liverpool erlaubte ihm, bei ihr zu übernachten. Kaum war Rowlands am nächsten Morgen losgezogen, um Arbeit zu suchen, verkaufte sie seinen einzigen Anzug.

Rowlands flüchtete sich in die Welt der Bücher: »Ich entdeckte meine Leidenschaft für das Lesen und vertiefte mich völlig in die Lektüre, achtzehn Stunden am Tag.«

Dann fand er kurzzeitig Anstellung in einem Geschäft für Herrenbekleidung und als Laufbursche für eine Metzgerei. Auf etwas anderes als niedere Arbeit hatte man ihn im Armenhaus nicht vorbereitet. Er schien dazu verdammt, auch weiterhin eine ebenso kümmerliche Existenz zu führen wie eine Dickenssche Romanfigur und sich damit zufriedenzugeben, was das Britische Weltreich einem armen Teufel wie ihm von seinem Festmahl übrigließ. Es war durchaus damit zu rechnen, daß er das dreißigste Lebensjahr nicht mehr erreichen würde.

Doch eines Tages mußte der siebzehnjährige Rowlands einen Botengang für die Metzgerei erledigen, die ihn zum Liverpooler Hafen führte, einem faszinierenden Ort, wo immer etwas los war. Hunderte von Schiffsmasten ragten in den Himmel. Junge Burschen, nicht älter als er, kletterten an den Webeleinen in die Takelage hinauf. Die Matrosen hatten Zöpfe und liefen mit einem breitbeinigen Seemannsgang herum, wie sie es auch an Bord taten, um das Gleichgewicht zu halten. Mit der salzigen Luft wehten Dialekte, Düfte und Denkweisen aus der ganzen Welt durch die überfüllten Hafenkneipen. Auf einen Jungen, der fremde Länder nur aus Büchern kannte und noch nicht einmal in London gewesen war, wirkte der Geruch von Salz und Teer im Hafen wie eine Droge.

Eines der Schiffe war die *Windermere*. Das amerikanische Handelsschiff transportierte Baumwolle von New Orleans nach Liverpool und kehrte mit fertigen Erzeugnissen aus den britischen Textilfabriken zurück. Mit einem raffinierten Trick hielt der Kapitän, ein Mann namens David Hardinge, seine Kosten für diese Fahrten auf einem Minimum: Um für die Atlantiküberfahrt junge Burschen als Matrosen anzuheuern, versprach er ihnen eine Stelle als Kabinensteward mit einem Lohn von fünf Dollar im Monat. Bei der Rekrutierung zeigte er sich noch freundlich und väterlich, doch im Grunde machte er ihnen nur etwas vor. Anstatt in seiner Kajüte mußten sie schließlich unter Deck oder in den eisigen Höhen der schaukelnden Takelage arbeiten. Die Neulinge schufteten bis zur völligen Erschöpfung und wurden vom Kapitän und den Maaten grausam verprügelt. Sobald die *Windermere* im Heimathafen anlegte, ging Hardinges Plan auf. Die jungen Matrosen waren dann so froh, dem Gulag endlich zu entkommen, daß sie vom Schiff sprangen, ohne sich ihre Heuer auszahlen zu lassen.

Auch der Laufbursche der Metzgerei fiel Hardinge auf, und er fragte ihn, ob er nicht sein persönlicher Kabinensteward werden wolle. »Aber ich war doch noch nie auf See, Sir«, wandte Rowlands ein.

»Ach, du wirst schnell lernen, was du zu tun hast, und eines Tages wirst du vielleicht selbst Kapitän eines stattlichen Schiffes«, versprach ihm Hardinge.

Der Junge sehnte sich nach Abenteuern und heuerte an. Daß er sieben Wochen lang mit Seekrankheit, eisiger Kälte, Brutalität und Belästigungen zu kämpfen haben würde, ahnte er nicht. Nach nur zwei Wochen bei der Metzgerei kündigte Rowlands und war bereits drei Tage später mit dem Schiff unterwegs nach New Orleans.

Die *Windermere* hatte auf ihrem Weg in den Nordatlantik die Irische See noch nicht einmal durchquert, da war von Rowlands Stelle als Kabinensteward schon keine Rede mehr. Zusammen mit dem Rest der Mannschaft warf man ihn in den feuchten, modrigen Frachtraum, in dem es nicht mehr Platz hatte als in einem größeren Wohnzimmer. Hier, unter Deck, hielt er sich immer auf, wenn er keinen Dienst hatte. Wie später in Afrika schlief er in einer Hängematte. Ungünstigerweise war er ausgerechnet im Dezember auf die *Windermere* gekommen, und man hielt die Luken des Laderaums wegen des starken Seegangs und der häufigen Stürme geschlossen. Frische Luft war daher Mangelware. Die Männer badeten fast nie, und viele verbrachten ihre freien Stunden damit, sich mit Rum zu betrinken, so daß es im Mannschaftsquartier nach schmutziger Wäsche, Schweiß und Alkohol stank wie in einer Liverpooler Hafenkaschemme. Auch Rowlands trug seinen Teil dazu bei: Er wurde furchtbar seekrank und mußte sich in den ersten drei Tagen seiner Überfahrt ununterbrochen übergeben.

An Deck war die Luft angenehm frisch, doch an Deck zu sein, hieß gleichzeitig auch arbeiten zu müssen – und zwar in eisiger Kälte und manchmal sogar unter Lebensgefahr. Sobald der Wind sich drehte oder das Wetter sich änderte und andere Segel gesetzt werden mußten, schickte man die Jungen die geteerten Webeleinen hinauf. Die kleinsten von ihnen, also auch Rowlands, zwang man, in die schaukelnde Takelage und von dort hinaus auf die Rahen zu klettern, um die Toppsegel zu hissen oder zu reffen. Ein falscher Schritt bedeutete einen Sturz in die Tiefe, entweder auf das Deck oder ins Meer.

Je weiter nach Süden sie kamen, um so besser wurde das Wetter, und als die *Windermere* um die Spitze von Florida in den Golf von Mexiko fuhr, war die Luft mild, und es herrschte eine leichte Dünung. Doch Rowlands wollte nur fort vom Schiff. New Orleans war eine vielversprechende Stadt, durchweht vom Geruch nach »Kaffee, Schiffspech, Holzteer, der salzigen Lake von gepökeltem Rindfleisch, Rum und verschüttetem Whiskey«. Der Mississippi war der erste wirklich große Fluß, den Rowlands zu Gesicht bekam. Verheißungsvoll wand er sich ins Hinterland. Die Fremdartigkeit der Stadt erschien ihm wie ein Traum. Als er sich an seinem ersten Abend in New Orleans in ein Bordell verirrte, wo man ihm vier leicht bekleidete Mädchen vorführte, floh er in panischer Angst zurück aufs Schiff.

Fünf Tage später erlag Rowlands jedoch dem Gesang der Sirenen und verhielt sich damit unwissentlich genau so, wie es Hardinge beabsichtigt hatte: Ohne sich seine Heuer auszahlen zu lassen, verließ Rowlands im Februar 1859, kurz nach seinem achtzehnten Geburtstag, das Schiff. Zur gleichen Zeit kämpfte sich Dr. David Livingstone auf seiner zweiten Sambesi-Expedition durch Afrika.

In seiner ersten Woche in New Orleans machte John Rowlands die Bekanntschaft Henry Hope Stanleys. Es war sieben Uhr morgens. Der britische Baumwollhändler mit dem wallenden Bart hatte es sich vor seinem Lagerhaus in der Tchapitoulas Street mit einer Zeitung in der Sonne bequem gemacht, als Rowlands auf der Suche nach Arbeit an ihm vorbeiging. »Brauchen Sie einen Jungen, Sir?« fragte er. Die ernste Art des jungen Mannes beeindruckte Stanley, und er ließ ihn ein paar Dinge für sich erledigen. Schon kurze Zeit später stellte er Rowlands als Schreiber ein. Während diese Beziehung für Stanley nichts anderes war als die eines Vorgesetzten zu seinem Arbeiter, sah Rowlands in dem älteren Herren einen Ersatzvater. Er verehrte ihn so sehr, daß er noch im selben Jahr dessen Namen annahm. John Rowlands existierte nicht mehr. Für den Rest seines Lebens würde er nun Henry Stanley heißen. Der zweite Vorname, Morton, kam später dazu, nachdem er einige andere ausprobiert und für unpassend befunden hatte.

Immer öfter besuchte der junge Stanley seinen Arbeitgeber in dessen Haus am Annunciation Square. Er wußte nicht, daß sich Männer seines Standes normalerweise nicht mit ihren Angestellten abgaben. Henry Hope Stanley aber genoß die Gesellschaft des jungen Mannes. Er fühlte sich geschmeichelt, daß sein Zögling, den er mittlerweile wie einen eigenen Sohn behandelte, seinen Namen angenommen hatte. Doch dann drängte sich seine Frau Frances zwischen die beiden. Sie hatte bereits mit fünfzehn Jahren geheiratet und war jetzt gerade einmal achtundzwanzig Jahre alt, also nur zehn Jahre älter als Henry Stanley. Der junge Mann mißfiel ihr, und seine Schmeicheleien faßte sie fälschlicherweise als Annäherungsversuche auf. Henry Hope Stanley dagegen, der eine seiner Adoptivtöchter bereits im Kindesalter verloren hatte und dessen andere mit ihrem Geliebten durchgebrannt war, versuchte die Lücke, die sie hinterlassen hatten, zu füllen, indem er Stanley als seinen Sohn annahm. Beide Männer lasen gern, und diese Gemeinsamkeit verband sie, solange sie miteinander zu tun hatten. Das beste, was Henry Hope Stanley seinem Ziehsohn mit auf den Weg geben konnte, war, ihm die amerikanische Auffassung von Erfolg zu vermitteln: »Ich weiß zwar nicht, wie es die Waliser machen, aber bei uns zählen der Charakter und der Wert eines Menschen mehr als sein Stammbaum. Hier wird man aufgrund dessen gefördert, was man selbst darstellt, und nicht, weil man eine bestimmte Herkunft hat.«

Diese Worte waren quasi der Abschiedssegen für den jungen Stanley, denn 1860 kam es zu einem Streit zwischen den beiden, und er wurde den Mississippi hinauf in die Verbannung geschickt. Zudem ließ der Händler seinen übereifrigen Angestellten wissen, daß er mit seiner Frau nach Havana, Florida, ziehen werde, um dem drohenden Bürgerkrieg zu entfliehen – nur für den Fall, daß dieser auf die Idee kam, nach New Orleans zurückzukehren und ihn weiter zu belästigen. Den Kriegsausbruch erlebte Stanley in Cypress Bend, Arkansas, wo er als Textilverkäufer in einer Gemischtwarenhandlung am Fluß arbeitete. Cypress Bend war ein sumpfiges Provinznest und eine Brutstätte für Moskitos. Stanley wurde von seinem ersten, malariaähnlichen Anfall von Wechselfieber heimgesucht, das in dieser Region als Sumpffieber bekannt war. Obwohl er Unmengen bitterer Chininkörner schluckte, litt er unter Schüttelfrost, Kopfschmerzen und Fieberschüben und magerte auf dreiundvierzig Kilo ab. Sein einziger Freund war ein Ire namens Cronin, ein Säufer, der am liebsten mit Sklavinnen verkehrte. Als man ihm auf die Schliche kam und er fortmußte, war Stanley wieder allein. Nach seinen Erfahrungen in New Orleans kamen ihm die Leute in Cypress Bend spießig, rassistisch und einfältig vor – und diese empfanden dasselbe für ihn.

Obwohl Stanley sich einsam und fehl am Platz fühlte, hatte er es nicht gerade eilig damit, wie die anderen jungen Männer als Freiwilliger für die Konföderation in den Krieg zu ziehen. Außerdem gab es einen weiteren, noch wichtigeren Grund für ihn, in Cypress Bend zu bleiben: Er hatte sich verliebt – für Stanley eine ganz neue Erfahrung. Bisher war er Frauen gegenüber sehr schüchtern gewesen und war sich in ihrer Gegenwart unbeholfen vorgekommen. Doch dann hatte ein Mädchen aus dem Ort, Margaret Goree, seine Aufmerksamkeit erregt, und da die meisten anderen Männer aus Cypress Bend in den Krieg zogen, hatte er die besten Chancen, sie ganz für sich allein zu haben. Auch Margaret schien sich für ihn zu interessieren, so daß er überzeugt war, die richtige Entscheidung getroffen zu haben.

Eines Tages bekam er von der Angebeteten jedoch ein Päckchen, in dem er ein Unterkleid und einen Unterrock fand. Sie gab Stanley damit zu verstehen, daß sie ihn für einen Feigling hielt. Wild entschlossen, seine Männlichkeit unter Beweis zu stellen, ließ er sich kurz darauf als Soldat anwerben. Daß er Margaret Goree niemals wiedersehen sollte, war eine Ironie des Schicksals. Im April 1862 hatte Stanley seine neunmonatige Ausbildung bei dem örtlichen Regiment abgeschlossen und nahm in vorderster Front an der Schlacht von Shiloh teil, einem der blutigsten Gefechte in der amerikanischen Militärgeschichte. Bei den Kämpfen starben in weniger als vierundzwanzig Stunden auf beiden Seiten zehntausend Mann.

Die Schlacht ereignete sich bei Savannah, Tennessee, wurde aber nach einer nahe gelegenen Kirche benannt – »Shiloh« heißt auf Hebräisch »friedlicher Ort«. Das Kampfgeschehen, an dem Stanley beteiligt war, war jedoch alles andere als friedlich: Am 6. April 1862, einem Sonntag, starteten die vierzigtausend Soldaten der Konföderation noch vor dem Morgengrauen einen Überraschungsangriff gegen die fünfundvierzigtausend Soldaten der Nordstaaten. Zur Frühstückszeit durchbrachen sie mit aufgepflanztem Bajonett die feindliche Front, Rowlands mitten unter ihnen. »Die Kanonen donnerten, und die Kugeln schlugen ein, sprangen wieder hoch und schossen pfeifend über unsere Köpfe hinweg«, schrieb er später. »Ein Mann hob die Hand, als ob er gähnen wollte, und rumpelte gegen mich. Als ich mich umdrehte, sah ich, daß ihn eine Kugel getroffen und sich durch sein Gesicht bis in die Brust gebohrt hatte. Ein anderer Mann erhielt einen tödlichen Kopfschuß. Er wälzte sich auf den Rücken und wandte sein gespenstisch weißes Gesicht dem Himmel zu.«

Um ihn herum starben die Männer, doch Henry Stanley marschierte unversehrt weiter. Als sie mitten durch die Gefechtslinie der Nordstaatenarmee stießen, kämpfte er ganz vorne in den Reihen der Dixies, um allen zu beweisen, daß Margaret Goree ihn zu unrecht für einen Feigling hielt.

Dann traf ihn der Teil einer Kugel so hart an der Gürtelschnalle, daß ihm die Luft wegblieb. Er ging zu Boden, während die Südstaatenfront vorwärts drängte. Erst war er versucht, wie die anderen regungslos liegenzubleiben, doch dann merkte er, daß sich deshalb keiner der Männer um ihn herum mehr rührte, weil sie alle tot waren. Wollte er nicht einer von ihnen werden, dann mußte er aufstehen und zum Angriff übergehen.

Als die Nacht anbrach, zogen sich die Südstaatler zurück, um sich auszuruhen und neu zu formieren. Stanley hatte seinen ersten Tag im Kampf heil überstanden, doch er empfand den Krieg als abstoßend und in keiner Weise aufregend. »Zum ersten Mal in meinem jungen Leben war ich auf dem Feld der Ehre gewesen«, schrieb er ernüchtert in sein Tagebuch, »und zum ersten Mal hatte die Ehre für mich einen widerwärtigen Beigeschmack, und mir kam der Verdacht, daß sie nichts anderes war als eine verführerisch glitzernde Illusion.«

Am nächsten Morgen, kurz vor Tagesanbruch, startete Ulysses S. Grant, der General der Nordstaatenarmee, einen Gegenangriff, der überraschend kam und daher ebenso verheerend war wie der der Südstaatler am Vortag. Diesmal hatte Stanley nicht soviel Glück. Als die Soldaten vom Bajonettangriff zum Nahkampf übergingen, mußte er Deckung suchen. Verblüfft merkte er, daß er dabei wohl die falsche Richtung eingeschlagen haben mußte, denn plötzlich war er der einzige grau Uniformierte in einem Meer von blauen Nordstaaten-Uniformen. »Zwei Männer«, schrieb er, »packten mich am Kragen und führten mich in die Reihen der schrecklichen Yankees, ohne daß ich Widerstand leistete. Ich war ihr Gefangener.«

Stanley kam nach Camp Douglas, einem Kriegsgefangenenlager bei Chicago. Die Männer mußten in Schuppen schlafen, wo es von Flöhen, Zecken und Läusen wimmelte. Die offenen Abwasserkanäle waren Brutstätten für Ruhr und Cholera. Die Lebensmittelrationen waren knapp, und viele verhungerten. Die Nordstaatler versprachen Stanley die Freiheit, wenn er sich von den Konföderierten lossagte, aber er ging nicht darauf ein. Sechs Wochen später, nachdem er Tausende von Männern hatte sterben sehen und ihm klargeworden war, daß er den Rest seines Lebens in Camp Douglas verbringen würde, überlegte er es sich anders. Im Juni 1862, nur zwei Monate nach der Schlacht von Shiloh, wurde er in die Illinois Light Artillery aufgenommen. Man brachte ihn auf ein Schiff, das nach Virginia fuhr, wo er für die Vereinigten Staaten von Amerika kämpfen sollte.

Henry Stanley staunte, wie leicht es war, ins feindliche Lager zu wechseln, doch was er dann erlebte, kam ihm noch unglaublicher vor. Bereits drei Tage nach seiner Abreise Richtung Virginia streckte ihn die Ruhr nieder, weshalb er für vier Tage in ein Militärkrankenhaus geschickt wurde. Danach entließ man ihn aus dem Dienst, da man ihn für zu geschwächt hielt, um seinen Wehrdienst ableisten zu können. Ohne einen Cent in der Tasche und nur mit den Kleidern, die er am Leib trug, schickte man den ehemaligen Kriegsgefangenen fort. Jetzt mußte er sich in West Virginia irgendwie durchschlagen. »Die Krankheit steckte noch in mir. Ich konnte gerade einmal dreihundert Meter weit gehen, dann mußte ich stehenbleiben, weil ich keine Luft mehr bekam«, erinnerte er sich später.

An einem Feldweg brach Stanley zusammen. Wenn ihn nicht eine Familie aufgenommen hätte, wäre er gestorben. Die Bakers päppelten Stanley in den folgenden zwei Monaten wieder auf, gaben ihm saubere Kleidung und kauften ihm eine Zugfahrkarte nach Baltimore. In der großen Stadt konnte er ein neues Leben beginnen. Anfang 1863 war Stanley dann zum ersten Mal in seinem Leben in New York. Nachdem er sich ein Jahr lang mit Gelegenheitsarbeiten über Wasser gehalten hatte, beschloß er, sein Glück erneut im Bürgerkrieg zu versuchen. Am 19. Juli 1864 meldete er sich für drei Jahre als Soldat der Nordstaaten-Marine. Er wurde Schiffsschreiber, ein unbedeutender Beamtenposten, bei dem er für das Logbuch verantwortlich war. Er diente an Bord der *USS Minnesota*, als diese im Winter 1864 Fort Fisher in North Carolina bombardierte. Kurz entschlossen verfaßte er einen Bericht über sein Erlebnis und schickte ihn an einige Zeitungen und Zeitschriften, von denen manche ihn auch kauften und veröffentlichten. Stanleys Karriere als Journalist hatte begonnen.

Ein Thema, das Stanley besonders faszinierte, waren die Reisen David Livingstones, und so erzählte er Freunden, er wolle eines Tages nach Afrika und dort sein Glück versuchen. Letztendlich war es jedoch weder Livingstone noch der Lockruf Afrikas, der ihn im Februar 1865 desertieren ließ, sondern einfach die Langeweile. Als die *Minnesota* in Portsmouth, New Hampshire, vor Anker ging, sprang der umtriebige Schiffsschreiber mit einem seiner Kameraden, dem jungen Lewis Noe, von Bord. Schon bald trennten sich ihre Wege, und Stanley floh in den Westen Amerikas. Er ergatterte eine Stelle als Lokalreporter beim *Missouri Democrat* und begab sich dann für ein Jahr auf Wanderschaft, bis er im Januar 1866 in Central City, Colorado, eintraf. Fünf Monate später kündigte er seine Arbeit beim dortigen *Miner's Daily Register* und stieg am 6. Mai mit William Harlow Cook in die Postkutsche Richtung Denver.

Nach einigen abenteuerlichen Reisen und ersten durchaus respektablen Versuchen als Reporter widmete sich Stanley ganz der Arbeit als Journalist, einer Tätigkeit, die er für heldenhaft und abenteuerlich hielt. »Je hoffnungsloser der Auftrag, um so besser«, schrieb er später. »Ebenso wie der Gladiator einen Schlag mit einem Schwert empfängt, das eigens für seine Brust geschärft wurde, empfängt der Reporter oder Korrespondent einen Befehl, der ihn möglicherweise ins Verderben stürzt.«

Mit dem Journalismus hatte Stanley etwas gefunden, was seinen Begabungen entsprach. Immer wieder hatte er sich als begnadeter Versager erwiesen, ob als Soldat, als Matrose, Händler, Liebhaber, Reisender, Laufbursche oder Schiffsjunge. Er war so heftig, so oft und in so vielen Dingen gescheitert, daß er sich angewöhnt hatte, seine wenigen tatsächlichen Leistungen entsprechend aufzubauschen. Als Journalist jedoch konnte er glänzen, und so setzte er alles daran, sich einen Namen zu machen.

Als ihn Bennett im Oktober 1869 nach Paris zitierte, bestand kein Zweifel mehr daran, daß Henry Morton Stanley der ideale Mann war, um David Livingstone zu finden. Alles, was er bisher getan hatte, kam ihm jetzt zugute. Durch seine erfundenen Identitäten – Name, Nationalität, Lebensweg – war er ein Meister der Verwandlung und Anpassung geworden. In Abessinien hatte er erfahren, welche Tücken eine Reise in einer großen Gruppe mit sich bringt und wie man am komfortabelsten im Freien übernachtet. Bei der Armee hatte er marschieren gelernt und erlebt, welche Macht eine Feuerwaffe besaß und wie unverzichtbar eine gute Organisation war. Aus seiner Kindheit wußte er außerdem, daß eine Niederlage nicht nur ein vorübergehender Dämpfer war, sondern ein verhängnisvoller Schicksalsschlag. Er wollte nicht noch einmal versagen.

Im Laufe seines Lebens hatte sich Stanley, der seinen Vater nie kennengelernt hatte, immer wieder an ältere Männer gehängt. Er sehnte sich nach einer Vater-Sohn-Beziehung, wie er sie mit Henry Hope Stanley für kurze Zeit gehabt hatte. Während der Indianerkriege in den Great Plains hatte er Winfield Scott Hancock, Sheridan, William Tecumseh Sherman und die anderen nordamerikanischen Generäle so vergöttert, daß er eine von Shermans Reden an die Indianer auswendig kannte. Zudem verdankte er es allein der Großzügigkeit des amerikanischen Konsuls Francis Webb, der zehn Jahre älter war als er, daß seine Suche nach Livingstone nicht gleich zu Beginn gescheitert war.

Mit Livingstone, der in der ganzen Welt den Ruf eines gütigen, fürsorglichen Mannes genoß, würde er gleichzeitig die ideale Vaterfigur finden: Er war älter als Stanley, klug, tapfer, gebildet, und eine ganze Nation liebte ihn. Möglicherweise akzeptierte Livingstone ihn, aber Stanley war sich auch darüber im klaren, daß eine Zurückweisung etwas vernichtend Endgültiges haben würde. Stanleys Wiedergeburt, ausgelöst durch die Entbehrungen und Prüfungen auf seiner Reise durch Afrika, nahm ihm die Unsicherheit, die sein Leben seit seiner Geburt beherrscht hatte.

Stanley hatte nun keine Angst mehr vor Afrika. Obwohl er nie ein richtiges Zuhause gehabt hatte, wuchs in ihm statt dessen mit jeder Hürde, die er nahm, das Gefühl, hierherzugehören, genauso wie Livingstone. »Wenn meine schwarzen Diener zum Nachdenken fähig gewesen wären«, schrieb er, »dann hätten sie vielleicht bemerkt, daß Afrika mich veränderte.«

Selbst während er bewußtlos durch die Marenga Mkali getragen wurde, gewann er an Stärke. In der Nacht ließ das Fieber nach, und um drei Uhr früh saß er bereits wieder gestiefelt und gespornt auf dem Esel, um die letzten Kilometer aus der Marenga Mkali reiten zu können. Bald wurde es Tag. Als die Sonne aufging, lag das wasserlose Gebiet hinter ihnen. Stanley war so erleichtert, die Durchquerung überlebt zu haben, daß er sich in seinen Aufzeichnungen mit Moses verglich. Stanleys Männer ließen den Blick über die grünen Hügel und die Affenbrotbäume von Ugogo schweifen. Er selbst hingegen, für den Afrika vor seiner Reise einem Alptraum geglichen hatte, erblickte ein »Gelobtes Land«.

Mit Moses hatte Stanley in Grunde nicht viel Ähnlichkeit. Seine

Erlebnisse und seine mißliche Lage erinnerten eher an die Heldin eines Kinderbuches, das vor kurzem in England veröffentlicht worden war. Sie hieß Alice und stieg durch einen Spiegel in ein traumhaftes, fantastisches Wunderland, in dem die Welt kopf stand. Auch Stanley, dessen Malariaanfall nach der Durchquerung der Marenga Mkali wieder abflaute, war durch einen Spiegel gestiegen und würde jeden Moment die Traumwelt von Ugogo betreten.

Kapitel 17

Die Eingeborenen

War schon die Marenga Mkali eine Herausforderung gewesen, so wurden sie in Ugogo auf eine noch härtere Probe gestellt. Seit Stanley in Sansibar die ersten Vorräte besorgt hatte, waren ihm die übelsten Schauermärchen über Ugogo erzählt worden. Doch was er erlebte, als für die Expedition des *New York Herald* am ersten Junitag 1871 der bizarrste Teil ihrer Reise begann, überraschte ihn dennoch. Auf einer Landkarte wäre Stanley nichts Ungewöhnliches an Ugogo aufgefallen – falls er eine dabeigehabt hätte. Das Gebiet erstreckte sich über einhundertfünfzig Kilometer Breite und bildete einen Übergang zwischen der Ödnis der Marenga Mkali und dem Reichtum von Tabora.

1. Juni 1871,
Ugogo,
800 Kilometer von
Livingstone entfernt

Die Einwohner Ugogos waren die Wagogos, eine Gruppe von Stämmen, die für ihre Unverfrorenheit und ihren Wucher berüchtigt waren. Die Araber hatten großen Respekt vor ihnen, und die Karawanen näherten sich Ugogo nur mit einem unguten Gefühl. Vorräte und Wasser waren hier Mangelware, so daß die Wagogos für die Erlaubnis, die Region zu durchqueren und die Ressourcen zu nutzen, verschiedene Tribute erhoben. Wer die Zahlung verweigerte, wurde in einen Hinterhalt gelockt und getötet. Ugogo war eine seltsame Gegend: Hier waren die Schwachen stark, man mußte ständig auf der Hut sein und bezahlte für etwas, was in dem einen Dorf einen Doti kostete, im nächsten Dorf zehnmal so viel.

Unter den arabischen Karawanen kursierte die Geschichte eines mutigen Kaufmanns, der sich vorgenommen hatte, die Wagogos ein für alle Mal zu besiegen. Er wollte versuchen, sich durch Ugogo zu kämpfen, dafür aber keine Tribute zu zahlen. So brach er, ohne einen Hehl aus seinem Vorhaben zu machen, mit einer neunhundert Mann starken Karawane in Tabora auf.

Die Wagogos versuchten nicht einmal, ihn mit Gewalt aufzuhalten. Statt dessen schütteten sie ihre Brunnen zu, verbrannten ihre Häuser und Ernten und zogen sich in den Urwald zurück, bis die Araber eintrafen. Die riesige Karawane konnte das Gebiet zwar ungehindert und ohne Wegzoll durchqueren, doch Nahrung und Wasser gab es nicht, so daß siebenhundert Männer starben. Die übrigen schlichen nach Tabora zurück oder versuchten, sich nach Mpapwa durchzuschlagen. Nur zehn der ursprünglich neunhundert Araber überlebten die Durchquerung.

Die Wagogos waren nicht nur gerissen, sondern hatten außerdem eine exzentrische Angewohnheit, die sofort ins Auge fiel. Wie überall waren ihre Dörfer eine Ansammlung von Hütten aus Lehm und Zweigen mit einem einzigen niedrigen Eingang und einem kegelförmigen Dach aus Stöcken und Stroh. Wie andere Stämme ernährten auch sie sich von Getreide und Kassava [Maniokwurzeln; Anm. d. Übers.], und wie diese züchteten sie Rinder und Ziegen. Doch mehr als alle anderen Stämme, die Stanley kannte, liebten sie es, sich zu schmücken. Am auffälligsten war, daß sie sich die Ohrläppchen durchbohrten und vergrößerten, indem sie lange Holz- oder Drahtstücke durch das Loch zwängten. Hing das Loch dann irgendwann bis zur Schulter, diente es den Wagogos als Tasche: Sie befestigten darin eine Kürbisflasche mit persönlichen Dingen oder Schnupftabak. Wenn die Wagogos von einem Dorf zum anderen zogen, trugen sie, wie es hier üblich war, zwar kaum irgendwelche Kleidung, aber in ihren Ohren riesige Kürbisflaschen oder Schmuckgegenstände. Riß das Ohrläppchen, wurde ein neues Loch gebohrt, und die Prozedur begann von vorn.

Außerdem waren die Wagogos ungemein stolz auf ihr Haar. Manche formten Stacheln daraus, andere schmückten ihren Kopf mit blankpolierten Kupferstäben oder rasierten sich das Haar oben ab und ließen es an den Seiten so lang wachsen, bis sie einen Zopf machen konnten. Daß sie sich von Kopf bis Fuß mit rotem Lehm beschmierten und sich eine ganz eigentümliche Duftnote gaben, indem sie ihre Haut mit Tierfetten und Ölen einrieben, war eine weitere Besonderheit der Wagogos.

Zu dem seltsamen Äußeren und dem ranzigen Geruch der Stammesmitglieder kam noch ihre verblüffend schwere Bewaffnung. Die Wagogos waren die reinsten Waffennarren. Sie verwendeten vor allem zweischneidige Messer, lange Speere, Pfeil und Bogen, arabisch aussehende Krummdolche und eine Kriegskeule, die einem Knotenstock ähnelte. Ihre Schilde waren aus sorgfältig gegerbter Flußpferdhaut gefertigt, und die straffgespannte Oberfläche mit leuchtend gelber, roter und weißer Farbe bemalt.

Die Stammeshäuptlinge der Wagogos, die überall als Sultane bekannt waren, konnten in Ugogo tun und lassen, was sie wollten. Wie sie ihre Tribute festlegten, war nicht nachvollziehbar und von Sultan zu Sultan unterschiedlich, je nach ihrer Lust und Laune. Manchmal wurden sogar Reisende überfallen, die bezahlt hatten. »Die Wagogos sind wie die Iren in Amerika: eine verschworene, streitlustige Gemeinschaft«, bemerkte Stanley. »Alle Karawanen müssen den Wagogos Tribut entrichten, denn eine Verweigerung resultiert unverzüglich in einer Kriegserklärung.«

Die Wagogos überwachten den gesamten Handelsverkehr Ostafrikas, so schwierig das für Fremde auch zu akzeptieren sein mochte. Stanley war zwar mit dem Dokument Sultan Bargashs ausgerüstet, das dieser ihm in Sansibar überreicht hatte und das ihm eine ungehinderte Reise durch das Gebiet zwischen Sansibar und dem Tanganjikasee zusicherte, für dessen Herrscher sich Bargash hielt. In Ugogo hatte dieses Stück Papier jedoch keinerlei Bedeutung. Der Eindruck, den Webb und Kirk aufrechtzuerhalten suchten, nämlich daß Amerika und Großbritannien die Kontrolle über den Handel in Afrika hatten, entpuppte sich spätestens jetzt als reiner Mythos.

Am 1. Juni machten Stanley und die sechs arabischen Karawanen, denen er sich zu seiner Sicherheit für den Marsch durch die Marenga Mkali angeschlossen hatte, zum ersten Mal Bekanntschaft mit den Wagogos. Es war erst acht Uhr früh und an den hohen Matama-Halmen trocknete noch der Tau. Unzählige gigantische

Felsbrocken säumten den Weg nach Mvumi, der ersten Siedlung von Ugogo. Zunächst blieb alles ruhig, doch die Dorfbewohner hatten bereits von der Ankunft eines Weißen gehört und drängten bald zu Hunderten auf die staubige Straße. Die Fremdartigkeit von Stanleys Haar und Kleidung und seine wechselweise milchweiße und dunkelrote Gesichtsfarbe faszinierte sie so, daß sie sich um ihn scharten und ihn berühren wollten. Sie drängelten, schrien sich an und sprangen in die Luft, um besser sehen zu können. Anfangs gab dieser Moment Stanley ein triumphierendes Gefühl, doch dann machte ihm der Trubel Angst.

Anders als er zunächst vermutet hatte, flößte seine weiße Haut den Wagogos keineswegs Respekt ein. Sie lachten ihn vielmehr aus. Für sie war alles an Stanley komisch: Er war hager, abgespannt und gereizt. Offensichtlich irritierte es ihn, daß sich so viele Menschen um ihn drängten. Er war immer noch geschwächt von der Krankheit, und sein Bart stand ihm in langen, braunen Büscheln vom Gesicht ab. Er trug einen Safarianzug aus weißem Flanell, eine Farbe, die zwar zumindest einen Teil der Sonneneinstrahlung reflektierte, mit der er gegen den ziegelroten Boden aber auch meilenweit zu sehen war. Selbst das Gewehr und die Seitenwaffe, die ihm in seinen Augen eine Aura der Macht verliehen, schienen die Wagogos nicht zu beeindrucken. Er kam sich vor wie ein Affe im Central Park Zoo, schrieb er, »der mit seinen ulkigen Possen bei den jungen New Yorkern für schallendes Gelächter sorgt«.

Kaum war er durch die Stadt gezogen, streckte ihn wieder das Fieber nieder. Für den Rest des Tages glühte und fröstelte er abwechselnd, wurde von Wahnvorstellungen geplagt und versuchte, sich mit Chinin zu kurieren.

Als befände er sich noch im Fiebertraum, mußte er auch am nächsten Tag die Beleidigungen der Wagogos über sich ergehen lassen: Der große Sultan von Mvumi lehnte die mageren sechs Dotis ab, die Stanley ihm als Tribut angeboten hatte, und im Lager der Karawane wurde bekannt, daß er für die Durchreise die unglaubliche Menge von sechzig Dotis verlangte. Stanley tobte und fühlte sich zutiefst gedemütigt. Er vertraute den Arabern an, daß er versucht sei, sich die Durchreise durch Ugogo mit Gewalt zu erkämpfen. Anstatt den Tribut zu zahlen, würden Bombay und seine Soldaten ihnen den Weg nach Tabora freischießen.

Die Antwort der Araber war im Gegensatz zu Stanleys Naivität klug und verständnisvoll. »Falls Ihr wirklich lieber Krieg führt«, gaben sie ihm gelassen zu bedenken, »dann werden alle Eure Pagazis desertieren und Euch mitsamt Euren Stoffen den Wagogos ausliefern. Und diese werden sicher nicht gerade gnädig sein.« Stanley, der sonst immer gleich aufbrauste, wenn jemand ihn über den Tisch ziehen wollte, konnte unter diesen Umständen nichts anderes tun als zuzustimmen. Er schluckte seinen Stolz hinunter und zahlte den Tribut.

Ein paar Tage später fand sich Stanley in derselben machtlosen Situation wieder, diesmal gegenüber dem Sultan von Matamburu. Dieser gestattete seinem Volk nicht nur, in »schallendes Gelächter« auszubrechen, als Stanley auftauchte, sondern schloß zudem Freundschaft mit den Arabern. Von ihnen verlangte er gar keinen Tribut, während Stanley vier Dotis zahlen mußte.

Doch Stanley hatte dazugelernt und biß sich diesmal auf die Zunge. Er wußte, daß eine Auseinandersetzung mit den Wagogos ein tödliches Ende nehmen konnte. »Der Forschungsreisende muß große Besonnenheit, Zurückhaltung und Einsicht walten lassen«, schrieb Stanley, »denn die zahlenmäßige Überlegenheit der Wagogos verleiht ihnen große Stärke und Macht.«

Am nächsten Tag bahnte sich die Karawane ihren Weg durch ein Dickicht aus Gummibäumen und Dornbüschen und überquerte dann eine öde, sengende Ebene. Hier gab es kein Wasser, nur die Spuren etlicher Elefanten. Die Hügel waren steil, und die Sonne »wurde immer heißer, bis sie schließlich im Zenit stand und den letzten Rest an Leben aus der kargen Natur zu brennen schien. Uns umgab nichts als weißes, gleißendes Licht, das den schmerzenden Augen unerträglich war«.

Ihren krönenden Abschluß fand Stanleys surreale Malariareise durch Ugogo in Nyambwa. Auch in diesem Dorf wurden die weißen Männer von den Bewohnern neugierig beäugt. »Ich muß schon sagen!« schnaubte Shaw verächtlich, als die Karawane zwischen den rechteckigen Hütten, auf deren strohgedeckten Dächern der Tabak trocknete, durch die Straßen marschierte. Seit sie Farquhar zurückgelassen hatten, herrschte Waffenstillstand zwischen ihm und Stanley. Daß sie im Umkreis von mehreren hundert Kilometern die einzigen Weißen waren, verlieh ihnen sogar ein gewisses Gefühl von Verbundenheit. »Das müssen wirklich echte Ugogier sein, so wie sie uns anstarren«, meinte Shaw. »Mein Gott, sie hören ja gar nicht mehr auf mit der Gafferei. Um ehrlich zu sein, ich hätte gute Lust, ihnen ins Gesicht zu schlagen.«

In diesem Augenblick stellte einer der einheimischen Krieger Stanleys Geduld auf die Probe. Er kam auf ihn zu und verspottete den Journalisten. Normalerweise hätte Stanley den jungen Mann gar nicht beachtet. Doch jetzt, wo Malaria und Ruhr ihm das Leben ohnehin wie eine einzige, elende Wahnvorstellung erscheinen ließen, reizte ihn die Demütigung, Tribut zahlen zu müssen, maßlos. Stanley packte den Mann am Kragen und hielt ihn fest. Die Menge starrte ungläubig und drängte sich noch dichter um den Forscher, um ihn einzuschüchtern. Dieser ließ jedoch zu ihrer Überraschung nicht locker. Statt dessen griff er nach seiner Hundepeitsche, verdrosch den jungen Mann kräftig und stieß ihn zu Boden.

Die Umstehenden rückten noch näher an Stanley und Shaw heran, wobei sie ein bedrohliches Knurren hervorstießen, das klang, als wollten sie die beiden jeden Augenblick anspucken. Am Anfang seiner Reise hätte eine Situation wie diese Stanley eingeschüchtert oder ihm sogar Angst gemacht, doch jetzt fühlte er sich nur krank, erschöpft und übellaunig, so daß ihm alles egal war. Wie eine Waffe ließ er seine Peitsche durch die Luft sausen und drohte jedem, der ihm zu nahe kam. »Die Wagogos hatten ein wenig Männlichkeit und Machtdemonstration bitter nötig, und in diesem Fall konnte ich meinem Ärger damit Luft machen«, bemerkte Stanley dazu. »Wenn sie mich bedrängten und mich beinahe am Weitergehen hinderten, genügten ein paar schnelle, kräftige Hiebe meiner dienstbaren Peitsche nach links und rechts, und der Weg war frei.«

Als sie am nächsten Abend in einem nahe gelegenen Palmenhain lagerten, konnte Stanley seine arabischen Reisebegleiter sogar dazu überreden, einen Tag Rast einzulegen, so daß er sich mit Chinin behandeln konnte. Nach wie vor hielt er nur widerwillig an, wenn

Shaw oder die Pagazis krank waren, machte jedoch eine Ausnahme, wenn es ihm selbst schlecht ging. »Manchmal«, theoretisierte er über die Malaria, »geht dem Fieber ein heftiger Schüttelfrost voran. Dann steckt man den Patienten am besten unter eine dicke Schicht Wolldecken.« Die Decken führten jedoch nicht in jedem Fall zum Erfolg, erklärte Stanley, und so litt er unter unerträglichen Schmerzen. Er hatte das Gefühl, als hämmere ihm jemand von innen gegen den Schädel, so daß dieser fast zersprang. Die Wirbelsäule und die Genitalien taten ihm weh, und sogar in den Schulterblättern hatte er Schmerzen.

Da Stanley nicht erwartete, daß sich sein Zustand von selbst besserte, nahm er seine Medizin ein und legte sich schlafen. Tatsächlich machte sich die Karawane am nächsten Morgen nicht wie gewohnt zum Weitermarsch bereit, und Stanley konnte noch vor Sonnenaufgang mit der Einnahme des bitteren Chininpulvers beginnen. Er setzte sie über die folgenden sieben Stunden fort, bis das Fieber schließlich nachließ. Während die Außentemperatur auf fast vierzig Grad kletterte, lag Stanley in seinem Zelt unter einem Stapel Wolldecken. Die Zeltklappe hatte er geschlossen. Der Schweiß lief ihm in Strömen herunter, so daß seine Kleidung und das Bettzeug völlig durchnäßt waren. Dann fingen die Halluzinationen an, und die wunderlichsten Gestalten und Erscheinungen schwirrten durch den Raum. »Vor dem getrübten Blick des Kranken schweben erschaffene und noch nicht erschaffene Kriechtiere durch die glühend heiße Luft, verwandeln ständig ihre Form und ihr Aussehen, werden mit jedem Augenblick verschwommener, verschlungener, abscheulicher und furchterregender«, schrieb Stanley später. »Unfähig, den beunruhigenden Anblick noch länger zu ertragen, versucht er krampfhaft, die Augen zu öffnen und den Fieberwahn zu vertreiben, gleitet jedoch bewußtlos in ein neues Traumland, in dem sich wie ein Diorama das nächste Inferno vor ihm entfaltet und die Qualen von vorn beginnen.«

Gegen Mittag zeigten Schlaf und Medizin die erhoffte Wirkung. Die Malaria, die vierzehn Tage lang mit Wahnvorstellungen und Schüttelfrost in Stanleys Körper gewütet hatte, begann allmählich abzuklingen. Unbeholfen kletterte er aus seiner Hängematte, tappte durch das dunkle Zelt und versuchte, sich zurechtzufinden. Plötzlich wurde die Zeltklappe zurückgeschlagen. Das hereinfallende Licht war so grell, daß es fast weh tat. Am Eingang stand der Sultan von Mizanza, der gekommen war, um seinen Tribut höchstpersönlich einzufordern. Er betrat das Zelt, als sei es sein eigenes, und ließ das Tuch fallen, das seine Lenden verhüllte. Darunter war er nackt. Er war groß und stattlich, und obwohl das Alter seine Spuren hinterlassen hatte, mußte er früher einmal sehr kräftig gewesen sein.

Stanley rührte sich nicht. Er starrte auf »das traurige Gemächt eines einst mächtigen Mannes«, zeigte jedoch keinerlei Reaktion, worauf der Sultan mit einem amüsierten Kichern sein Gewand wieder anzog. Er blieb noch eine Weile, als sei nichts geschehen, und sah sich im Zelt um. Besonders der Handkoffer, in dem Stanley seine Kleidung aufbewahrte, und der Nachttisch mit den Büchern erregten sein Interesse. Er probierte Stanleys Winchester aus und bewunderte laut seinen Reichtum. Dann ging er wieder. Er verzichtete auf die Zahlung eines Tributs und schickte Stanley später am Nachmittag ein Schaf.

Am nächsten Morgen flüchteten Stanley und die Karawanen aus dem Herrschaftsgebiet des Sultans. Die verlangten Tribute und die Willkür der Stammeshäuptlinge von Ugogo gerieten immer mehr zum Ärgernis. Es war höchste Zeit, diese surreale Gegend zu verlassen. »Wir waren voller Hoffnung nach Ugogo gekommen, hatten geglaubt, ein freundliches Land vorzufinden, ein Land, in dem Milch und Honig flossen. Wir waren schwer enttäuscht worden. Ugogo erwies sich als ein Land, in dem nur Galle und Bitternis flossen, ein Land voller Leid und seelischer Qualen, wo wir den Launen berauschter Sultane ausgeliefert waren«, schrieb Stanley. »Die Wildnis Afrikas erscheint mir allmählich in vielerlei Hinsicht angenehmer als seine bevölkerten Regionen.«

Zwei Wochen später, nachdem sie in sechzehn mühsamen Tagen eine Strecke von zweihundertsechsundachtzig Kilometern zurückgelegt hatten, erreichte die Karawane schließlich Tabora. Es war der 23. Juni, fast auf den Tag genau drei Monate nach ihrem Aufbruch aus Bagamojo. In vierundachtzig Tagen war Stanley achthundertfünfundvierzig Kilometer weit gelaufen – Burton und Speke hatten für dieselbe Strecke einhundertvierunddreißig Tage gebraucht. Der zweite Teil von Stanleys Reise war geschafft.

Stanley ließ ein Fest für die Männer ausrichten, grillte einen Ochsen und schenkte Bananenbier aus. Für die Träger war die Reise hier zu Ende. Nach dem Fest wurden sie ausgezahlt und aus dem Dienst entlassen. Für Stanley war es an der Zeit, sich nach neuen Trägern umzusehen und den letzten Teil seiner Odyssee anzutreten, denn er wollte so schnell wie möglich nach Udschidschi, wo er David Livingstone zu finden hoffte. Er wußte, daß er den Ort noch vor September erreichen würde, selbst wenn er langsamer vorankäme – es sei denn, irgendeine furchtbare Katastrophe zwang ihn zur Umkehr.

Kapitel 18

Im Königreich Mirambos

23. Juni 1871,
Tabora,
770 Kilometer von
Livingstone entfernt

Tabora war das Juwel unter den drei arabischen Enklaven. Die Stadt lag zwischen graubraunen Hügeln im Herzen Ostafrikas, inmitten von Obstgärten und gepflegten Feldern, auf denen Weizen, Zwiebeln und Gurken angebaut wurden. Diese Schönheit und Üppigkeit machten den Ort zu einer afrikanischen Oase. Vielen Arabern, die der Geschäfte wegen nach Tabora gekommen waren, gefiel es so gut, daß sie sich schließlich ganz hier niederließen. Der einzige Nachteil waren die unzähligen Giftschlangen – nirgendwo in der Gegend gab es so viele verschiedene Arten als in und um Tabora.

Der eigentliche Herrscher von Tabora war Sultan Bargash. Da er sich jedoch in Sansibar aufhielt, hatte er einen Stellvertreter namens Said bin Salim eingesetzt. Dieser allerdings war kein besonders fähiger Anführer, denn er hatte ständig Streit mit den Händlern in der Stadt. Sogar der Kommandeur der dreitausend Mann starken Armee von Tabora ignorierte ihn und setzte seine Truppen ein, wie es ihm gerade paßte. Solange es keinen Krieg gab, war das Thema der Mobilmachung allerdings rein hypothetisch, denn in Tabora, einem Refugium sowohl für den Handel als auch für sinnliche Genüsse inmitten eines Meeres aus dürrem Gras und Durst, herrschten Ruhe und Ordnung. Doch in dem Dorf Urambo, fünfunddreißig Kilometer von Tabora entfernt, lebte der afrikanische Häuptling Mirambo, der die Araber haßte, da sie die Oberherrschaft über Tabora beanspruchten.

Mirambo war ein gutaussehender, einflußreicher Mann mit einer leisen Stimme und war für seine Großzügigkeit bekannt. Er begrüßte seine Gäste stets mit einem festen Händedruck und sah ihnen dabei in die Augen, womit er ihr Vertrauen gewann und ein Gefühl der Verbundenheit erzeugte. Als Junge war Mirambo Lastträger in den Karawanen der Araber gewesen. Von diesen hatte er auch die Art, sich zu kleiden, übernommen. Der Turban, das lange Gewand und die Pantoffeln, die er in seinem Haus trug, verliehen ihm ein weltmännisches Aussehen.

An Mirambos Hüfte baumelte ein ebenfalls arabischer Krummsäbel mit passender Scheide, was auf eine gewisse Grausamkeit im Wesen des charismatischen jungen Herrschers schließen ließ. Wie alt Mirambo genau war, konnte man schwer sagen. Angeblich war er kurz nach der Eröffnung der arabischen Sklavenstraße zwischen Bagamojo und Udschidschi im Jahr 1825 als Sohn des mächtigsten Königs der gesamten Region Unjajembe geboren worden. Ganz allmählich hatten die Araber den Einfluß seines Vaters eingegrenzt, indem sie sein Land stahlen und ihn so vom Elfenbeinhandel abschnitten, der ihm bis dahin Wohlstand und Macht gesichert hatte. Als Mirambo nach dem Tod des Vaters auf den Thron kam, weigerten sich die Araber, ihn als den bedeutendsten afrikanischen Herrscher der Region anzuerkennen und setzten statt dessen Mkasiwa als ihre Marionette ein.

Die Ernennung war Mkasiwa so zu Kopf gestiegen, daß er in Mirambo nicht mehr als einen unbedeutenden Vasallen sah, was die ganze Sache noch schlimmer machte. Mirambo tobte vor Zorn, beschloß jedoch, die Araber nicht sofort zu bekriegen. Statt dessen erweiterte er sein Machtgebiet, indem er ein afrikanisches Dorf nach dem anderen eroberte. Er war ein genialer Stratege, führte ständig Krieg mit anderen Dörfern und verstand es ausgezeichnet, seine Feinde mit einem morgendlichen Überraschungsangriff zu überrumpeln. Mirambos Armee bestand ausschließlich aus sehr jungen Männern – verheiratete und ältere Männer hielt er für weniger angriffslustig und riet ihnen vom Kampf ab. Bei ihren Angriffen eröffneten sie das Feuer mit einschüssigen Musketen, und wenn sie die Dörfer dann in mehreren Wellen gnadenlos überrannten, setzten sie ihre Speere ein. War ein Dorf eingenommen, feierte Mirambo den Sieg, indem er die Hütten plünderte und sich die Beute mit seinen Männern teilte. Die Ziegen, Hühner, Frauen und Stoffe waren die Belohnung für ihre Taten und ein kleiner Anreiz für den nächsten Kampf, nach dem Mirambo dürstete.

Nach der Eroberung trieb Mirambo die Bewohner zusammen und schlug dem Dorfoberhaupt mit seinem Krummsäbel den Kopf ab. Als Nachfolger ernannte er einen ihm ergebenen Krieger seiner Wahl. Mißachtete dieser Mirambos Anweisungen auch nur ansatzweise, oder versuchte er irgendwann, gegen ihn zu rebellieren und sein eigenes Königreich zu schaffen, zögerte Mirambo nicht lange. Er reiste in das entsprechende Dorf und rief dessen Bewohner zusammen. Dann zwang er den Krieger, vor ihm niederzuknien, und ließ den Säbel durch die Luft auf sein Haupt niedersausen. Anschließend wurde eine neue Marionette eingesetzt, jemand, der besser begriff, daß es Mirambo nicht duldete, wenn ein anderer die Macht an sich riß. Mit dieser Kombination aus Kampf, Kriegsbeute und Köpfungen gelang es Mirambo, das Königreich seines Vaters zurückzuerobern. Seine Macht erstreckte sich allmählich auch auf die Region um Tabora, so daß die Handelsroute zwischen Tabora und Udschidschi schließlich der einzige Korridor war, den die Araber noch unter Kontrolle hatten.

Als Stanley im Sommer 1871 nach Tabora kam, war Mirambos Einfluß größer denn je und immer noch im Wachsen begriffen. Die Stadt bereitete sich auf einen Krieg vor, da die Spannungen zwischen Mirambo und den Arabern zu eskalieren drohten. Beide Seiten wußten nur zu gut, daß der letzte afrikanische Häuptling, der sich den Arabern entgegengestellt hatte, ein Mann namens Mnywa Sere, sechs Jahre zuvor enthauptet worden war. Mirambo, der Vergeltung für ein ganzes Leben voller Ungerechtigkeit suchte, kümmerte es nicht, daß die Araber dreimal so viele Männer hatten wie er. Für ihn war es an der Zeit, den Krieg zu beginnen.

Zunächst nahm Mirambo entlaufene Sklaven bei sich auf – ein scheinbar nichtaggressiver Schachzug, mit dem er trotzdem die Aufmerksamkeit der Araber erregte und sie vor den Kopf stieß. Seine nächste kriegerische Handlung sollte sie jedoch an ihrem empfindlichsten Punkt treffen: dem Handel. Mirambo versperrte die Straße von Tabora nach Udschidschi. Versuchte eine Karawane, die Blockade zu durchbrechen, raubte man sie aus und tötete die Männer. Die Araber beriefen sofort einen Kriegsrat ein und beschlossen, Mirambo anzugreifen. In nur fünfzehn Tagen, so prophezeiten sie, würden sie den Ungläubigen vernichtet haben.

Bei seiner Ankunft in Tabora ahnte Stanley nichts von den Feindseligkeiten, die um ihn herum schwelten. Er war einfach nur erleichtert, es innerhalb von drei Monaten bis hierher geschafft zu haben und nun die einzelnen Teile der riesigen *New York Herald*-Expedition wieder zusammenführen zu können. Als der Gouverneur der Stadt, Scheich Said bin Salim, in seinen strahlend weißen Gewändern auf ihn zustolziert kam, um ihn willkommen zu heißen, war Stanley tief beeindruckt. Die beiden Männer begrüßten sich per Handschlag, wie alte Freunde, und gingen dann gemeinsam durch die Stadt zum Haus des Gouverneurs, wo man Stanley Tee und Pfannkuchen anbot. Auf dem Weg trafen sie den Statthalter Mkasiwa, mittlerweile ein älterer Mann.

Auf Stanley wirkte Tabora nicht wie ein Juwel. Ihn störten der Schmutz, die Primitivität und die feindselige, bedrückende Atmosphäre, wie sie in Grenzorten oder Straßendörfern häufig zu spüren ist. Die Blicke, mit denen die Leute aus der Gegend ihn anstarrten, waren ihm unangenehm und erinnerten ihn an Ugogo. Er war froh, daß sie nicht versuchten, ihn anzusprechen oder ihm auf irgendeine andere Weise näherzukommen. Allerdings glaubte er in ihrem Blick Respekt zu erkennen: »Sie alle zollten mir den Tribut, der mir aufgrund meiner Hautfarbe gebührt.«

Als Stanley später zu dem fünf Kilometer vor der Stadt gelegenen Haus ging, in dem er und seine Männer während ihres kurzen Aufenthaltes wohnen sollten, war er froh, Tabora wieder verlassen zu können. Burton und Speke mochten fünf Wochen lang an diesem Ort geblieben sein, doch er hatte nicht vor, länger als eine Woche hier Rast zu machen, bevor er zum letzten Teil der Reise aufbrach, der ihn nach Udschidschi führen sollte.

»Über dem Tal lag gleißend hell das Sonnenlicht«, schrieb Stanley über die Gegend um Tabora, die er allmählich nicht mehr als

»ein Bild ohne Farbe oder eine Speise ohne Geschmack« betrachtete. Statt dessen, schrieb er, blickte er hinauf in einen »blaßblauen, wolkenlosen und unglaublich beruhigenden Himmel«.

Das Haus, das ihm ein arabischer Kaufmann aus Tabora zur Verfügung gestellt hatte, glich einer Festung. Das Dach bestand aus schweren Holzbalken, die mit einem dichten Geflecht aus Reisigbündeln bedeckt war, die Wände aus Lehmziegeln. Es gab fast keine Fenster, dafür aber mehrere Lüftungsschlitze. Von der Veranda hatte man eine Aussicht über die weite Ebene. An den sechzehn Granatapfelbäumen im Hof konnten die Esel angebunden werden. Drinnen gab es eine Küche, eine Waffenkammer, eine Toilette mit vier Sitzen, einen Lagerraum für die Gepäckballen sowie Zimmer für Shaw, Bombay und alle anderen Begleiter Stanleys. Nachdem zwischen den einzelnen Teilen der Karawane über Monate hinweg nur ein loser Zusammenhalt bestanden hatte, wurde nun deutlich, daß Stanley und seine Leute im Grunde eine Mannschaft waren. Die Männer erneuerten ihre Freundschaften, erzählten einander ihre Reiseerlebnisse und feierten Stanley, der sich mittlerweile als ihr Herr und Freund sah.

Als die Araber dann auch noch eine kleine Karawane mit Schüsseln voller Curryhuhn, Reis, Pfannkuchen, Granatäpfel und Zitronen aus der Stadt herüberschickten, konnte die Einzugsfeier beginnen. Kurz darauf erschienen weitere Sklaven, die fünf Ochsen zum Schlachten brachten, zwölf Hühner und eine Schüssel mit einem Dutzend frischer Eier. »Das war echte, konkrete, edle Höflichkeit«, schrieb Stanley über seine arabischen Gastgeber, »die sogleich eine tiefe Dankbarkeit in mir weckte.«

Stanley war vom Aussehen der Araber, ihrem Charakter und ihren feinen Sitten zutiefst beeindruckt. Er bemerkte, daß die meisten von ihnen aus dem Oman kamen und sehr gut aussahen. Seit Bagamojo hatte Stanley versucht, alle unreinen Gedanken abzuwehren, denn er war fest entschlossen, sich zu bessern. Doch der Brauch der Araber, sich Nebenfrauen zu halten, hatte auch für ihn einen gewissen Reiz und bot ihm die Gelegenheit, für einen kurzen Moment den Pfad der Tugend zu verlassen und sich dem Genuß hinzugeben. Seine sonst so keuschen Tagebucheinträge strotzten bald nur so von Lust und Begierde. Er verzehrte sich vor Verlangen nach den Frauen aus dem Dorf, die er für viel attraktiver hielt als weiße Frauen – eine bis dahin für ihn unvorstellbare Erkenntnis. »Auch wenn dem Auge die alles andere als klassisch geschnittenen Gesichter der schwarzen Frauen Afrikas anfangs mißfallen, vergißt es schon bald, wie begeistert es einmal von feinen Zügen und zarter Blässe war. Bald wandert es lüstern über die unharmonischen, ausgeprägten Kurven des negroiden Körpers und blickt liebevoll in das breite, unbedarfte Gesicht mit den tiefschwarzen Augen, in denen sich nie die Lichter jener Liebe spiegeln, die das armselige Leben doch erst schön macht.«

Vielleicht setzte Stanley seine sexuellen Phantasien in die Tat um, doch wenn es geschah, erwähnte er nichts davon in seinem Tagebuch. Trotzdem kam es schließlich zu einer Verführung – auch wenn Stanley derjenige war, der verführt wurde. Über die staubige, zerfurchte Straße kamen die hochrangigsten Araber der Stadt angereist, um Stanley einen Besuch abzustatten. Sie behandelten den Journalisten wie einen Fürsten, und als sie beteuerten, wie treu sie dem weißhäutigen Fremden ergeben seien, nahm er ihr Wort für bare Münze. Sie erkundigten sich nach seinem Befinden und sprachen ihm ihre Bewunderung für seine Reisen aus. Stanley war von ihrer Höflichkeit und ihren guten Manieren äußerst angetan. Er fand, daß die Annehmlichkeiten eine angemessene Belohnung für all die Entbehrungen waren, die er seit seinem Aufbruch in Bagamojo hatten ertragen müssen.

Vier Tage nach Stanleys Ankunft sollte sich herausstellen, warum die Araber ihm den Hof machten. Seine Gastgeber luden ihn zu einem Festmahl ein. Begleitet von achtzehn Soldaten ritt er zur verabredeten Zeit in die Stadt. Zuerst erwartete ihn im Haus Sultan bin Alis, einem Oberst der Armee von Tabora, eine leichte Vorspeise. »Von dort«, schrieb Stanley, »wo Mokka und Sorbet serviert wurden, führte uns der Weg zum Hause Khamis bin Abdullahs, der in Erwartung meines Besuches ein Fest angesetzt hatte, zu dem seine Freunde und Nachbarn geladen waren. Die Gruppe würdevoller Araber in ihren langen, weißen Gewändern und adretten, ebenfalls schneeweißen Kappen, die bereits versammelt war, um mich in Tabora willkommen zu heißen, hinterließ bei mir einen großen Eindruck.«

Die Araber erzielten damit bei Stanley genau die erhoffte Wirkung. Im Grunde waren sie gar nicht zusammengekommen, um ein Festmahl zu seinen Ehren zu geben, sondern um einen Kriegsrat abzuhalten. Sie wollten Stanley überreden, sich ihrem Kampf gegen Mirambo anzuschließen. Der Ungläubige stellte in ihren Augen die größte Bedrohung für den Wohlstand Taboras dar, die es jemals gegeben hatte, und so erzählte man sich den ganzen Abend Geschichten von der Arroganz des kriegerischen Königs und wie sehr man sich wünschte, ihn ein für allemal in seine Schranken weisen zu können. Sie schilderten Stanley, wie blutrünstig Mirambo war und welches Vergnügen ihm der Krieg bereitete. Aufgebracht berichteten sie, wie er eine Karawane auf ihrem Weg nach Udschidschi aufgehalten und ihr Schießpulver, Waffen und Stoffe abverlangt habe. Als die Karawane den Zoll bezahlte, habe Mirambo die Beute eingesteckt und ihr mit vorgehaltenem Gewehr befohlen, nach Tabora zurückzukehren.

Sie versicherten Stanley, daß der Gouverneur, der auf einem Kissen am Boden saß, ein friedliebender Mensch sei und nichts unversucht gelassen habe, um Mirambo zu beschwichtigen. Jetzt bleibe ihnen nur noch der Krieg. Es folgte eine Rede nach der anderen, in denen man über das Recht der Araber sprach, die Handelsstraßen zu überwachen, und der Zeit hinterhertrauerte, als es noch möglich gewesen war, mit der Karawane durch die Lande zu ziehen und zum Schutz nichts anderes brauchte als einen Stock.

»Mirambo wird erst dann aufhören, wenn er alle Araber aus Unjajembe vertrieben hat und an Stelle von Mkasiwa über dieses Land regiert«, ereiferte sich der Tapferste der Runde, Khamis bin Abdullah. »Soll es wirklich so weit kommen, Söhne des Oman?«

Stanley hörte ruhig zu. Er wußte, daß er sich aus Streitigkeiten, die ihn nichts angingen, eigentlich heraushalten sollte. Ihm war letztlich klar, daß der Krieg unvermeidlich war und daß er nichts damit zu tun haben wollte. Die Zeit als grau uniformierter Soldat der Südstaaten hatte ihm vor Augen geführt, wie dumm es war, für eine fremde Sache zu kämpfen.

Andererseits würde er mit der Suche nach Livingstone nicht weiterkommen, solange man Mirambo nicht aufhielt. Er hoffte, daß die Araber recht hatten, wenn sie von einem kurzen Krieg sprachen, und überlegte, daß er vielleicht sogar zu einem raschen Sieg beitragen und dann nach Udschidschi weitereilen konnte. So bot er ihnen an, sich mit seinen Männern der arabischen Armee anzuschließen. »Die Araber zeigten sich siegesgewiß, und ich konnte ihre Begeisterung spüren«, beschrieb er seine Eindrücke. Dann wurden große Schalen mit Reis, Curry und gegrilltem Huhn aufgetragen.

Doch plötzlich kam Stanley ein furchtbarer Gedanke. Was würde geschehen, wenn Livingstone unterwegs von Udschidschi nach Tabora war? Was dann? Wäre er überhaupt auf einen Krieg gefaßt?

Sobald die Gesellschaft ins nächste Haus weiterzog, waren die Sorgen über Livingstones mögliche Gefährdung fürs erste verdrängt, doch als Stanley sich auf den Heimweg machen wollte, wurde ihm plötzlich in aller Deutlichkeit bewußt, daß Livingstone unbedingt Hilfe brauchte: Denn mitten in der Stadt stieß er auf Kirks Karawane mit der Hilfslieferung für den Forscher. Anders als Kirk gegenüber der Royal Geographical Society behauptet hatte, waren die Vorräte nie in Udschidschi angekommen. Stanley war außer sich. Auch wenn letztendlich Mirambos Krieg der Grund dafür war, daß die Karawane nicht weiterziehen konnte, gab Stanley dem stellvertretenden britischen Konsul die Schuld. Wäre sie bereits im November und nicht erst im Februar in Bagamojo aufgebrochen, dann hätte Mirambos Aufstand sie gar nicht beeinträchtigt und sie wäre längst in Udschidschi angekommen.

Wutentbrannt befahl Stanley Kirks Karawane, sich seinem Kommando zu unterstellen. Die Expedition des *New York Herald* würde Livingstones Vorräte und seine Post, die noch immer vollständig waren, nach Udschidschi bringen. »Der arme Livingstone! Wer weiß, ob er nicht vielleicht Not leiden muß, weil ihm genau diese Vorräte fehlen, die so lange ganz in der Nähe des britischen Konsulats zurückgehalten wurden«, schrieb Stanley.

Vor seiner Ankunft in Tabora waren Udschidschi und Livingstone für ihn noch in weiter Ferne gewesen, doch je näher er seinem Ziel kam und je öfter die Araber von Udschidschi sprachen, als sei es dorthin eine bequeme Reise von nur vier Wochen, um so mehr beschäftigte ihn die Suche nach Livingstone. Am 4. Juli, dem amerikanischen Unabhängigkeitstag, schrieb Stanley, dessen journalistischer Jagdinstinkt neu erwacht war, seinen ersten Bericht für den *New York Herald*. Er war in der Form eines Briefes an James Gordon Bennett jr. verfaßt und etwa fünftausend Wörter lang – genug, um die ganze Titelseite der Zeitung zu füllen. In den ersten Abschnitten rechtfertigte sich Stanley für das viele Geld, das er bisher ausgegeben hatte, und erinnerte Bennett an seine ausdrückliche Order, Livingstone zu finden, egal, was es kostete. »Nirgendwo in meiner Nähe gab es ein Telegrafenamt, so daß ich Sie nicht von diesen Kosten in Kenntnis setzen oder Ihre weiteren Anweisungen entgegennehmen konnte«, entschuldigte sich Stanley, der durch die Wahl seiner Worte sicherzustellen versuchte, daß Bennett die Rechnung auch zahlen würde, wenn er sie erhielt. »Achttausend Dollar wurden zur Anschaffung von Stoff, Perlen und Draht verwendet, die ich für meine Geschäfte mit den Wilden benötigte, durch deren Gebiete ich kam.«

Nachdem Stanley sein Anliegen zu Papier gebracht hatte, ging er zur eigentlichen Beschreibung seiner Reise über. Seine Schilderung des Lebens in Afrika war ausführlich und vielschichtig und richtete sich eher an den Durchschnittsleser als an Bennett. Stanley sprach von seinen Ängsten und Hoffnungen und gestand sogar, daß ihm der Gedanke an Selbstmord gekommen war. Farquhars Tod erwähnte er jedoch nur am Rande. Shaw stellte er als einen faulen, unverschämten Kerl dar, während er Selim als ehrenwert und fleißig lobte. Der Leser erfuhr, daß Stanleys Karawane doppelt so schnell vorankam als die von Burton oder Speke und für die Reise nach Tabora kaum länger gebraucht hatte als die schnellsten Araber. »Ich würde gern weitere Einzelheiten über dieses fremde, beinahe völlig unbekannte Land berichten«, schrieb er, »doch die Natur meiner Mission, die zügiges Handeln und meine gesamte Kraft erfordert, verbietet es mir. Möglicherweise gesteht es mir ja der *Herald* eines Tages zu, meine Erlebnisse auf dem langen Marsch, all die Schicksalsschläge und Freuden, ausführlicher zu beschreiben, und ich versichere Ihnen schon jetzt, daß Ihre Leser kein geringes

Interesse dafür zeigen werden. Doch zur Zeit gilt meine ganze Aufmerksamkeit der Reise und der Leitung der Expedition, Pflichten, deren auch nur ansatzweise Vernachlässigung die verheerendsten Folgen nach sich ziehen würde.«

Die Informationen, die sein Publikum am meisten interessierten, sparte Stanley für die letzten Seiten seines Berichts auf. Livingstone habe anscheinend etwas zugenommen, erklärte er. Zudem habe er einen langen, weißen Bart und sei von den Arabern, die ihn gesehen hatten, als »sehr alt« beschrieben worden. Am wichtigsten war jedoch, daß sich Livingstone angeblich auf dem Weg nach Udschidschi befand. »Bis ich mehr über ihn herausfinde oder den schon so lange vermissten alten Herrn persönlich treffe, sage ich Ihnen Lebewohl«, schloß er. »Doch ganz gleich, wo er sein mag: Seien Sie versichert, daß ich die Suche nach ihm nicht aufgeben werde. Wenn er noch lebt, werden Sie erfahren, was er zu erzählen hat. Wenn nicht, dann werde ich ihn dennoch finden und Ihnen seine Gebeine bringen.«

Kapitel 19

Das Massaker

15. Juli 1871, Njangwe

Der Sommer am Äquator erreichte seinen Höhepunkt, und Livingstone konnte es kaum erwarten, Njangwe zu verlassen. Er war inzwischen »aufs Betteln angewiesen«, denn die wenigen Vorräte, die er noch besaß, befanden sich in Udschidschi. Die Einwohner Njangwes weigerten sich immer noch, ihm ein Kanu auszuleihen. Als dann allerdings ein arabischer Händler auf der Suche nach Elfenbein versuchte, mit seinen Männern auf dem Fluß Lualaba Richtung Norden zu paddeln, so wie es auch Livingstone vorhatte, wurden viele seiner Fragen beantwortet: Es traf die Nachricht ein, der Mann sei auf der vierten Tagesetappe nach seinem Aufbruch ertrunken, als sein Kanu in eine felsige, enge Stromschnelle geriet. »Hassanis Kanufahrt auf dem Fluß scheiterte an einer engen Stelle vier Tagesreisen flußabwärts«, kommentierte Livingstone die Tragödie. »Zu beiden Seiten des Ufers ragen Felsen in den Fluß, jedoch nicht an unmittelbar gegenüberliegenden Stellen, sondern versetzt. Die gewaltigen Wassermassen drücken dagegen, rauschen um die beiden Felsvorsprünge und bilden so einen furchtbaren Strudel, in den das erste Kanu hineingezogen wurde. Es schlug um, und fünf Menschen fanden den Tod.« Nach einigem Nachdenken kam Livingstone zu der Überzeugung, daß es eine göttliche Fügung sein mußte, weshalb er solche Schwierigkeiten hatte, ein Kanu zu mieten: »Mein Flehen um eine Rettung ist erhört worden, denn ich wurde davon abgehalten, zu der tödlichen Stelle zu fahren.«

Livingstone änderte also seine Pläne. Da er in Njangwe weder

Perlen noch Stoffe hatte, von den Arabern jedoch erfuhr, daß angeblich eine neue Ladung an Vorräten auf dem Landwege von Sansibar nach Udschidschi gelangt war, setzte er alles auf eine Karte. Anstatt auf dem Lualaba durch die Stromschnellen zu fahren, wollte er nun dem Flußlauf am Ufer entlang folgen. In seiner Notlage machte Livingstone einem der Sklavenhändler ein kompromißloses Angebot: Eine Karawane sollte ihn über den Lualaba in die Region Katanga bringen, wo er die Nilquelle vermutete. Im Gegenzug würde er dem Händler die Lebensmittel, Medikamente und Stoffe im Wert von vierhundert Pfund überschreiben, die in Udschidschi vermutlich für ihn bereitlagen.

Der Händler hieß Dugumbe bin Habib und führte eine große Sklavenkarawane an, die am Ufer des Lualaba lagerte. Strenggenommen war Livingstone seit seiner Ankunft in Njangwe bin Habibs Geisel, denn dieser hatte ihn mit Nahrung versorgt und ihm ein Haus bauen lassen. Livingstones Briefe dagegen schickte er nicht ab, und auch sonst verweigerte er ihm die bescheidensten Wünsche, beispielsweise das Kanu, mit dem er den nur vierhundert Meter breiten Fluß überqueren und seine Expedition fortsetzen wollte. Bin Habib versuchte zu verhindern, daß Livingstone in die Zivilisation zurückkehrte und Geheimnisse über den Sklavenhandel preisgab. Doch als der Forscher ihm eine so enorme Menge an Vorräten in Aussicht stellte, fiel es dem Geschäftsmann schwer, das lukrative Angebot auszuschlagen. Er bat Livingstone um Bedenkzeit.

Am 15. Juli 1871 saß Livingstone wie immer an seinem angestammten Platz im Schatten, von wo aus er das Markttreiben beobachten konnte. Als der Markt an diesem Nachmittag begann, kam es zu einer Auseinandersetzung. Schon den ganzen Morgen hatte Livingstone vom gegenüberliegenden Ufer des Lualaba Schüsse gehört und Rauch von den Hütten aufsteigen sehen, die die Araber auf ihrem mörderischen Sklavenraubzug in Brand gesteckt hatten. Als er auf den Platz gehumpelt war, war ihm aufgefallen, daß an diesem Tag nur etwa tausendfünfhundert Menschen gekommen waren. Er machte die Brände dafür verantwortlich, denn er erinnerte sich, daß viele der Leute, die sonst zum Markt kamen, in den betroffenen Dörfern lebten.

Livingstone beim Tagebuchschreiben

Livingstone sah inzwischen längst nicht mehr so aus, wie Murchison und die englische Öffentlichkeit ihn kannten. Abgesehen davon, daß er einen Bart trug und ihm fast alle Zähne ausgefallen waren, hatten seine Untätigkeit und die Verköstigung durch die Araber ihn dick und rund werden lassen. Er paßte kaum noch in seine Kleider. Die Araber wunderten sich, wie Livingstone einen ganzen Topf Reis mit Buttersoße vertilgen konnte und danach immer noch für eine Schüssel Haferbrei Platz hatte. Sobald er wieder unterwegs wäre, würde Livingstone ganz automatisch abnehmen, aber vorerst watschelte er gemächlich herum und bekam kaum Luft. So hatte er sich mit einem erschöpften Schnaufen im Schatten niedergelassen, um sich die Leute anzusehen und in sein Tagebuch zu schreiben.

Im Lauf der Monate hatte er von diesem Platz aus einiges mitverfolgen können. Die Einheimischen hatten sich so an seine Gegenwart gewöhnt, daß sie ihm und den Arabern kaum mehr Beachtung schenkten. Sie hatten verstanden, daß die Araber Njangwe nicht überfallen, sondern lediglich als Ausgangspunkt für ihre Angriffe auf andere Dörfer benutzen wollten. Als einziges Gesetz galt, daß auf dem Marktplatz niemand eine Waffe tragen durfte.

Doch auch wenn sich die beiden Volksgruppen in der Stadt mischten, ahnte die einheimische Bevölkerung, daß die Araber theoretisch mächtig genug waren, sie zu versklaven. Und tatsächlich waren die Araber nicht ganz unschuldig daran, daß sich die Kluft zwischen ihnen und den Afrikanern vertiefte: Obwohl sie schon seit Jahrhunderten mit den afrikanischen Völkern zusammenlebten, sonderten sie sich von ihnen ab und blickten auf sie herab. Bereits im siebten Jahrhundert hatten die Araber erste Handelsbeziehungen mit den ostafrikanischen Küstengebieten begonnen, so daß sich ihre Kultur, Sprache und Religion mit jener der dort ansässigen Bantus vermischt hatte. So entstand das Suaheli als eine Mischung aus Arabisch und Bantu. Während man anfangs noch Perlen gegen Elfenbein tauschte, stand seit dem sechzehnten Jahrhundert der Sklavenhandel im Vordergrund. Doch nicht nur die Araber und die europäischen Kolonialmächte – allen voran Portu-gal – ließen den Kontinent ausbluten. Auch afrikanische Stämme beteiligten sich an den Sklavenraubzügen, denn die Ware Mensch hatte einen größeren Wert als Gold und Elfenbein.

»Es war ein schwüler Tag«, schrieb Livingstone später. »Als ich hinunter zum Marktplatz ging, begegnete ich Adie, Manilla und drei der Männer, die kurz zuvor mit Dugumbe eingetroffen waren. Ich war überrascht, die drei hier mit Waffen zu sehen, und, wie einer meiner Männer, wollte auch ich sie eigentlich dafür tadeln, daß sie bewaffnet gekommen waren.«

Livingstone schrieb den Fauxpas der Neuankömmlinge dem Umstand zu, daß sie noch nicht mit den in Njangwe geltenden Sitten vertraut waren, und stand auf, um zu gehen. Dabei sah er, wie zwei der Araber mit einem Verkäufer um ein Huhn feilschten und schließlich versuchten, es ihm aus der Hand zu reißen, ohne zu bezahlen. Auf dem Markt ging es immer turbulent zu, und Geschrei und Unstimmigkeiten waren an der Tagesordnung. Daß sich zwei Männer mit einem Verkäufer nicht einig wurden, war nichts Außergewöhnliches.

Doch dann geschah etwas, was Livingstones Einstellung gegenüber den Sklavenhändlern mit einem Schlag und für immer veränderte. »Als mitten im Gedränge zwei Pistolen abgefeuert wurden, wußte ich, daß das Gemetzel begonnen hatte. Hals über Kopf flüchteten die Menschen vom Marktplatz. Vor Schreck ließen sie ihre Einkäufe fallen und rannten davon. In diesem Moment eröffneten die drei Männer das Feuer auf die Menge am oberen Ende des Platzes. Unten am Bach gab eine weitere Gruppe Gewehrsalven auf die Frauen ab, die in wilder Panik hinunter zu den Kanus stürmten. Auf dem Wasser jedoch verkeilten sich die Boote ineinander – es waren sicherlich fünfzig oder mehr –, und vor lauter Schreck, der alle erfaßt hatte, vergaßen die Männer die Paddel.«

Der Lualaba selbst war breit, aber der Bach, der in ihn mündete und auf dem nun die Kanus festsaßen, war schmal und floß nur träge dahin. Da alle gleichzeitig zu den Booten gestürzt waren, war der Durchlaß blockiert, so daß die Araber ein regelrechtes Übungsschießen veranstalten konnten, bei dem die Männer, Frauen und Kinder von Njangwe als Zielscheiben dienten. »Von Kugeln getroffen«, schrieb Livingstone, »sprangen und kletterten sie schreiend ins Wasser.«

Die Araber standen am Flußufer, zielten, feuerten und luden, so schnell sie konnten, nach, als wollten sie um keinen Preis die Gelegenheit versäumen, so viele Menschen wie möglich zu töten. Die Dorfbewohner ließen die Kanus zurück, sprangen in den Lualaba und versuchten, zum gegenüberliegenden Ufer zu schwimmen. Nun konnten die Araber ihre Schießkünste unter Beweis stellen, denn anstatt der Beine oder des Rumpfs mußten sie jetzt den Kopf anvisieren, der aus dem Wasser ragte. Die Sonne spiegelte sich auf dem trägen, grünen Fluß, so daß sich die Köpfe schwarz gegen ihn abhoben, wie schwimmende Melonen. »Über der Wasseroberfläche sah man in langen Reihen die Köpfe derjenigen, für die es kein Entrinnen gab«, schrieb Livingstone. Unterwegs war ihm das Papier ausgegangen, so daß er als Tagebuch jeden Zettel verwendete, den er finden konnte, ob alte Rechnungen oder die Seiten einer Zeitschrift. Auch seine Tinte war aufgebraucht, und er hatte selbst für Nachschub gesorgt, indem er Wurzeln ausgepreßt und einen roten Saft daraus gewonnen hatte. Diese Farbe verlieh seiner Schilderung des Gemetzels etwas Gespenstisches.

»Schuß um Schuß wurde auf die Hilflosen und Ertrinkenden abgefeuert. Die lange Reihe von Köpfen verschwand zum großen Teil lautlos unter Wasser, einige arme Kreaturen rissen noch ihre Arme hoch, so, als wandten sie sich an den allmächtigen Vater. Dann gingen auch sie unter.«

Das Blutbad nahm kein Ende, und bald herrschte ein Durcheinander wie auf einem Schlachtfeld. Die Verwundeten, die sich ans andere Ufer hatten retten können, stöhnten im Todeskampf. In der Strommitte versuchte ein Afrikaner, dem es gelungen war, ein Boot auf den Fluß hinauszulenken, anderen zu helfen, während manche, die ein Kanu ergattert hatten, allein die Flucht ergriffen. Die Frauen aus dem Dorf kannten den Fluß gut, da sie dort seit jeher nach Austern tauchten. Viele von ihnen konnten den Atem lange genug anhalten, um sich von der Strömung unter Wasser flußabwärts treiben zu lassen. Sie tauchten dabei nur kurz auf, um Luft zu holen. Am anderen Ufer des Lualaba, wo sie außer Reichweite der Gewehre waren – und wohin sich Livingstone auf seinen Erkundungsreisen nie gewagt hätte – stiegen die Frauen aus dem Wasser und verschwanden im Urwald. Manche allerdings kamen nicht weit: Sie wurden, eine nach der anderen, von den unzähligen Krokodilen verschlungen.

Vierundzwanzig Stunden lang tobte das Schießen und Brandschatzen. Als die Araber die Grashütten anzündeten und den letzten Flüchtenden ihre eigenen Kanus hinterherschickten, um sie einzufangen und zu versklaven, stellte sich heraus, daß sie neben den etwa vierhundert Einheimischen auch zwei ihrer eigenen Männer getötet hatten. Ein weiterer Sklavenhändler ertrank auf dem Fluß, als sein Boot umschlug – seine eigene Gier war ihm zum Verhängnis geworden.

Livingstone verfolgte das Blutbad ohnmächtig und völlig fassungslos. Was als ganz gewöhnlicher Streit um ein Huhn begonnen hatte, war zu einer katastrophalen Demonstration der Brutalität geworden, zu der die Araber fähig waren. Daß der Übergriff nicht geplant gewesen war und ihm keine umfassendere Taktik der Araber zugrunde lag, ließ ihn nur noch sinnloser erscheinen. Livingstone war außer sich, doch er konnte nichts tun, um dem Morden ein Ende zu bereiten. Der Brite in ihm rief ihm jedoch ins Bewußtsein, daß er durchaus eine gewisse Verantwortung hatte, und verlangte nach Ordnung. Livingstone zog also die britische Flagge aus seinem Gepäck, die er als offizieller Konsul für das Innere Afrika mit sich führen durfte, schickte seine Männer damit los und forderte eine Waffenruhe. Erst jetzt bekam bin Habib seine Leute wieder in den Griff. Sie hörten für einen Moment auf zu schießen, und in der unheimlichen Stille, die nun eintrat, hörte man nur die Schreie der Verwundeten, die um Hilfe flehten.

Livingstone zog seine Pistole und marschierte auf die Mörder zu. Er war bereit, etwas zu tun, was ihm nie zuvor in den Sinn gekommen war: Er war bereit zu töten. Doch so weit sollte es nicht kommen. Bin Habib stellte sich ihm in den Weg, denn er wußte nur zu gut, daß seine abtrünnigen Untergebenen den dicken, alten Mann erschießen würden, ohne mit der Wimper zu zucken. Livingstone konnte nichts tun, um seiner Entrüstung Luft zu machen, als Zuflucht in seinem Tagebuch zu suchen und sich erneut dem Kampf gegen die Sklaverei zu verschreiben. Fast fünf Jahre lang hatte er seine Augen davor verschlossen und war seinen Prinzipien untreu geworden, nur wegen seiner Forschungsarbeit und der Annehmlichkeiten, die er dank seiner arabischen Gastgeber genoß. Er fühlte sich, als habe er vor lauter Ehrgeiz einen Teil seiner Seele verkauft. Hatte er denn irgend etwas erreicht? Er war kränker als je zuvor, völlig mittellos und ohne einen einzigen Beweis dafür, daß er mit seinen Theorien über die Nilquelle recht hatte. Zwar war er zu einigen sehr brauchbaren Erkenntnissen gelangt und hatte genügend Belege sammeln können, um diese zu stützen, doch es war nicht von der Hand zu weisen, daß die Forschung jetzt, im Sommer 1871, noch keinen Schritt weiter war als im Jahr des Nil-Duells.

»Während ich diese Zeilen schreibe, höre ich vom linken Flußufer her ein lautes Wehklagen über jene, die dort ermordet wurden. Die Trauernden wissen nicht, wie viele ihrer Kameraden nun am Grund des Lualaba liegen. O Herr, dein Reich komme!« flehte er. »Niemand wird je erfahren, wie viele an diesem strahlenden, schwülen Vormittag tatsächlich ihr Leben lassen mußten. Ich hatte das Gefühl, ich sei in der Hölle.«

Den restlichen Tag über half Livingstone den Überlebenden, ihre Partner wiederzufinden. Als die Anstifter des Massakers später dann auch noch die Frechheit besaßen, ihm die Schuld zu geben, wußte er, daß es höchste Zeit war zu verschwinden. Er verwarf seinen Plan, den Fluß zu überqueren und die Quellen des Herodot zu finden, und beschloß, statt dessen nach Udschidschi zurückzukehren. Die afrikanischen Häuptlinge, die Livingstone anfangs für einen Sklavenhändler gehalten hatten, waren tief beeindruckt, daß er sich bei dem Massaker auf ihre Seite gestellt hatte. Sie flehten ihn an, er solle doch bleiben und ihnen helfen, einige der umliegenden Dörfer zu einer Nation der Manjuemas zusammenzuschließen, dessen Herrscher Livingstone werden sollte. »Doch ich erklärte ihnen, daß ich mich der Gesellschaft, in der ich mich befand, so sehr schämte, daß ich den Manjuemas kaum in die Augen sehen könne. Den Arabern war nicht entgangen, daß ich sie am liebsten getötet hätte. Wie würden sie sich mir gegenüber nun verhalten? Ich konnte nicht länger unter Männern leben, an deren Händen Blut klebte, und wollte nur fort.« Livingstone plante, nach Udschidschi zurückzukehren und die Vorräte entgegenzunehmen, die dort für ihn bereitlagen. Dann würde er neue Männer anwerben und seine Suche nach der Nilquelle von vorn beginnen.

Gerade als Livingstone sich zum Aufbruch bereitmachte, verschlechterte sich sein Gesundheitszustand wegen der gerade überstandenen Aufregung wieder. Durch seine Darmkrankheit verlor er eine erhebliche Menge Flüssigkeit und Blut. »Den ganzen Morgen mußte ich das Bett hüten, denn das Gemetzel machte mich krank – es erfüllte mich mit einem unsäglichen Entsetzen«, schrieb er später. »›Geh nicht fort‹, baten mich die Häuptlinge der Manjuemas, doch ich kann diese Qualen hier nicht länger ertragen.«

Nur wenige Tage nach dem Massaker, sobald die Ruhr abgeklungen war, verließ Livingstone Njangwe fluchtartig. Um ihm zu zeigen, daß sie ihm seine Entscheidung nicht übel nahmen, verabschiedeten sich die Araber von ihm. Sie hatten jedoch wenig Hoffnung, daß Livingstone die dreimonatige Reise nach Udschidschi wohlbehalten überstehen würde, denn die Feindseligkeiten zwischen den Arabern und den einheimischen afrikanischen Stämmen hatten inzwischen ihren Höhepunkt erreicht. Livingstone hatte weder Araber als Begleitung noch deren Waffen, um sich zu verteidigen. Daß der Forscher – von dem bekannt war, daß er in Gesellschaft der Araber unterwegs war – von einem afrikanischen Stamm ermordet würde, war keineswegs unwahrscheinlich.

Was die Reise noch gefährlicher machte, war die Tatsache, daß die geplante Route nach Udschidschi für Livingstone neu war und durch unberührte Urwälder und ein von Kannibalen wimmelndes Gebiet führte. Außerdem trug er eine leuchtend rote Weste, die zu Ehren seiner Gastgeber nach genau dem gleichen Schnitt gefertigt war, wie die der Araber. Aber Livingstone kam gar nicht auf die Idee, daß die Afrikaner ihn leicht für einen Araber halten könnten.

Die ersten fünf Tage seiner Reise verliefen ohne Zwischenfälle. Gemeinsam mit Chuma, Susi und einer Handvoll Trägern zog er vorsichtig weiter. Er versuchte, zügig voranzukommen, aber trotzdem möglichst unauffällig zu bleiben. Am sechsten Tag kam Livingstone über einen Bergkamm und blickte hinunter in ein wunderschönes grünes Tal. Als er es durchquerte, bemerkte er allerdings, daß es menschenleer war. Die Araber hatten alle ehemaligen Bewohner als Geiseln genommen und nichts als die verkohlten Überreste ihrer Dörfer zurückgelassen. Livingstone war schockiert und sprach von einem Akt »reinster Böswilligkeit«. Er schien nichts gegen den Sklavenhandel in Afrika ausrichten zu können. Einige Tage später fragte ihn eine andere Gruppe afrikanischer Träger, die ebenfalls auf dem Weg nach Udschidschi war, ob sie sich ihm anschließen könne. Livingstone willigte sofort ein. Seine Mannschaft bestand nun aus beinahe achtzig Leuten. Nachdem er das vernichtende Massaker von Njangwe hilflos hatte mit ansehen müssen und dann auch noch die geisterhaften Ruinen von durch den Sklavenhandel entvölkerten Dörfern entdeckt hatte, schien er jetzt einen Weg gefunden zu haben, wie er zumindest einigen Afrikanern das Leben retten konnte – selbst wenn ihre potentiellen Mörder ebenfalls Afrikaner waren. Die zusätzliche Sicherheit, die ihm die neu hinzugekommenen Männer garantierten, gab ihm ein gutes Gefühl, als sie »an den zu Recht erzürnten« Stämmen der Gegend vorbeizogen.

Zwei Wochen nach der Abreise stießen Livingstone und seine Männer auf weitere niedergebrannte Siedlungen. Sie verbrachten die Nacht zwischen den Überresten eines Dorfes, nachdem sie zu ihrem Schutz einen Zaun aus angespitzten Stöcken errichtet hatten. Am Morgen fühlte sich Livingstone elend, doch er drängte vorwärts. Im nächsten Ort erregte seine rote Weste die Aufmerksamkeit der Bewohner. Erst jetzt begriff er, was sie bedeutete. »Die Menschen rannten davon, tauchten bewaffnet und in großer Entfernung wieder auf und weigerten sich, näher zu kommen«, schrieb er. »Sie warfen Steine nach uns und versuchten diejenigen zu töten, die Wasser holen wollten.«

In dieser Nacht schlief Livingstone in einer kleinen Hütte. Um sich herum hatte er ein Moskitonetz aufgehängt, das er zum Schutz gegen die Insekten immer bei sich hatte. Ihm war übel, und er wälzte sich unruhig von einer Seite auf die andere. Daß die Einheimischen immer überzeugter waren, er und seine Männer seien Sklavenhändler, bereitete ihm große Sorgen. Anders als in Njangwe betrachteten ihn die Kannibalen dieser Region Manjuemas als ihren Feind. Es wäre ganz nach ihrem Geschmack gewesen, den tapferen, verehrten und verschollenen Forscher zu töten. Nicht nur das: Wie alle ihre im Kampf getöteten Feinde hätten sie ihn auch mit dem größten Vergnügen in einen Kessel mit kochendem Wasser gesetzt, bis er gar war, und dann verspeist.

Am nächsten Morgen sollten sich Livingstones böse Vorahnungen bestätigen. Die Gruppe marschierte gerade einen Urwaldpfad entlang, der so eng war, daß ihnen die Zweige ins Gesicht schlugen, als sie plötzlich auf eine Wegsperre aus gefällten Baumstämmen stießen. Das seitliche Unterholz war so dicht, daß an ein Durchkommen nicht zu denken war, und über ihnen wuchs ein undurchdringliches, dreifaches Blätterdach. Livingstone war lange genug in Afrika gewesen, um einen Hinterhalt sofort zu erkennen, und als er hinaufblickte, konnte er tatsächlich schemenhafte Gestalten sehen, die angriffsbereit in den Baumkronen saßen.

Livingstone und seine Männer waren von beiden Seiten eingeschlossen, wurden von oben beobachtet und hatten keine Möglichkeit umzukehren. Somit waren sie eine leichte Beute. Livingstone kletterte als letzter über die Baumstämme. »Ich befand mich hinter dem Hauptteil der Gruppe. Alle anderen hatten sie ungehindert vorbeigelassen, außer mir, den Anführer, den sie für Mohamed Bogharib hielten«, beschrieb Livingstone später die Situation. Nun saß er in der Falle. »Die rote Weste, die sie zuvor an mir gesehen hatten, war ihnen Beweis genug, daß ich es war, der bin Juma den Auftrag gegeben hatte, fünf ihrer Männer zu töten, elf Frauen und Kinder gefangenzunehmen und fünfundzwanzig Ziegen zu stehlen.«

Im nächsten Augenblick prasselte ohne jede Vorwarnung aus den Bäumen und dem dichten Gebüsch seitlich des Weges ein Hagel von Speeren auf ihn nieder. Livingstones Karawane war in eine regelrechte Todeszone geschleust worden. »Ein unsichtbarer Angreifer schleuderte einen weiteren Speer nach mir, der in weniger als dreißig Zentimetern Entfernung vorbeiflog«, schrieb Livingstone. »Wir feuerten Schüsse in das Dickicht des Waldes ab, was jedoch müßig war, denn man konnte nichts erkennen. Nicht weit von uns entfernt hörten wir jedoch die Beschimpfungen und höhnischen Bemerkungen der Männer.« Als Livingstone, so schnell er konnte, weitereilte, kam er am Wegrand an zwei Trägern vorbei, denen ein Speer aus dem Leib ragte.

Ganze fünf Stunden hasteten er und seine Männer den Pfad entlang, unablässig unter Beschuß. Von den Baumkronen aus verfolgte ihn der Spott seiner unsichtbaren Gegner. »Nun kann ich es in aller Frömmigkeit sagen: Während dieses endlosen fünfstündigen Spießrutenlaufs durch die aufgebrachten Wilden, die sich allesamt darum rissen, denjenigen zu ermorden, der ihrer aufrichtigen Überzeugung nach eines schrecklichen Verbrechens schuldig war, gingen mir keine erhabenen Gedanken durch den Kopf«, gab er zu. »Die Aufregung wich einer ungeheuren Erschöpfung, und ich fühlte mich, wie sich Soldaten auf einem Schlachtfeld fühlen müssen: nicht mutig, sondern völlig gleichgültig, ob sie getötet werden oder nicht.«

Dann glaubte sich Livingstone endlich in Sicherheit, mußte aber erkennen, daß er in einen weiteren raffinierten Hinterhalt geraten war. »Ich kam in ein Waldstück, das für den Ackerbau gerodet worden war, und erblickte einen riesigen Baum, der noch größer wirkte, da er auf einem sechs Meter hohen Ameisenhaufen stand. Die Wurzeln hatte jemand in Brand gesetzt.« Der gigantische Baum, dessen Stamm von unten her bereits vom Feuer zerfressen war, stand so unsicher, daß er jeden Moment auf den Weg fallen und Livingstone und seine Männer erschlagen konnte. Doch der Forscher war sich »der Gefahr nicht bewußt«.

In diesem Augenblick brachten die unsichtbaren Feinde den Baum zum Umstürzen. Mit einem lauten Krachen, das wie eine Gewehrsalve durch die Stille des Urwalds hallte, brach der Stamm. Voller Entsetzen blickte Livingstone nach oben und sah den Baum direkt auf sich zustürzen. Er wußte nicht, in welche Richtung er fliehen sollte, denn der Baum würde mit seinem mächtigen Stamm und den ausladenden Ästen bei seinem Aufprall ein ganzes Stück des Weges unter sich begraben. »Ich rannte einige Schritte zurück, und schon donnerte er einen Meter hinter mir zu Boden, zerbarst in mehrere Stücke und hüllte mich in eine dicke Staubwolke. Wären die Äste nicht schon vorher abgefault gewesen, hätte ich es wohl kaum überlebt.«

Gegen Abend überquerte Livingstone den kleinen Fluß Liya und kam in ein gerodetes Gebiet. In dem Dorf Monanbundwa wurde er herzlich empfangen und konnte sich endlich ausruhen. Der Häuptling kam unbewaffnet zu ihm, und Livingstone erklärte ihm, daß man ihn irrtümlicherweise für den Sklavenhändler Mohamed Bogharib halte, er aber nicht die Absicht habe, irgend jemanden umzubringen. Der Häuptling war beruhigt und erlaubte den Männern, die Nacht im Dorf zu verbringen. Damit es nicht zu weiteren Anfeindungen käme, beschloß Livingstone, die Weste vorerst nicht mehr zu tragen.

Ohne sein Wissen hatte er den Beginn eines großangelegten Aufstands der Stämme westlich des Tanganjikasees gegen die Araber miterlebt, der zur gleichen Zeit anfing wie Mirambos Revolte, aber nicht direkt mit dieser zu tun hatte. In den folgenden Monaten steckten die Manjuemas die Lager der Araber in Brand und beschossen die Helfer der Sklavenhändler. Klugerweise verwendeten die Manjuemas dabei Pfeil und Bogen, denn damit waren sie schneller als die Araber mit ihren altmodischen einschüssigen

Musketen. »Dies ist für die arabischen Händler der Anfang vom Ende«, schrieb Livingstone. »Sie werden dieses Land verlassen müssen.«

Livingstone näherte sich allmählich dem Kannibalengebiet. Die Strapazen des Tages, an dem sie angegriffen worden waren, hatten sein Abwehrsystem jedoch massiv geschwächt. Die Ruhr brach von neuem aus, er verlor seinen Appetit, und der Staub in seinen Augen machte ihn vorübergehend blind. Obwohl sich die Männer nach wie vor auf gefährlichem Terrain befanden, war Livingstone gezwungen, an den meisten Tagen eine Rast einzulegen. Sie mußten sich in brütender Hitze durch eine gebirgige Wildnis kämpfen. Da seine Füße angeschwollen waren, paßten ihm seine französischen Schuhe nicht mehr: Die Sohlen lösten sich ab, und die Oberseite war halbverrottet. Zu allem Unglück führte der Weg nun auch noch über ein Geröllfeld aus scharfkantigen Quarzbrocken. »Der schmerzende Körper beherrschte die Gedanken«, schrieb Livingstone, »und es ist nicht übertrieben, wenn ich behaupte, daß jeder einzelne Schritt der sieben- bis achthundert Kilometer langen Strecke eine einzige Qual war.«

Kapitel 20

Noch mehr Krieg

21. Juli 1871,
550 Kilometer von
Livingstone entfernt

Stanleys fiebrige Reise durch sein Unterbewußtsein neigte sich allmählich dem Ende. Der Journalist konnte es kaum glauben, als Shaw sich über ihn beugte und ihm erklärte, daß er die vergangenen zwei Wochen krank im Bett gelegen hatte. Diesmal war es die gefährlichste Form der Malaria gewesen, *Plasmodium falciparum*, bei der auch das Gehirn in Mitleidenschaft gezogen werden kann. Stanley wäre daran fast gestorben, wenn Shaw ihn nicht wieder gesund gepflegt hätte. Er hatte ihn mit Haferschleim gefüttert und ihm Brandy eingeflößt. Stanley konnte sich an nichts erinnern, außer an ein paar vage Gefühle und Erinnerungen, die in ihm hochgekommen waren und ihm ins Gedächtnis riefen, woher er kam und was ihm bevorstand. »Mir fielen die Schlachtfelder in Amerika wieder ein«, schrieb er, »und die stürmischen Szenen eines wütenden Krieges.«

Auch in den folgenden sechs Wochen sollte der Krieg wüten. Die amerikanische Flagge voran, ließ Stanley seine Männer zusammen mit denen der Araber in den Kampf gegen Mirambo ziehen. Mit den disziplinierten Aufmärschen der Nordstaaten bei Shiloh oder dem entschlossenen Angriff der Briten auf die Bergfestung Magdala hatte diese Kriegführung jedoch nichts gemeinsam. Das übliche Vorgehen der arabischen Sultane schien vielmehr darin zu bestehen, den Feind durch den Urwald zu jagen. Auf Befehl ihrer Herren mußten die Sklaven – die keinerlei Ausbildung besaßen – gegen ihre eigenen afrikanischen Landsleute kämpfen. Mirambo war jedoch auf den Angriff vorbereitet. Klug wie er war, hatte er seine Truppen angewiesen, sich in den Wäldern und im hohen Gras zu verstecken. Stanley bewunderte inzwischen die Kriegstaktik des ungebildeten Häuptlings, die er für genial hielt – und für unglaublich grausam. Er schrieb sogar eine Depesche an den *Herald*, in der er Mirambo als den »afrikanischen Bonaparte« bezeichnete.

Am Morgen des 4. August schmierten sich die Männer den ganzen Körper mit einer Mischung aus Mehl und einem Pflanzensaft ein, die sie im Gefecht beschützen sollte. Stanleys Malaria brach wieder aus, und Fieber und Schwäche pulsierten durch seine Adern. Die Angst vor dem Kampf trug zu seinem elenden Gefühl bei, und die Bedingungen seiner Allianz mit den Arabern ließen ihn das Schlimmste befürchten. Anstatt seinen Männern selbst zu befehlen, würde er mit ihnen unter dem Kommando des hitzigen Khamis bin Abdullah in die Schlacht ziehen, der als der eigentliche Oberbefehlshaber des Feldzuges fungierte. Kurz vor Mittag umstellte die fast zweitausendfünfhundert Mann starke arabische Truppe die Holzumzäunung um Mirambos Dorf und bereitete sich auf den Angriff vor. »Khamis bin Abdullah schlich durch den Wald auf die Westseite des Dorfes«, schrieb Stanley. »Als wir zwischen den Bäumen hervorkamen, wurde plötzlich das Feuer auf uns eröffnet.«

Stanley konnte der Schlacht sogar etwas Komisches abgewinnen, denn die Araber und ihre Sklaven gingen völlig planlos vor, wenn sie Deckung suchten oder sich unter Beschuß dem Feind näherten. Wenn sie nachladen mußten, legten sie sich ins Gras, sprangen auf, um zu feuern, und warfen sich dann wieder hin. »Sie hüpften vor und wieder zurück, behende wie Frösche.«

Trotz ihrer Unzulänglichkeiten schlugen die Araber Mirambos Truppen mühelos in die Flucht. Als sie das Dorf schließlich einnahmen, hatten diese ihnen nichts als Stoßzähne, Sklaven, Getreidehäufen und zwanzig Tote hinterlassen. Damit Mirambo und seine Männer keinen Zufluchtsort fanden, zündeten die Araber das Dorf an. Auch zwei benachbarte Dörfer und das umliegende Grasland brannten sie nieder. Als sie im Wald auf einen von Mirambos Männern stießen, packten sie ihn bei den Haaren, bogen ihm den Kopf ins Genick, so weit sie konnten, und schnitten ihm die Kehle durch.

Am ersten Kampf hatte sich Stanley aktiv beteiligt, doch zwei Tage später erlitt er einen Rückfall und konnte die Araber daher nicht begleiten, als sie am Morgen des 6. August ihre Jagd auf Mirambo fortsetzten. Er blieb mit Schüttelfrost im Feldlager zurück. Die Hälfte seiner Männer waren an diesem Tag mit den Truppen Soud bin Sayds losgezogen. Die Araber waren wild entschlossen, Mirambo ein für allemal zu vernichten und damit ein Exempel für potentielle Rebellen zu statuieren. Daß sie seine Truppen mit Leichtigkeit besiegt hatten, bestärkte sie in dem Glauben, er sei alles andere als ein strategisches Genie, wie sein Ruf behauptete.

Bei Sonnenuntergang kehrten die ersten versprengten Krieger aus dem Kampf zurück. Stanley lag schlafend unter einem Stapel Wolldecken und versuchte, das Fieber herauszuschwitzen, als er die Nachricht erhielt. Soud bin Sayd war in einen Hinterhalt gelockt und ermordet worden, gemeinsam mit fünf von Stanleys Sepoys. Mirambo hatte ihn das Dorf Wilyankuru einnehmen lassen und so getan, als fliehe er. Als die Truppen dann mit Elfenbein, mehreren hundert Sklaven und sechzig Ballen Stoff in ihr Lager zurückmarschierten, griffen er und seine Männer, die sich im hohen Gras am Wegrand versteckt gehalten hatten, die Araber an. Gerade als Soud bin Sayd sein Gewehr nachladen wollte, durchbohrte ihn ein Speer »von vorn bis hinten«. Die übrigen Araber seines Konvois wurden gefangengenommen und auf dieselbe Art getötet.

»Die Auswirkungen dieser Niederlage sind kaum zu beschreiben«, schrieb Stanley. »An Schlaf war nicht zu denken, so laut und grell schrien die Frauen, deren Männer gefallen waren. Die ganze Nacht über heulten und jammerten sie, und dazwischen hörte man das Stöhnen der Verwundeten, denen es gelungen war, im hohen Gras unbemerkt zu entkommen. Ständig trafen neue Flüchtlinge ein, doch von meinen Männern hieß es, sie seien getötet worden, und wir hörten nie wieder von ihnen.«

Diese eine Niederlage reichte aus, um den Arabern ihre Entschlossenheit zu nehmen. Am nächsten Morgen kam es zu erbitterten Streitereien und Schuldzuweisungen. Khamis bin Abdullah warf seinen Landsleuten vor, sie seien Feiglinge und lebten anscheinend lieber in Frieden und Unterwerfung, als ihre Mission zu Ende zu führen. Das Zelt, in dem sie ihren letzten Kriegsrat abhielten, war alles andere als schalldicht, so daß das ganze Lager Zeuge ihres Geschreis und Gezänks wurde. Betrübt über den Tod seiner Männer und überzeugter denn je, daß es ein schwerer Fehler gewesen war, sich den Arabern anzuschließen, legte sich Stanley wieder ins Bett, um seine Malaria endgültig auszukurieren.

Für Mirambo aber war der Krieg noch lange nicht zu Ende. Er wollte seinen Vorteil natürlich ausnutzen. Um halb zwei Uhr nachmittags weckte Selim Stanley aus seinem fiebrigen Schlaf. Der Herr müsse unbedingt aufstehen, schrie er. »Mit Selims Unterstützung zog ich mich an und stolperte zum Eingang«, heißt es in Stanleys Tagebuch. Das Lager wurde evakuiert, man erwartete Mirambo jeden Augenblick. Sogar Khamis bin Abdullah rannte davon und machte keine Anstalten, Stanley in irgendeiner Weise zu helfen. Stanley beobachtete, wie die Araber und ihre Sklaven Hals über Kopf den Rückzug antraten. Statt Ruhe und Ordnung herrschte dabei völliges Chaos. Am schlimmsten war für Stanley jedoch, mit ansehen zu müssen, wie Bombay und drei seiner Soldaten die Flucht ergriffen, darunter auch Shaw. Er »sattelte seinen Esel mit meinem Sattel, in der Absicht, sich aus dem Staub zu machen und mich zurückzulassen, so daß ich Mirambo in die Hände fiel«.

Stanley ließ sich von Shaw den Sattel zurückgeben und formte eine Einheit aus seinen Männern, um einen geordneten Rückzug anzutreten. Elf Stunden lang, bis spät in die Nacht, waren sie gemeinsam auf der Flucht vor Mirambo und seiner Truppe. Erst kurz nach Mitternacht stießen sie wieder zu den Arabern.

Stanley hatte genug. Er legte sich hin, fand aber kaum Schlaf. Am nächsten Morgen stellte er die Araber wegen ihrer Feigheit zur Rede. Er war tief gekränkt, daß sie ihn hatten zurücklassen wollen, um so mehr, da sie ihn in der Früh grüßten, als sei nichts geschehen. Er machte dem Kriegsrat zum Vorwurf, daß sie ihre Verwundeten im Stich gelassen hatten und nach dem Motto »Jeder ist sich selbst der Nächste« handelten. Schließlich sei der Krieg eine reine Angelegenheit zwischen ihnen und Mirambo, schimpfte er. Daß sie sich schon bei der ersten Niederlage zurückgezogen hätten, sei ein deutliches Indiz dafür, daß der Krieg noch Jahre dauern würde – und die

Zeit könne er nicht erübrigen. »Ich habe schon in einigen Schlachten gekämpft, doch noch nie habe ich erlebt, daß jemand aus einem derart nichtigen Grund so fluchtartig sein Lager verläßt wie ihr das unsere in Zimbizo«, schimpfte er.

Stanley hielt inne und sah die Araber scharf an, um sicherzugehen, daß sein nächster Satz die erwünschte Wirkung erzielte. »Eure Flucht war für Mirambo nichts anderes als eine Einladung, euch nach Unjajembe zu folgen. Ihr könnt sicher sein, daß er kommt.«

Am Morgen setzten die Araber ihren Rückzug nach Tabora fort. Stanley dagegen war enttäuscht und ernüchtert und hatte endgültig genug von ihrem Krieg. Während die Araber ihre Truppen in der Stadt antreten ließen, versammelte er seine Männer um sich und kehrte in sein Haus vor der Stadt zurück, um sie neu aufzustellen. Er hatte seine Pflicht getan und sich für die Freundlichkeit der Araber revanchiert, indem er mit ihnen in den Krieg gezogen war. Nun stand es ihm also frei zu gehen. Die Frage war nur, wohin? Sei die Karawanenstraße erst wieder geöffnet, dann sei es bis Udschidschi ein Marsch von lediglich vier Wochen, hatten ihm die Araber erklärt. So wie sie Krieg führten, lag diese Wiedereröffnung jedoch in weiter Ferne.

Versuchte Stanley dagegen, Mirambos Straßenblockade zu durchbrechen, würde dieser ihm – besonders angesichts der jüngsten Kämpfe – nicht nur alle Stoffe und Perlen als Tribut abverlangen, sondern die Mitglieder der *New York Herald*-Expedition ohne Ausnahme niedermetzeln.

Im Geiste stellte sich Stanley schon darauf ein, umzukehren und nach Hause zurückzufahren. Schließlich hatte er alles Menschenmögliche getan, um Livingstone zu finden, rechtfertigte er sich vor sich selbst. Kein anderer Reporter hätte mehr tun können. Bennett würde seine Entscheidung sicher verstehen.

Stanley hatte Sümpfe, Krankheit und Krieg überlebt und nun die Träger entlassen, so daß niemand mehr da war, um die Ausrüstung zu transportieren. Viele seiner Männer waren umgekommen, und die Vorräte waren größtenteils von Deserteuren gestohlen worden. Weiterzugehen würde den sicheren Tod bedeuten. Auch wenn ihm sein Winchester-Repetiergewehr auf den ersten Blick eine gewisse

Sicherheit zu versprechen schien, Mirambos riesige Streitkraft war letztendlich um ein Vielfaches stärker. »Meine Lage ist höchst bedenklich«, erkannte Stanley, »und ich hätte gute Gründe, zur Küste zurückzukehren.«

Ausschlaggebend war jedoch schließlich dieselbe nackte Wahrheit, die hinter der gesamten Expedition stand: das Geld. Stanley malte sich aus, was geschehen würde, wenn er in die Zivilisation zurückkehrte, ohne auch nur einen einzigen Hinweis auf Livingstones Aufenthaltsort gefunden zu haben. Man würde ihn für einen Versager halten und ihm vermutlich kündigen. Ganz nüchtern betrachtet, hatte er auch eine ziemlich hohe Rechnung bei den Arabern auflaufen lassen, die Bennett sicher nicht zahlen würde, da Stanley seiner Pflicht nicht nachgekommen war. Rein rechtlich gesehen, würde Webb dafür aufkommen müssen, doch Stanley hatte ihm sein Wort gegeben. Vor seinem Afrikaabenteuer hätte Stanley sich vielleicht aus dem Staub gemacht, Webb auf den Kosten sitzengelassen und das Ganze lediglich als eine weitere Episode in einem Leben voller Niederlagen abgetan. Doch Stanley wußte, daß er weitermachen mußte. »Es ist schon soviel Geld in die Expedition gesteckt und soviel Vertrauen in mich gesetzt worden«, entschied er. Als ihm weitere Berichte arabischer Händler zu Ohren kamen, nach denen Livingstone sich irgendwo in der Nähe des Tanganjikasees aufhielt und dort große Not litt, malte sich Stanley aus, wie der englische Forscher in Udschidschi festsaß und wegen des Krieges und den fehlenden Vorräten nicht fortkonnte. Er würde ihm zu Hilfe eilen. »Lieber sterbe ich, als daß ich umkehre.«

Es war der 11. August. Seit Stanleys Ankunft in Tabora waren sieben Wochen vergangen. Mit Bombay, den Soldaten und Shaw hatte er nur noch dreizehn Männer. Es war an der Zeit, etwas Unerhörtes, vielleicht sogar Unkluges zu tun, sonst würde er Udschidschi nie erreichen.

Die Rettung nahte in Gestalt des Mannes, den Stanley am meisten verunglimpft hatte: Bombay. Der kleinwüchsige ehemalige Sklave mit den abgeschliffenen Zähnen erzählte Stanley von einer kaum begangenen Route südlich von Tabora, die ebenfalls nach Udschidschi führte. Sie würde die Strecke zwar um gut dreihundert

Kilometer verlängern, doch dafür befänden sie sich auch in größtmöglicher Entfernung von den traditionellen Karawanenstraßen. Träger fürchteten diesen Weg, denn er führte durch Ahornwälder mit dichtem Unterholz, in denen Unmengen von Giraffen und Elefanten lebten. Zudem würde Stanley auch noch die faulen Mitglieder von Kirks Hilfskonvoi mitnehmen müssen und sie auf ihrer letzten Etappe überwachen, damit die Vorräte nicht schon vorher verbraucht würden, so wie es in den vergangenen Jahren geschehen war.

Die Araber versuchten Stanley zu überreden, bei ihnen zu bleiben, doch seine Entscheidung stand fest. Die Expedition hatte mittlerweile fast genauso viel Zeit in Tabora verbracht, wie sie für die Reise dorthin gebraucht hatte. Es war höchste Zeit weiterzuziehen, und zwar so bald wie möglich. Obwohl dann auch noch Shaw krank wurde – er selbst glaubte, Malaria zu haben, Stanley dagegen vermutete eine Geschlechtskrankheit –, begann Stanley, die erforderlichen Träger anzuwerben und seine Männer auf die Reise vorzubereiten.

Dann ging Mirambo zum Angriff auf Tabora über, so wie Stanley es vorausgesagt hatte. Von den Dächern ihrer Häuser konnten die Araber die weiten Ebenen mit dem ausgeblichenen, fast weißen Gras überblicken, welche die Stadt umgaben, und das gewaltige afrikanische Heer, das dort bereitstand. Ganz hinten, außer Schußweite und von seinen Männern gut bewacht, war deutlich Mirambos riesiges Zelt zu erkennen. Entschied er sich, Tabora anzugreifen, würde es nichts geben, was die Araber tun konnten, um zu verhindern, daß er ihre Stadt zerstörte, ihre Frauen schändete und ihre Kinder versklavte.

Noch einmal bewaffnete Stanley seine Männer und nahm alle Flüchtlinge auf, die in seinem Lager Schutz suchten. Diesmal weigerte er sich jedoch, auf Seiten der Araber zu kämpfen. Khamis bin Abdullah, der impulsive Kaufmann, der den Krieg begonnen hatte, schmiedete einen Plan. Er würde, nur von einem Waffenträger und achtzig Sklaven begleitet, Mirambo in seinem Lager aufsuchen unter dem Vorwand, er komme in friedlicher Absicht. Sobald sie allein wären, würde er den Afrikaner töten und so den Krieg beenden.

Abdullah versammelte also seine Männer, führte sie aus der Stadt und näherte sich Mirambo. Dieser wäre jedoch kein so mächtiger Herrscher geworden, wenn er eine solche List nicht sofort durchschaut hätte. Er sah durch sein Fernglas und stellte fest, daß Abdullahs achtzig bewaffnete Sklaven eher einer Kampftruppe glichen als Männern, die um Frieden bemüht waren. Eilig ordnete er den Rückzug an. Abdullah dagegen marschierte weiter und merkte nicht, daß er Mirambo dadurch geradewegs in die Falle ging. »Khamis und seine Freunde folgten ihnen«, schrieb Stanley. »Plötzlich aber befahl Mirambo seinen Leuten, geschlossen gegen sie vorzurücken.«

Abdullahs Sklaven machten kehrt und rannten davon, doch der arabische Kaufmann und sein Waffenträger rührten sich nicht von der Stelle. Die erste Kugel durchschlug Abdullahs Bein. Vor Schmerz ging er zu Boden, das Blut schoß ihm aus der Wunde. Er merkte, daß seine Sklaven nicht mehr bei ihm waren. Dann schaute er hinüber zu Mirambos Kriegern. Während sie näher kamen, richtete er sich in eine kniende Position auf. Er wußte, was ihn erwartete.

»Khamis bin Abdullah war ein edler, großmütiger, tapferer, würdevoller Mann. Als man ihn später fand, hatten Mirambos grausame Verbündete ihm die Haut der Stirn und der unteren Gesichtshälfte, den Bart, die Nasenspitze, das Fett an Bauch und Unterleib, die Genitalien und zuletzt ein Stück von jeder Ferse abgeschnitten.«

Stanley stellte sich vor, wie der Leichnam seines Freundes von Mirambos Männern gekocht und verzehrt wurde, um sie im Kampf zu stärken. Gleichzeitig ließ er seine Zitadelle befestigen. Jeder, der zu ihm kam, wurde bewaffnet, bis Stanley schließlich einhundertfünfzig Gewehrschützen entlang der Außenmauern stationiert hatte, die auf Mirambo warteten. »Ich bete zu Gott, daß er kommt«, waren die letzten Worte, die Stanley an diesem Abend in sein Tagebuch schrieb. »Und sollte er sich in Reichweite eines amerikanischen Gewehrs wagen, dann werden wir ja sehen, wozu amerikanisches Blei taugt.«

Kapitel 21

Es kommt noch schlimmer

26. August 1871,
Tabora,
480 Kilometer von
Livingstone entfernt

Doch Mirambo griff Stanley nicht an. Er plünderte Tabora und brannte die Stadt nieder, vergewaltigte, tötete und versklavte seine Bewohner, bis ihn der Widerstand der Araber schließlich zwang, sich zurückzuziehen. Seine Absicht war jedoch von Anfang an gewesen, die Karawanenstraßen zu überwachen und seine Macht zu demonstrieren, und nicht, die Araber von ihrem unrechtmäßigen Handelsposten zu vertreiben. Da er sein Ziel erreicht hatte, verschwand er in der Nacht des 26. August mit seinen Männern wieder in den Wäldern. Die Araber, die hektisch Truppen für einen Gegenangriff aufgestellt hatten, merkten erst am nächsten Morgen, daß er fort war. Wieder hatte Mirambo sie zum Narren gehalten. Sie konnten nichts anderes tun, als der verpaßten Gelegenheit hinterherzutrauern und zu diskutieren, wie man sich wieder Zugang zur Straße nach Udschidschi verschaffen könnte. Viele der einflußreichsten Araber Taboras überlegten sogar, ob sie ihre Geschäfte nicht besser in Sansibar fortführen sollten.

Stanleys Wunsch, die Stadt so schnell wie möglich zu verlassen, wurde mit jedem Tag stärker. Bei seiner Suche nach Livingstone schien sich alles gegen ihn verschworen zu haben. Nicht allein, daß ihn Mirambo zwang, einen Umweg von dreihundert Kilometern zu machen. Jetzt hatte er auch noch Schwierigkeiten, Träger zu finden, die für ihn die Pakete mit Vorräten transportieren würden. Die nachlässige Art der Afrikaner, für die »morgen« auch »in einem

Monat« heißen konnte, machte die Sache nicht gerade einfacher. Stanley war wütend und frustriert und glaubte schon, den Rest seines Lebens in Tabora verbringen zu müssen, weil keine Träger aufzutreiben waren. Er begann, die Expeditionsmannschaft zu verkleinern, und beschloß, sechzig Ballen Ausrüstung und fast alle seine persönlichen Habseligkeiten in Tabora zurückzulassen. Mit weniger Gepäck würden er und seine Männer schneller vorankommen – sofern es ihnen überhaupt gelang, die Stadt zu verlassen.

Den größten Verdruß bereitete ihm jedoch Shaw. Dieser hatte sich für einen Jahreslohn von dreihundert Dollar anheuern lassen, was dem arbeitslosen Matrosen ohne jede Aussicht auf Anstellung anfangs, in Sansibar, noch eine geradezu astronomische Summe erschienen war. Die Vorstellung, nach Afrika zu reisen und dort das Quellgebiet des Rufidschi zu erforschen, hatte ziemlich abenteuerlich geklungen. Die Wirklichkeit sah jedoch ganz anders aus. Stanley hatte ihm immer noch nicht gesagt, daß sie auf der Suche nach Livingstone waren, so daß Shaw ihn allmählich für wahnsinnig hielt, weil er so hartnäckig darauf bestand, nach Udschidschi zu gehen. Statt dessen hatte Stanley behauptet, ihre eigentliche Aufgabe sei es, die Tiefe des Tanganjikasees zu messen, doch auch das war für Shaw keine plausible Erklärung dafür, warum Stanley sein Leben und das seiner Männer aufs Spiel setzte. Shaw wollte einfach nur umkehren und nach Hause zurück. Er flehte Stanley an, ihn aus seinem Vertrag zu entlassen.

Stanley ging jedoch nicht darauf ein. Er argumentierte, daß Shaw als Weißer den anderen in der Karawane mit gutem Vorbild vorangehen müsse. Wenn er Angst zeigte, dann würden sie es auch tun. Der wirkliche Grund aber, warum Stanley ihn zum Bleiben bewegen wollte, hatte nichts damit zu tun, welche Hautfarbe Shaw hatte oder wie er sich bei der Forschungsarbeit oder als Anführer verhielt, denn letztendlich hatte er sich als unfähig, ungeschickt, faul und oft schlichtweg als dumm erwiesen.

Stanley schätzte ganz einfach Shaws Anwesenheit. Seit Ugogo war ihm bewußt geworden, daß ihn in einem Meer aus afrikanischen und arabischen Gesichtern ein gemeinsamer Hintergrund mit dem einzigen anderen Weißen verband. Denn auch wenn Stanley es zu überspielen versuchte: In Afrika war er allein. Es gab niemanden, der ihm mit Rat zur Seite stand, niemanden, dem er sein Herz ausschütten konnte. So seltsam es auch scheinen mochte, allein die Anwesenheit Shaws – gleichgültig, wie durchtrieben er sein mochte – war ein Trost für Stanley. Wenn er ihn verlassen hätte, wäre das zwar nicht gleich ein Weltuntergang für ihn gewesen, aber er wäre sich vermutlich noch isolierter vorgekommen. Außerdem hätte er dann niemanden mehr gehabt, der ihm Rückendeckung gab, wenn er in Schwierigkeiten war.

Im August stutzte Stanley ihm zwar noch den Kopf zurecht und verspottete ihn mit bissigen Bemerkungen über seine Faulheit und seine unersättliche sexuelle Gier, doch als der Matrose kurze Zeit später fast an einer seltsamen Krankheit starb, pflegte er ihn wieder gesund. Er behandelte Shaw mit Cinchonarinde und flößte ihm Brandy mit Zucker, rohen Eiern und Zitronensaft ein. Leider blieb die erhoffte Wirkung aus. Shaw erholte sich zwar kurzzeitig, erlitt aber, kaum daß sich die ersten Anzeichen einer Besserung bemerkbar machten, einen Rückfall.

»Shaw ist nicht auf die Beine zu bekommen«, schrieb Stanley am 30. August. Er glaubte, sein Patient täusche nur vor, krank zu sein, denn die Symptome hatten keine Ähnlichkeit mit denen der Malaria. In Wirklichkeit hatte Shaw jedoch die Pocken. »Ich kann ihn nicht dazu bringen, sich zu rühren«, meinte Stanley. »Ich habe ihn gehätschelt, ihm nette Dinge gesagt und ihm sogar höchstpersönlich kleine Leckerbissen zubereitet.«

Aus lauter Verzweiflung verriet er ihm sogar den wahren Grund ihrer Afrikareise, weil er hoffte, ihn damit aufbauen zu können. »Ich setzte mich an sein Bett«, erinnerte sich Stanley, »um ihm gut zuzureden. Heute verriet ich ihm zum ersten Mal das eigentliche Ziel meiner Mission. Ich erklärte ihm, die Geographie des Landes sei mir bei weitem nicht so wichtig wie die Suche nach Livingstone.«

Shaws Augen flackerten für einen kurzen Moment auf, doch dann nahmen sie wieder einen teilnahmslosen Ausdruck an. »Ich bin hier, um Livingstone zu finden«, fuhr Stanley fort. »Verstehen Sie denn nicht, wie wichtig dieser Auftrag ist, alter Knabe? Begreifen Sie nicht, daß Sie eine Belohnung von Mr. Bennett erwarten können, wenn Sie mir helfen? Sollten Sie je nach New York kommen, werden Sie nie um einen Fünfzigdollarschein verlegen sein. Also reißen Sie sich zusammen, springen Sie aus dem Bett und machen Sie ein munteres Gesicht.«

Shaw starrte in die Luft. Stanley war der Verzweiflung nahe. Er betrachtete seinen jungen Freund und flehte ihn an durchzuhalten. Er bereute es, ihm mit seinen spöttischen Bemerkungen über den Tod Angst eingejagt zu haben. »Versprechen Sie mir, daß Sie nicht sterben werden«, bettelte er.

Shaw starb nicht, doch während die Malaria Stanley eine Verschnaufpause gönnte, gelang es dem Matrosen ebensowenig wie vielen der Soldaten, die hochansteckenden Pocken loszuwerden. Als Stanley dann mit Hilfe des dreifachen Lohnes endlich eine Truppe von Trägern verpflichten konnte, war Shaw immer noch zu krank, um weiterzureisen. Aus Stanleys Gedanken und Äußerungen ist deutlich herauszuhören, daß er den Cockney für einen Simulanten hielt, der die Krankheit nur als Vorwand benutzte, um zurückbleiben und sich wieder nach Sansibar stehlen zu können. »Mit einem Stock könnte ich ihm die Flausen schon austreiben«, schrieb Stanley wutentbrannt.

Shaw blieben Stanleys Zweifel nicht verborgen. Man konnte die Beziehung, die zwischen ihnen bestand, zwar nicht unbedingt eine Freundschaft nennen, doch die gemeinsam durchgestandenen Strapazen hatten sie zusammengeschweißt. Im Lauf der Monate hatten sie zumindest ein gewisses Verständnis füreinander entwickelt. Sie wirkten wie ein streitsüchtiges altes Ehepaar, das die Stärken und Schwächen des anderen haargenau kennt, sich die meiste Zeit über stichelt und nur gelegentlich einen Hauch von Zuneigung durchschimmern läßt.

Shaws Krankenlager befand sich in dem Haus vor der Stadt. In seinem kleinen Zimmer konnte er von draußen die Esel und das Pfannengeklapper aus der Küche hören. Ganz allmählich fand Stanley Zugang zu ihm. Shaw erzählte, daß sein Vater Kapitän bei der britischen Marine gewesen sei und wie er als Kind bei verschiedenen Anlässen viermal Königin Viktoria gesehen habe. Dann machte er ein paar freundliche Bemerkungen über Stanley und blickte voller Ehrfurcht auf ihre gemeinsamen Erlebnisse zurück. Stanley mußte ihm daraufhin natürlich gleich ins Gesicht lachen und ihn als »sentimentalen Schwätzer« abtun. Als Shaw auf diese Mißbilligung hin wütend wurde, verfiel Stanley jedoch nicht in seinen üblichen Sarkasmus, wie er es früher getan hatte, wenn Shaw ihm einen Vorwurf machte. Statt dessen rollte er nur mit den Augen und jammerte, er hätte am liebsten »gequält geschrien«. Dann versuchte er wieder, Shaw dazu zu bringen, aufzustehen und sich reisefertig zu machen.

Shaw aber stand nicht auf. Und während Stanley darüber nachzugrübeln begann, welchen enormen Schwierigkeiten er gegenüberstand, wurde er depressiv. »Ich muß ständig an den Apostel Afrikas denken«, schrieb er am 13. September über Livingstone, »und mit jedem Tag, um den sich meine Suche verzögert, fühle ich mich niedergeschlagener. Im Grunde gibt es einiges, das mich niedergeschlagen macht.« Es drängte Stanley, Tabora zu verlassen, allein schon, um seinen düsteren Gedanken zu entkommen. Daß Shaw, Selim und mehrere andere Männer aus der Karawane krank waren, rührte ihn kaum.

Die Araber verstanden nicht, warum Stanley so versessen darauf war, über die längere südliche Route nach Udschidschi zu gelangen, und hielten ihn für lebensmüde. Sie sahen nur, daß Shaw gerade gegen eine schlimme Krankheit kämpfte, und tadelten Stanley für seine Grausamkeit, einen todkranken Mann durch ein so unwegsames Gelände mit dichten Urwäldern, schlechten Wegen, wilden Tieren und kriegerischen Stämmen zu schicken. »Ihr werdet merken, daß Ihr mit den Menschen dort nicht fertigwerdet, und umkehren müssen«, erklärte ihm ein besonders unsympathischer Sklavenhändler. »Die Wamanjara sind böse, die Wakonongo sind noch übler, und die Wazavira sind die schlimmsten. Ihr seid zu einem sehr ungünstigen Zeitpunkt hergekommen. Überall gibt es Krieg.«

Sie hielten Stanley für um so verrückter, als Gerüchte laut geworden waren, daß manche dieser Stämme sich gerade auf eine drohende Invasion Mirambos vorbereiteten, während andere Richtung Norden zogen, um sich diesem anzuschließen. Stanley hatte keine

Angst, doch seinen neuen Trägern sank der Mut, und sie murrten über die Mission, zu der sie sich verpflichtet hatten. Sogar Bombay, der so viele Expeditionen durch Afrika miterlebt hatte, erklärte Stanley, daß es klüger sei, nach Bagamojo zurückzukehren und es später noch einmal zu versuchen. Doch Stanley hörte ihm gar nicht zu. Statt dessen stellte er zwei Männer aus der Stadt als Führer an. Einer der beiden, Asmani, ein über ein Meter achtzig großer, breitschultriger Koloß von einem Mann, hatte es ihm ganz besonders angetan. Er würde Stanleys kleiner Armee vorangehen und sie vor den kriegerischen Stämmen beschützen. Zwischen der Flagge der Vereinigten Staaten und Asmani würde Stanley marschieren und die Wakonongo und Washenshi mit seiner Ausstrahlung einschüchtern. »Wenn es möglich ist, daß allein die Größe eines Menschen jemanden in Angst und Schrecken versetzt, dann ist Asmani wie geschaffen dafür«, schrieb Stanley begeistert.

Am selben Tag, dem 16. September, warb er auch Asmanis Freund Mabruki an. Stanleys Karawane, die er so weit verkleinert hatte, daß sie mühelos im Eilschritt marschieren konnte, war nach seiner Ansicht damit komplett. Endlich waren sie bereit, Tabora hinter sich zu lassen. War ihm die Stadt vor einer Weile noch als Idylle erschienen, hatte sie mittlerweile jeden Reiz für ihn verloren, so daß er es kaum mehr erwarten konnte aufzubrechen. Zuvor gab er noch ein riesiges Fest für die Karawane und bestand darauf, daß die neuen Träger auch ihre Familien mitbrachten. Zwei Stiere wurden geschlachtet, Hühner und Schafe am Spieß gebraten und fünf Gallonen einheimisches Bier besorgt. Außer ihm und Shaw trank und tanzte die ganze Karawane bis in den frühen Morgen. Stanley saß auf der Terrasse seines Hauses, starrte zu den mittlerweile vertrauten Hügeln und den ausgetrockneten Flußbetten hinüber, rauchte eine Zigarre und schrieb in sein Tagebuch. Am 19. September, dem übernächsten Tag, wollte er losziehen.

Am Morgen des neunzehnten hatte Stanley jedoch einen neuen Fieberschub. Er hielt ihn für »harmlos« und legte sich einfach unter einen Stapel Decken ins Bett, aber das Fieber wütete den ganzen Tag. Irgendwann stand sogar Shaw auf und bemerkte hämisch, daß Stanley wohl »wie ein Esel« verenden werde. In diesem Fall, meinte er, wolle er Stanleys Tagebücher und Koffer an sich nehmen und auf direktem Weg nach Bagamojo zurückkehren.

»Gibt es irgend jemanden, den ich benachrichtigen soll, falls Sie sterben?« erkundigte er sich am Abend mit honigsüßer Stimme, über das Bett des Journalisten gebeugt. »Denn selbst die stärksten können sterben.«

»Kümmern Sie sich um Ihre eigenen Angelegenheiten«, gab Stanley bissig zurück. »Und halten Sie hier keine Trauerreden.«

Shaw verschwand und ließ Stanley weiterschwitzen. Um zehn Uhr abends klang das Fieber endlich ab, und als Stanley erwachte, war alles ruhig. Nur eine Kerze flackerte in seiner Kammer. Die Nachtluft roch nach Erde und trockenem Gras, und es war nichts zu hören außer einem gelegentlichen Schnarchen aus dem Zimmer der Soldaten. Am Morgen würde er aufbrechen und in eine Region vordringen, die sogar den Einheimischen und den Arabern Angst einflößte, so beschloß er, gleichgültig, ob er noch Fieber hätte oder nicht. Während er so im Dunkeln dalag, fühlte er sich plötzlich furchtbar einsam, und es überkam ihn eine tiefe Traurigkeit darüber, daß er in der ganzen Welt keinen einzigen Freund hatte. Er hatte sich immer vor dieser Traurigkeit gefürchtet und versuchte, sie wie immer mit positiven Gedanken zu vertreiben.

Das Schreiben war für ihn während der Reise zu einer Art Katharsis geworden, und so stand er auf, um festzuhalten, was in ihm vorging. »Als ich über meine Lage und meine Ziele nachdachte und mir bewußt wurde, daß es niemanden um mich herum gab, der Zuneigung für mich hegte, überfiel mich eine unsägliche Einsamkeit«, gestand er. »Es gehört mehr Kraft dazu, als ich besitze, all die dunklen Vorahnungen zu zerstreuen, die sich meiner bemächtigen.«

Beim Schreiben fielen ihm wieder die Warnungen der Araber ein, und er begann sich zu fragen, ob sie ihn vielleicht nur verunsichern wollten, damit er in Tabora blieb. Mirambo war eben erst mit großen Verlusten zum Rückzug gezwungen worden, doch er war immer noch zu nahe, als daß Stanley die direkte Karawanenstraße hätte benutzen können. Der Ton seines Tagebucheintrags wurde immer trotziger. Er war davon überzeugt, daß die Araber ihn nur ausnutzen wollten, so wie es im Lauf seines Lebens auch schon viele andere versucht hatten. Er wollte unbedingt beweisen, daß sich die Araber irrten, und warf ihnen selbstgerecht vor, sie würden ihn unterschätzen. Er unterstellte ihnen, daß sie seine Mission scheitern lassen wollten, indem sie ihn zum Aufgeben brachten, und damit seine Anstellung beim *Herald* und seine Zukunft gefährdeten – das war doch nicht zu übersehen.

Stanley haßte Tabora inzwischen. In seinen Augen war die Stadt gleichbedeutend mit Krankheit. Schon allein beim Gedanken an Arzneien wie Kalomel, Kolyzinth, Rhabarber, Brechweinstein, Brechwurz und Chinin drehte sich ihm der Magen um. Tabora, das er als »leer« und »abstoßend« bezeichnete, war für ihn immer mehr zum Gefängnis geworden.

Mit Feuereifer widmete sich Stanley von neuem seiner Mission. »Ich habe einen feierlichen Eid geschworen, einen Eid, den ich halten werde, solange noch ein Fünkchen Leben in mir ist«, verkündete er, »daß ich die Suche nicht aufgeben werde, bis ich Livingstone gefunden habe, ob tot oder lebendig, und daß ich nicht heimkehren werde, ehe ich nicht die bestmöglichen Beweise dafür habe, daß er tot ist oder lebt. Kein Mensch auf Erden wird mich aufhalten können, nur der Tod.«

Es war beinahe Mitternacht, und Stanley spürte, wie ihn die Malaria erneut schwächte. Am Morgen würde er aufbrechen, so elend er sich auch fühlen mochte. Ein letztes Mal wandte er sich seinem Tagebuch zu und schrieb in großen Buchstaben: »*Ich werde ihn finden!*« Eine tiefe Ruhe durchströmte ihn. »Ich fühle mich glücklicher. Habe ich etwa gebetet? Heute nacht werde ich ruhig schlafen.«

Kapitel 22

Die Eskalation

19. September 1871, Fort McPherson, Nebraska

Bennett hatte die Katze aus dem Sack gelassen. Zur gleichen Zeit, als Livingstone das Westufer des Tanganjikasees erreichte und Stanley seine letzten Nächte in Tabora verbrachte, veröffentlichte der *New York Herald* das neueste Gerücht über Livingstone, das eben über die Londoner Redaktion bekannt geworden war. »Berichten aus Sansibar zufolge, sind dort gute Neuigkeiten über Dr. Livingstones Verbleib eingetroffen. Die Verläßlichkeit der Quelle dieser Nachricht steht außer Frage. Eine Gruppe von Amerikanern befindet sich gerade auf dem Weg ins Landesinnere. Ihr Ziel ist es, den Doktor aus seiner mißlichen Lage zu retten«, hieß es in der bewußt vage gehaltenen Meldung vom 19. September 1871. Bemerkenswerterweise blieben jedoch nicht nur ihr Verfasser und sein Informant, sondern auch der Name des Retters ungenannt.

James Gordon Bennett jr. hatte Stanleys Namen oder die Rettungsmission im *Herald* bisher nicht erwähnt. Es war Henry Rawlinsons Rede vor der Royal Geographical Society gewesen, die das Geheimnis am 26. Juni gelüftet hatte. Murchison hatte den berühmten Forscher zu seinem Nachfolger ernannt, als er sich nach einem Schlaganfall nicht mehr in der Lage sah, das Amt des RGS-Präsidenten weiterhin auszuüben. Bei seiner Antrittsrede hatte Rawlinson einräumen müssen, daß sich Konsul Kirk zufolge der amerikanische Reisende Stanley auf die Suche nach Livingstone gemacht hatte. Allerdings hatte er es nicht für nötig befunden zu erwähnen, daß Stanley Journalist war und die Unterstützung des *Herald* hatte, sondern nannte als dessen Motivation »reine Abenteuerlust«. Anfangs wußten nur die Anwesenden der Sitzung, alles Mitglieder der Oberschicht, was Rawlinson ihnen eröffnet hatte. Und da im viktorianischen England die Grenzen zwischen den Gesellschaftsklassen so unüberwindbar waren, daß eine gewöhnliche Unterhaltung eines Adligen mit einem Mitglied der Unterschicht so gut wie ausgeschlossen war, drang die Nachricht nicht an die Öffentlichkeit. Doch ein Gerücht über Livingstone war viel zu aufregend, als daß es lange hätte geheimgehalten werden können. Den Dienstmädchen, Butlern, Lakaien und Stallburschen entging nicht, worüber sich die Herrschaften unterhielten. Wie ein Lauffeuer verbreitete sich die Nachricht, daß es eine nichtbritische Rettungsexpedition gebe. Als auch Bennett über das Londoner *Herald*-Büro davon erfuhr, blieb ihm keine andere Wahl, als die kurze Meldung zu veröffentlichen, bevor die britischen Zeitungen die Neuigkeit publik machten. Wer sich hinter der »Gruppe von Amerikanern« verbarg, wurde in New York wie in London zu einem heiß diskutierten Thema.

Bennett war in der Zwickmühle. Die Situation war verfahren, und seine Entscheidung würde weitreichende Konsequenzen haben. Er mußte unbedingt verhindern, daß noch weitere Informationen durchsickerten, ohne daß er davon profitierte, denn im Endeffekt ging es um rein finanzielle Dinge. So großzügig Bennett sonst mit Geld umging: Sobald es ans Eingemachte ging, konnte er richtiggehend geizig sein. Nur wenn er selbst steuern konnte, wann welche Informationen an die Öffentlichkeit gelangten, würde er mehr Zeitungen verkaufen. Bis zu Livingstones tatsächlicher Rettung durfte er daher nur winzige Details aus der Hand geben. Sollte schon vorher ans Licht kommen, daß der *Herald* hinter der Mission steckte, oder Stanleys Name fallen, dann würden andere Verleger darüber berichten oder den *Herald* im Falle seines Scheiterns lächerlich machen. Und daß Baker seine Suche nach Livingstone plötzlich beschleunigte, weil irgendwelche Informationen zu früh bekannt wurden, wollte Bennett auf gar keinen Fall.

Das größere Problem war jedoch Stanley: Bennett wußte nicht, ob er noch auf den Journalisten zählen konnte. Die erste Rechnung für die Expedition war Ende März in New York eingetroffen. Nach einem einzigen Blick auf den enormen Betrag beauftragte Bennett wutentbrannt I. F. Lockevon, einen Buchhalter des *Herald*, sie zurückzuweisen. »Wir bitten Sie zu beachten«, hieß es in Lockevons Brief an Stanley, »daß die Einlösung eines Schecks über 3750 Golddollar, der von Herrn James Gordon Bennett jr. am 17. Januar 1871 in Sansibar auf Sie ausgestellt wurde, verweigert wird und daß der Aussteller des Schecks die Begleichung der Summe von Ihnen selbst erwartet.«

Die Ablehnung, die am 29. März 1871 verfaßt wurde, war zu diesem Zeitpunkt durchaus nachvollziehbar. Der Goldmarktskandal von 1869, der eigentliche Grund für Stanleys Mission, war längst in Vergessenheit geraten. Bennett und der damals ebenfalls involvierte Präsident Grant waren inzwischen sehr gute Bekannte geworden. Zudem hatte man Bennett zum Präsidenten des New Yorker Jachtklubs ernannt. Dem *Herald* ging es prächtig. Bennett erschien es daher kaum sinnvoll, Tausende von Dollar in den Sand zu setzen und die horrende Rechnung eines übereifrigen Korrespondenten zu bezahlen, der vermutlich ohnehin irgendwo in Afrika ums Leben kommen würde.

Doch Stanley war am Leben und auf dem Weg zu Livingstone. Sollte er wohlbehalten nach Sansibar zurückkehren, dann würde er schleunigst ein paar tausend Dollar beibringen müssen. Am einfachsten würde er an Geld kommen, wenn er seine Berichte an den Höchstbietenden verkaufte – oder, wie es bei freien Journalisten an der Tagesordnung war, gleich an mehrere. Alle Zeitungen würden auf ihrer Titelseite über Bennetts monumentalen Auftrag berichten – außer seiner eigenen.

So wie er sich 1869 nach Paris geflüchtet hatte, verließ Bennett auch diesmal New York und zog sich nach Fort McPherson, Nebraska, dem Hauptquartier der Fünften Kavallerie, zurück. Der korpulente General Philip Sheridan, den Bennett bei einem Aufenthalt in der Sommerresidenz Präsident Grants in Long Beach, New Jersey, kennengelernt hatte, hatte ihn dorthin zur Büffeljagd eingeladen. Unter den Reichen hatte sich die Jagd, die man der britischen Aristokratie abgeschaut hatte, zu einer schicken neuen Freizeitbeschäftigung entwickelt. Auch das Hobby, Jagdausflüge in die Prärie zu unternehmen, hatte man von den Briten übernommen, denn die britischen Jäger hatten neben den traditionellen Großwildjagden in Afrika und Indien längst auch Gefallen am Westen Amerikas gefunden. Bereits 1855 hatte die Jagdgesellschaft des irischen Barons Sir George Gore dreitausend Büffel und vierzig Grizzlybären erlegt.

Wie nicht anders zu erwarten, gelang es Bennett wieder einmal, die Krise während seiner Abwesenheit zu entschärfen. Bennett mußte versuchen, Stanley bei der Stange zu halten, und er wußte, daß ein Exklusivbericht über Stanleys erfolgreiche Suche nach Livingstone einen riesigen Auflagenzuwachs garantierte, und der würde die immensen Kosten der Expedition leicht wettmachen. Zudem mußte Bennett sich ins Zeug legen, denn die *New York Times* hatte mit ihrer aufsehenerregenden Enthüllung eines verbrecherischen Korruptionsskandals in der Tammany Hall, der Parteizentrale der New Yorker Demokraten, die Zahl ihrer Leser deutlich erhöhen können. Weigerte sich Bennett, Stanleys Rechnungen zu begleichen, dann riskierte er, daß dieser seine Livingstone-Story der *Times* anbot und deren Vorsprung somit vergrößerte.

Noch bevor Bennett am 22. September in den Sattel stieg und die Jagd begann, telegrafierte er von Fort McPherson nach New York und wies die Zahlung aller Ausgaben Stanleys an. Das Telegramm wurde nach London weitergeleitet und am 25. September von dort nach Sansibar. Jetzt konnte Bennett nur noch hoffen, daß Stanley davon erfuhr, bevor er seinen Bericht anderweitig verkaufte.

Dann begann Bennett, die Livingstone-Kampagne in Gang zu setzen und das richtige Umfeld für den Tag zu schaffen, an dem er hoffentlich Stanleys Bericht veröffentlichen würde. Die Leitartikel des *Herald* brachten von nun an Nachrichten aus Ostafrika. Die Texte waren informativ, stellten den Lesern Männer wie Kirk vor und machten sie noch einmal mit Livingstone vertraut.

Was jedoch Stanley betraf, so hatte Bennett kein Lebenszeichen mehr von ihm erhalten, seit der Reporter ein Jahr zuvor von Indien aus losgesegelt war. Ihm blieb also nichts anderes übrig, als Stanleys Rechnungen zu begleichen und zu hoffen, daß sich seine Investitionen irgendwann bezahlt machten.

Kapitel 23

Reise ins Ungewisse

20. September 1871, Tabora, 400 Kilometer von Livingstone entfernt

Mitte September erkrankte Stanley an Pocken, war aber trotzdem fest entschlossen, Tabora so schnell wie möglich zu verlassen. Nach einigen fiebrigen Tagen ließ er seine kümmerliche Karawane am 20. September schließlich losmarschieren. Auf der Karte sah die Reiseroute nach Udschidschi einfach aus: Erst ging es zweihundertvierzig Kilometer nach Südwesten, dann ebenso weit nach Nordwesten, von dort hundertfünfzig Kilometer Richtung Norden und wieder gut hundert Kilometer in leicht nordwestlicher Richtung – insgesamt eine Strecke von etwa siebenhundertfünfzig Kilometern. Das Wichtigste war, daß sie sich dabei – zumindest theoretisch – außer Reichweite von Mirambo befinden würden. Stanley wußte über das Gelände nur, daß es bewaldet und teilweise sumpfig war und daß die Araber ihm prophezeit hatten, es würde ihm zum Verhängnis werden.

Auf dem Esel führte Stanley seine Leute aus Tabora. Vorneweg flatterte die amerikanische Flagge, und die Männer schrien und lachten und ließen ihre Büchsen knallen, denn auch sie waren froh, daß es endlich losging. Nur die Araber und Shaw sahen mit Sorge den dreimonatigen Aufenthalt der Karawane in der Oase zu Ende gehen. Um ihr Mißfallen zum Ausdruck zu bringen und ihre Überzeugung zu bekräftigen, daß Stanleys kostbare Stoffe und Perlen verloren wären, wenn er umkam, beschlagnahmten die Araber die für Livingstone bestimmten Hilfsgüter und untersagten Stanley, die Stoffbündel und Träger aus Tabora herauszuführen. Damit sich die Abreise dadurch nicht noch weiter verzögerte, beschränkte sich Stanley zähneknirschend darauf, ihnen zu erklären, es sei unmenschlich, Livingstone seine Briefe vorzuenthalten. Die Araber sahen das ein und schickten Stanley einen Träger mit, der nur die Post für Livingstone beförderte.

Mit finsteren Blicken waren die Araber angetreten, um sich von Stanley zu verabschieden. Sie machten ihm Vorhaltungen, weil er Shaw zwang, mit ihm zu reisen, obwohl er krank war. Die Temperaturen in der schattenlosen Ebene lagen bei fast vierzig Grad.

»Lebt wohl!« rief Stanley und tippte sich an die Hutkrempe. Shaw, der in der Nacht einen Rückfall erlitten hatte, konnte sich kaum auf dem Esel halten und trieb das Tier nur widerwillig an. So begab sich die Expedition des *New York Herald* aus der Sicherheit und dem Luxus Taboras wieder in die Wildnis. Zum ersten Mal auf der gesamten Reise ging es an einen Ort, zu dem noch keine andere Karawane oder Expedition vorgedrungen war.

Als die Gruppe aus der Stadt marschierte, gab Mabruki, einer der neuen Führer, Shaws Esel aus purer Bosheit einen Klaps. Das Tier bäumte sich auf, und der arme Matrose flog in hohem Bogen in einen Busch mit zentimeterlangen Dornen.

Die Araber stürmten in ihren wallenden weißen Gewändern über den staubigen Erdboden herbei, um Shaw zu helfen. Stanley warfen sie die übelsten Beleidigungen an den Kopf. Sie beschimpften ihn als grausam und eigensinnig, doch Stanley hatte keine Lust mehr, ihnen zuzuhören. Er stieg ab, stellte Shaw auf die Beine und verfrachtete den sterbenden Matrosen wieder auf seinen Esel. »Nur Mut!« rief er ihm voller Sarkasmus zu, während er zu seinem eigenen Esel zurückging. Shaws Stöhnen und die Beleidigungen der Araber überhörte er. »Reißen Sie sich zusammen.«

An diesem ersten Tag ging alles einigermaßen gut. Anstatt vorne das Tempo anzugeben, ritt Stanley ganz hinten in der Karawane, um sich um Shaw zu kümmern. Die anderen Männer eilten zügig vorwärts und kamen auf ihrem Gewaltmarsch gut voran. Als jedoch Stanley von einem niedrigen Bergrücken aus in einiger Entfernung ihr Nachtlager ausmachen konnte, wo inmitten von Reisfeldern und Bananenstauden seine amerikanische Flagge wehte, kehrte das

Fieber prompt zurück. Im Lager angekommen, ließ er sich in die Hängematte fallen und wickelte sich in sein Bärenfell. Diesmal war es nicht die Malaria, die ihm zu schaffen machte, sondern die Pocken. Bis diese Krankheit nach der Ansteckung durch den Variola-Virus ausbricht, dauert es normalerweise sieben bis zwölf Tage. Dann kommt es zu Fieber, Erschöpfung, Kopf- und Rückenschmerzen und Gewebeveränderungen. Für dreißig Prozent aller Betroffenen, bei denen die Pocken ausbrechen, endet die Krankheit tödlich. Interessanterweise werden Pocken durch winzige Speicheltröpfchen bei direktem Kontakt mit einem Kranken übertragen. Stanley hatte sich also höchstwahrscheinlich angesteckt, als er an Shaws Bett stand und ihn beschimpfte, weil er nicht aufstehen wollte.

Während Shaw an diesem Abend die Verletzungen verarztete, die er sich bei seinen diversen Stürzen vom Esel zugezogen hatte, und Stanley mit Fieber im Bett lag, saßen die Träger um das Lagerfeuer und redeten darüber, was der nächste Tag wohl mit sich bringen würde. Einige sprachen leise über ihre Pläne zu desertieren. Obwohl Tabora erst ein paar Kilometer hinter ihnen lag, trat anstelle der weiten, sonnigen Ebenen bereits der dichte, finstere Urwald, über den sie schon so viel gehört hatten. Stanley hatte ihnen vor der Abreise einen Teil der ohnehin überhöhten Löhne ausbezahlt und ihnen Waffen und Munition gegeben, so daß sie mit einem kleinen Vermögen zurückkehren würden, wenn sie desertierten. Andererseits durfte Stanley die Männer nach dem Gesetz auch dann noch bestrafen, wenn er auf seinem Rückweg von Udschidschi wieder nach Tabora kam.

Im Flüsterton erwogen die verängstigten Träger das Für und Wider. Stanley würde gewiß nicht zurückkehren, glaubten sie. Er würde sicher umkommen. Nicht einmal ein so wuchtiger Mann wie Asmani konnte eine fünfundvierzigköpfige Karawane beschützen, wenn ein Stamm mit tausend Kriegern sie angriff. Jetzt zu desertieren, wo sie noch nicht so weit gekommen waren, erschien ihnen klüger, als wie die vielen anderen zu enden, von denen nichts übriggeblieben war als ein Haufen ausgebleichter Knochen, deren Fleisch die Hyänen abgenagt hatten.

Noch in derselben Nacht verließen zwanzig Träger die Karawane.

Stanley erfuhr davon am nächsten Morgen, als er aufstand, fest entschlossen, seine Krankheit zu ignorieren und weiterzuziehen. Er tobte vor Wut. Nachdem er zwanzig seiner verläßlichsten Männer versammelt hatte, schickte er sie nach Tabora zurück, um die Deserteure zusammenzutreiben. Auch der Diener Selim sollte dorthin gehen und den Arabern eine jener Ketten abkaufen, mit denen man Sklaven festband. »Gegen Abend kehrten meine zwanzig Detektive mit neun der verschwundenen Männer zurück«, schrieb Stanley. »Auch Selim kam wieder ins Lager, mit einer dicken Kette, an deren eingearbeiteten eisernen Halsbändern man zehn Männer festmachen konnte. Außerdem tauchte Kaif-Halek mit dem Postbeutel auf, den er Livingstone unter meinem Geleit überbringen sollte. Dann richtete ich das Wort an die Männer und zeigte ihnen die Sklavenkette. Ich erklärte ihnen, daß ich der erste Weiße sei, der auf seiner Reise eine solche Kette dabeihabe. Da sie jedoch so große Angst hätten, mich zu begleiten, sei ich gezwungen, Gebrauch davon zu machen, denn ich wüßte nicht, wie ich sie sonst zusammenhalten sollte. Die Guten bräuchten keine Angst zu haben, daß ich sie in Ketten lege, nur die Deserteure, die Diebe, die neben ihrem Lohn auch noch Geschenke, Waffen und Munition erhalten hätten und damit fortgelaufen waren.«

Für Stanley war die Aussicht, Livingstone zu finden und dadurch zu Geld und vielleicht auch Ruhm zu gelangen, Antrieb genug, sogar mitten in Afrika. Tapfer kämpfte er sich voran. Als die Karawane am 24. September, vier Tage nach dem Aufbruch, Kigandu erreichte, verhöhnten ihn die Dorfbewohner als Feigling, weil er es abgelehnt hatte, gegen Mirambo zu kämpfen. Für die Erlaubnis, ihr Gebiet zu durchqueren, verlangten sie Stoffe von ihm. Stanley weigerte sich zu zahlen, so daß er und seine Männer ein Stück außerhalb des Dorfes übernachten mußten, wo es von Ratten nur so wimmelte. Beim Absteigen von seinem Esel stürzte Shaw. Er war von der Schlafkrankheit derart geschwächt, daß er auf der Stelle einschlief, wo er zu Boden gefallen war.

Stanley schaute seinen Freund an und hatte schließlich Mitleid. »Wäre es Ihnen lieber, Sie könnten umkehren, Mr. Shaw?« fragte er müde.

»Ich bitte darum«, gab Shaw zurück. »Ich glaube nicht, daß ich noch weiterkann.«

»Gut, Mr. Shaw. Ich bin zu dem Entschluß gelangt, daß es das Beste für Sie ist, wenn Sie zurückgehen. Ich bin mit meiner Geduld am Ende.« Stanley gab Shaw zu bedenken, daß er sterben würde, wenn er sich nach Tabora zurückbegab, da es dort niemanden gebe, der sich um ihn kümmerte, doch die Entscheidung des Matrosen stand fest.

»Ich wünschte, ich hätte es nie gewagt, hierherzukommen«, brach es aus Shaw hervor. »Ich hatte mir das Leben in Afrika so ganz anders vorgestellt.«

An ihrem letzten gemeinsamen Abend herrschte eine traurige Stimmung. Die beiden Forschungsreisenden saßen am Lagerfeuer und schwelgten in Erinnerungen. Shaw spielte auf einem billigen Akkordeon, das er seit Sansibar mit sich herumtrug, *Home, sweet home*. »Mit der Zeit waren wir freundlicher gegeneinander gestimmt«, gab Stanley zu. Er war davon überzeugt, daß Shaw sterben würde, und so fiel ihm der Abschied schwer. Shaw dagegen war guter Laune, denn er wollte wieder gesund werden und dann zur Küste zurückreisen. Für ihn war *Home, sweet home* kein Klagelied, sondern ein Ausdruck seiner Vorfreude.

Am nächsten Morgen gab Stanley Shaw eine Feldflasche voll Tee, eine Hammelkeule und einen Laib Brot und setzte ihn in eine Trage, mit der zwei Männer ihn nach Tabora zurückbringen sollten. Die Bündel der beiden Träger wurden auf Shaws Esel gepackt. Stanley sorgte dafür, daß ein Trompetensignal geblasen und die Flaggen hochgehalten wurden, und befahl den Männern, ein Spalier zu bilden, denn er wollte seinem alten Freund wenigstens einen gebührenden Abschied bereiten. Als Zeichen des Respekts führte man den Matrosen auf der Trage zwischen den beiden Reihen hindurch wie einen Würdenträger bei einer Parade. Shaw und Stanley gaben sich feierlich die Hand und wünschten sich alles Gute. Dann trennten sich die Wege von Henry Morton Stanley und John William Shaw. Letztendlich war Stanley aber auch erleichtert über den Abschied. »Shaw wurde Richtung Norden davongetragen, während wir nach Süden eilten, mit raschen, federnden Schritten, als hätte man einen großen Alp von uns genommen«, schrieb er.

Schon bevor er sich von Shaw trennte, hatte Stanley sich vorgestellt, wie es wohl wäre, bei seinen Reisen Livingstone nachzueifern. »Das Beispiel des großen Livingstone vor Augen, der ganz allein vor mir unterwegs war, fragte ich mich, warum es mir nicht gelingen sollte, das gleiche zu tun«, überlegte er.

Ohne Shaw achtete Stanley nicht mehr auf seine eigene angeschlagene Gesundheit und raste regelrecht nach Udschidschi. Seine Marschgeschwindigkeit erhöhte sich von anderthalb auf fast fünf Kilometer in der Stunde. Sie waren nun schon sieben Monate unterwegs. Stanley war felsenfest davon überzeugt, daß sich Livingstone in Udschidschi aufhielt. Weiter wollte er nicht denken, denn er hatte gerade noch genug Kraft, es bis nach Udschidschi zu schaffen. Noch weiter nach Afrika vordringen zu müssen oder auf der Suche nach dem guten Doktor endlos herumzuirren, war ein unvorstellbarer Gedanke.

Schon allein der Weg, den sie eingeschlagen hatten, war eine Herausforderung, die alles übertraf, was Stanley bisher erlebt hatte. Seit ihrem Aufbruch aus Bagamojo waren sie in immer gefährlichere Situationen gekommen, doch in der Wildnis südwestlich von Tabora kam es ihnen vor, als habe jemand die Büchse der Pandora geöffnet und die übelsten Widrigkeiten herausgelassen, die Afrika bereithielt. Ganze Wolken von Tsetse- und Panga-Fliegen fielen über sie her, so daß die Männer ununterbrochen um sich schlagen und mit den Armen wedeln mußten. Die Hitze war gnadenlos, und die Männer hatten das Gefühl, bei lebendigem Leib gegrillt zu werden. Das faulende Laub des Upasbaumes verströmte giftige Dämpfe, die sie nicht einatmen durften. Am Wegrand lagen etliche Leichen von Eingeborenen, die an Pocken gestorben waren. Zudem machten Guerillakämpfer die Gegend unsicher, und man hatte die Dörfer in Erwartung des Krieges befestigt. Um sie zu schützen, waren Zäune aus fast acht Zentimeter dicken, fest miteinander verzurrten Holzpfählen errichtet worden, an deren Innenseite Plattformen angebracht waren, von wo aus die Scharfschützen Ausschau halten konnten.

Seine Untergebenen mit Respekt zu behandeln, gelang Stanley in seiner herrischen Art nicht.

Doch gerade diese Strapazen erfüllten Stanley mit einer seltsamen Ruhe. Afrika tat ihm gut, so gefährlich es auch sein mochte. Stanley fühlte sich, als gehöre ihm das Land. Einmal, als er sich gerade an einer herrlichen Aussicht geweidet hatte, gab er in seinem Tagebuch zu: »Für einen Augenblick empfand ich einen gewissen Stolz, daß ich ein so riesiges Reich besaß.«

Er ging völlig in seiner Rolle auf; sie und das Bedürfnis, Livingstone zu finden, spornten ihn an. Die Träger waren zwar in Afrika geboren und aufgewachsen, aber die Wildnis war ihnen nicht ganz geheuer, und sie zogen nur widerstrebend weiter. Stanley dagegen genoß jeden einzelnen Tag des Marsches und jeden Aspekt seiner Afrikareise. Da er nicht an Zigarren kam, hatte er sich angewöhnt, am Ende jedes Tages den Sonnenuntergang anzuschauen und dabei eine weiße Lehmpfeife zu rauchen. »Golden und silbern, wie Safran und Opale, spiegelten sich ihre Strahlen und prächtigen Farben auf dem Blätterdach des ewigen Waldes und verströmten eine himmlische, heilige Ruhe«, beschrieb er das Schauspiel.

In diesen Momenten, wenn er die Grillen zirpen und die Männer am Lagerfeuer ihre Wasserpfeifen rauchen hörte, dachte er über Livingstone nach. »Wir befinden uns beide auf demselben Boden und – wer weiß? – vielleicht sogar im selben Urwald, und doch ist er noch in so weiter Ferne«, schrieb er.

Tagsüber verflogen diese Sorgen, vor allem, als der dichte Wald Anfang Oktober in eine grasbewachsene Ebene überging, wo die verschiedensten Arten von Wild nur darauf warteten, im Kochtopf zu landen. Am 4. Oktober begann für die Expedition eine dreitätige Rast am Ufer des Gombe, während der die Männer auf Jagd gingen und sich neu formierten. In nur zwei Wochen hatten sie über dreihundert Kilometer zurückgelegt, aber das Land, durch das sie kamen, machte ihnen trotzdem noch angst. Für die Schönheit Afrikas hatten sie keinen Blick, und daß sie auf ihrer bisherigen Reise viel Glück gehabt hatten, schien die Gefahren nicht aufwiegen zu können. Es paßte ihnen gar nicht, daß Stanley so drängte und sie jeden Abend völlig erschöpft waren.

Stanley hoffte, die Rast und das frische Fleisch würden die Stimmung in der Mannschaft heben. Die Karawane ernährte sich nun von Büffeln, Zebras und Antilopen, und für kurze Zeit waren die Männer zufrieden. Stanley dagegen ging mit gemischten Gefühlen auf Jagd. Frisches Fleisch war zwar ein wertvolles Gut, denn Proteine waren unterwegs kaum zu bekommen, doch zugleich bewunderte er auch die majestätische Schönheit der Tiere. Es versetzte ihm einen Stich, wenn er auf ein Zebra schoß und dann mit ansehen mußte, wie es sich im Todeskampf aufbäumte und zusammenbrach und die Einheimischen ihm schließlich den Kopf abschnitten. »Ach, es ist schon ein Jammer. Doch nun rasch das scharfe Messer über die herrlichen Streifen am Hals gezogen. Und dann – was für ein heftiger Schwall! Es ist geschafft.«

Gleich nachdem er dieses Tier erlegt hatte, spazierte Stanley zum Ufer des Gombe und zog sich aus, um im Fluß schwimmen zu gehen. Er wollte allein sein und seinen Gedanken nachhängen. Der Gombe floß träge dahin, und auf dem grünen Wasser trieben Lotusblätter, was Stanley vage an einen Sommertraum erinnerte.

Er stieg in das warme Wasser und entspannte sich. Inzwischen war er sehnig und muskulös und hatte kein Gramm Fett mehr auf den Rippen. Stanley streckte sich und legte dann die Handflächen vor sich zusammen, um einen Kopfsprung ins tiefe Wasser zu machen. »Da bemerkte ich einen unglaublich langen Körper, der plötzlich vor meinen Augen auftauchte und genau an die Stelle schwamm, die ich erkunden wollte. Großer Gott, es war ein Krokodil!« schrieb er am Abend in sein Tagebuch. Afrika ließ ihn nicht nur ruhig und entspannt, sondern anscheinend auch unvorsichtig werden, und auch wenn er das Gefühl hatte, das Land zu beherrschen, irrte er sich gewaltig: Es gab niemanden, der dem Kontinent wirklich gewachsen war. Immerhin nahm Stanley sein Erlebnis mit dem Krokodil als eine Warnung, sich »nie mehr von der trügerischen Ruhe täuschen zu lassen«.

Stanley griff hastig nach seinen Kleidern und entfernte sich ein Stück weit vom Flußufer, um sich anzuziehen. Das Herz schlug ihm bis zum Hals. Auf dem Rückweg zum Lager ließ sein Schreck etwas nach. Dort angekommen, verspeiste er im Mondschein eine große Portion Zebra-Steak. Auch am nächsten und übernächsten Tag war Stanley wieder auf der Jagd. Als die dreitägige Rast zu Ende ging, hatten Stanley und seine Männer zwei Büffel, zwei Wildschweine, ein Weißschwanzgnu, das Zebra, ein Impala und ein paar Vögel geschossen. Die Beute war so reichlich, daß sie gar nicht alles Fleisch vor dem Aufbruch essen konnten. Stanley suchte daher eine Handvoll Träger zusammen und ließ das übrige Fleisch in Stücke schneiden und trocknen, damit sie etwas für die weitere Reise hätten. Die neuen Anführer, Asmani und Mabruki, prophezeiten ihm, daß fast zweihundert Kilometer ödester Wildnis vor ihnen lägen, in der es kaum etwas zu jagen gab, geschweige denn Dörfer, in denen man Nahrung kaufen konnte. Das Erlebnis mit dem Krokodil hatte Stanley wieder schmerzlich bewußt gemacht, daß er auf alles gefaßt sein mußte. Sich jetzt gut mit Lebensmittelvorräten einzudecken, würde ihnen eines Tages vielleicht das Leben retten.

Am Morgen des 7. Oktober brach die Expedition des *New York Herald* das Lager ab, um das Jagdgebiet hinter sich zu lassen. Vor den Männern lag ein langer dreitägiger Marsch nach Südwesten, bevor sie in nördlicher Richtung nach Udschidschi weitereilen würden – ihre Begeisterung hielt sich daher in Grenzen. Sie hatten die vergangenen drei Tage Erholung genossen, und die Vorstellung, weiterziehen zu müssen, war ihnen zuwider. Sie wollten lieber bleiben und wenigstens noch einen Tag lang jagen, essen und sich ausruhen.

Als es Zeit zum Abmarsch war, wandte sich Bombay, der zum Sprecher der Gruppe ernannt worden war, an Stanley und ließ ihn wissen, daß die Männer sich weigerten weiterzugehen. Der kleine Mann hatte keine Angst vor Stanley, was er während der Reise wiederholt bewiesen hatte, indem er die Schläge mit Stanleys Hundepeitsche hatte über sich ergehen lassen, ohne mit der Wimper zu zucken.

Bombay forderte einen weiteren Tag Rast, woraufhin Stanley ihn anherrschte, was ihm einfiele, ihn überhaupt darauf anzusprechen. Auf keinen Fall würden sie noch länger Pause machen, erklärte er wütend. In diesem Moment nahm Bombays sonst so gütiger Blick einen bösartigen Ausdruck an. Voller Verachtung schob er seine Unterlippe nach vorn, drehte Stanley den Rücken zu und überbrachte den Männern die Nachricht.

Das gesamte Lager beobachtete die beiden. Es herrschte Totenstille. Als Bombay davonging, gab Stanley in barschem Ton den Befehl, zum Aufbruch zu blasen, doch es blieb still. Nur ein paar Männer bückten sich gehorsam, um ihre Lasten aufzunehmen. Durch das ganze Lager tönte die Stimme Asmanis, der Mabruki zurief, er bereue es, mit auf die Reise gekommen zu sein.

Wütend und mit frechen Bemerkungen schulterten die Träger ihre Bündel und machten sich barfuß auf den Weg. Als endlich alle aufgebrochen waren, ritt Stanley ans Ende der Karawane, denn er befürchtete, daß sie versuchen würden zu desertieren. Selim blieb mit einem Gewehr und Pistolen in seiner Nähe, für den Fall, daß Stanley ihn brauchte.

Meuterei!

Keine zwei Kilometer weiter warfen die Männer ihre Lasten auf die Erde, und die Karawane kam völlig zum Stehen. Die Träger bildeten kleine Grüppchen und steckten die Köpfe zusammen, als heckten sie einen finsteren Plan aus. Stanley stieg ab. »Ich nahm meine doppelläufige Flinte von Selims Schulter, suchte ein Dutzend Schrotkörner zusammen und legte zwei davon ein. Dann machte ich meine Revolver bereit und ging auf sie zu. Als ich mich ihnen näherte, bemerkte ich, daß die Männer nach ihren Waffen griffen«, schrieb er am Abend in sein Tagebuch.

Eigentlich waren die Soldaten zu Stanleys Schutz da, aber es war nicht sicher, wie sie sich nach seiner Auseinandersetzung mit Bombay verhalten würden. Schließlich war dieser es gewesen, der sie ausgesucht hatte. Doch die Soldaten waren im Moment gar nicht Stanleys größte Sorge, denn er hatte entdeckt, daß zwei Männer versuchten, sich hinter einem Erdwall zu verstecken. Da dieser aber nicht besonders hoch war, schauten ihre Köpfe und die Gewehrläufe hervor. »Kommt heraus und sprecht mit mir, sonst puste ich euch den Kopf weg!« rief Stanley. Er legte an und zielte in ihre Richtung.

Voller Entsetzen sah er, daß es Asmani und Mabruki waren, die sich aufrichteten und auf ihn zugingen. Auf Asmanis Gesicht stand ein unverschämtes Grinsen. Die Finger seiner rechten Hand lagen zuckend am Abzug seines Gewehrs.

»Laß die Waffe fallen, oder ich erschieße dich auf der Stelle!« rief Stanley.

Asmani ließ das Gewehr fallen, doch er grinste immer noch. »In seinen Augen sah ich nackte Mordlust blitzen«, erinnerte sich Stanley, »wie sonst nur bei einem Schurken.«

Stanley war einen guten Kopf kleiner als Asmani. Im Blick des Führers und seiner Körperhaltung versuchte er zu erkennen, was als nächstes passieren würde.

Asmani verriet sich nicht, doch Stanley hörte, wie jemand hinter seinem Rücken vorsichtig Schießpulver in eine Muskete füllte. Er fuhr herum, das Gewehr im Anschlag, und stellte mit Entsetzen fest, daß Mabruki auf die andere Seite gekrochen war und, nur einen guten Meter von ihm entfernt, seine Waffe schußbereit machte. »Sofort runter mit dem Gewehr«, forderte Stanley ihn auf und erinnerte die beiden Männer gelassen daran, daß seine glattläufige Flinte ein Vierundzwanziglader war, ihre Waffe dagegen nur ein Einzellader.

Als Mabruki gehorchte, versetzte Stanley ihm mit dem Gewehr einen Stoß gegen die Brust, so daß er nach hinten fiel. Das gab ihm genug Zeit, sich um Asmani zu kümmern, der gerade nach seiner Waffe greifen wollte. »Liegenlassen!« befahl ihm Stanley nervös. Seine Finger lagen am Abzug. Doch Asmani machte keine Anstalten. Statt dessen hob er das Gewehr langsam auf und zielte damit direkt auf Stanleys Gesicht.

Stanley war kurz davor zu schießen, wenn auch nur, um ein Exempel zu statuieren. Gelang es ihm nicht, Asmani einzuschüchtern, dann wäre es um seine Autorität geschehen. Er wollte schon abdrücken, da kam einer der Soldaten nach vorn und schlug dem riesigen Afrikaner das Gewehr aus der Hand. »Wie kannst du es wagen, unseren Herrn mit der Waffe zu bedrohen?« fragte er ungläubig.

Als hätte man ihm ins Gesicht geschlagen, merkte Asmani plötzlich, was für eine Dummheit er begangen hatte. Er warf sich vor

Stanley zu Boden und begann, dessen Füße zu küssen. Dann verlangte er, daß sich auch Mabruki entschuldigte, was dieser tatsächlich tat. Stanley ließ die beiden in Ketten legen.

Außerdem gab er Bombay mit einem Speer ein paar Hiebe auf den Rücken. Auch wenn Stanley Livingstone in vieler Hinsicht immer ähnlicher wurde: Seine Untergebenen mit Respekt zu behandeln, gelang ihm immer noch nicht.

Kapitel 24

Kirk erfährt die Wahrheit

22. September 1871, Sansibar

John Kirk war in heller Aufregung. Vor wenigen Augenblicken waren Kundschafter aus dem Landesinneren eingetroffen, die von Henry Morton Stanley eigenhändig verfaßte Zeitungsberichte mitbrachten. Anscheinend war der Amerikaner doch mehr als ein harmloser Forschungsreisender: Er war Journalist, und noch dazu auf der Suche nach Livingstone. Schadenfroh hatte ihm der amerikanische Konsul F. R. Webb die Ausschnitte aus Stanleys erster Meldung gezeigt, in der dieser berichtete, daß der Krieg in Tabora alle Karawanen aufhalte – darunter auch die Hilfslieferung für Livingstone. Hatte die Nachricht New York und dann London erst einmal erreicht, würde man glatt ihm, Kirk, die Schuld dafür geben, daß der Forscher seine Vorräte noch nicht erhalten hatte. Der aufstrebende Diplomat mußte dem unbedingt zuvorkommen und sich vorsorglich eine Verteidigungsstrategie zurechtlegen.

»Mylord«, schrieb er am 22. September an Außenminister Earl Granville, »eben wurden uns durch Sonderboten Briefe zugestellt, die vor ungefähr einem Monat in Unjajembe losgeschickt wurden und uns von einem traurigen Mißgeschick in Kenntnis setzen… Mr. Webb, dem hiesigen amerikanischen Konsul, habe ich zu verdanken, daß ich Einzelheiten aus diesen Briefen erfuhr, die zweifellos an anderer Stelle in ganzer Länge zum Abdruck kommen werden.«

Obwohl Stanley in seinem ersten Bericht die weiteren Pläne der Expedition nur grob umriß, die Aufstellung der Karawane schilderte und sich dafür entschuldigte, daß er bereits soviel von Bennetts Geld ausgegeben hatte, wurde Kirk klar, daß der Journalist nichts unversucht lassen würde, um Livingstone zu finden. Wie es aussah, würde bald auch Kirks Name in der Zeitung genannt werden, gemeinsam mit der Anschuldigung, daß er es versäumt habe, Livingstones Hilfslieferung abzuschicken. Zu allem Überfluß blokkierte Mirambo nun auch noch den Weg nach Udschidschi. Kirk wußte, daß die Vorräte rechtzeitig an der Blockade vorbeigekommen wären, wenn er früher reagiert hätte. In einem zweiten Brief, den Kirk drei Tage später schrieb, versicherte er Sir Roderick Murchison, daß Großbritannien durch Stanley keine Blamage zu befürchten hätte. »Zum gegenwärtigen Zeitpunkt ist es höchst unwahrscheinlich, daß er vorankommt«, schrieb Kirk am 25. September. »Wohin er überhaupt gehen will, kann ich jedoch nicht genau sagen. Er hat mir seine Pläne nie verraten.« Er schloß mit den Worten: »Glauben Sie mir.«

Kirk hatte kein Glück, denn der Brief kam nie bei Murchison an. Der stellvertretende britische Konsul auf Sansibar würde die Krise ganz allein durchstehen müssen.

Kapitel 25

Im Tal des Todes

7. Oktober 1871, südlich des Malagarasi, 260 Kilometer von Livingstone entfernt

Als Stanleys Karawane am 10. Oktober ihr Lager aufschlug, kamen einige Eingeborene herüber. Als sie hörten, wohin der Forscher seine Männer bringen wollte, schüttelten sie nur den Kopf und meinten, die Gruppe würde ein sicherer Tod erwarten, wenn sie keine andere Route wählte. Das Gebiet, das vor ihnen liege, sei vor kurzem zu einem von Mirambos Schlachtfeldern geworden, und die Kämpfe wüteten gerade besonders heftig.

Zum ersten Mal auf der gesamten Reise folgte Stanley einem Rat. Wieder änderte er die Reiseroute nach Udschidschi und beschloß, durch eine rauhe, weiter nordwestlich gelegene Landschaft zu gehen. Das tiefgelegene Gebiet war von kleinen Flüssen durchzogen, an deren Ufern Wälder aus Mvule-Bäumen, Sykomoren und gewaltigen Tamarinden wuchsen.

Der Marsch brachte die Expedition zu einer großen, grünen Senke, die von steilen Felswänden umgeben war. Als sie näher kamen, merkten sie jedoch, daß es keine Wiese war, sondern ein riesiger Pflanzenteppich, der aus dicken, ineinander verflochtenen Sumpfgrasstengeln bestand. Darunter lag ein etwa anderthalb Kilometer breiter schwarzer Fluß. Wie tief er war, konnte man nicht erkennen. Stanley und seine Männer fragten sich, wie in aller Welt die fünfundvierzig Expeditionsmitglieder – und vor allem die vollbepackten Esel – auf die andere Seite gelangen sollten. Hinzu kam, daß der Teppich auseinandergerissen war, als jemand vor längerer

Zeit versucht hatte, ihn zu überqueren, wie er von den Trägern erfuhr. Mitsamt seinem Esel, fünfunddreißig Sklaven und sechzehn Stoßzähnen sei der Reisende in den krokodilverseuchten Fluß gestürzt und nie mehr aufgetaucht.

Stanley ging als letzter los, denn er wollte sich davon überzeugen, daß auch alle seine Männer mutig genug waren, den Teppich zu überqueren. Erstaunt betrachtete er die seltsamen Formen, die das Grasgeflecht annahm, während die Männer mit ihrer Ausrüstung darüberliefen: An manchen Stellen wogte es sanft, eine andere Stelle wiederum sah aus »wie ein kleiner See, der von einer heftigen Bö gepeitscht wird«. Als Stanley dann selbst die ersten Schritte auf den Grasteppich wagte, sank er seltsamerweise nur bis über die Knöchel ein. Der Fluß schien also gar nicht so tief zu sein, wie er befürchtet hatte.

Langsam und vorsichtig tastete sich die *New York Herald*-Expedition zum anderen Ufer, bis schließlich alle Männer und Esel sicher dort angekommen waren. Zur Feier des Tages kaufte Stanley in einem nahe gelegenen Dorf Ziegen und schlachtete noch am selben Abend acht davon. Obwohl er bereits eine ganze Woche nach dem Malagarasi suchte, dem großen Strom, der in den Tanganjikasee floß, war nicht das geringste von ihm zu sehen, doch Stanley spürte, daß sie ihm schon ganz nahe sein mußten.

Am nächsten Morgen stießen sie dann tatsächlich auf den Fluß. Jetzt war klar, daß sie ihre gefährliche Reise beinahe überstanden hatten. Zahlreiche Dörfer säumten die Ufer, und im flachen Wasser konnte man Vögel beim Fischen beobachten. Der Malagarasi war offensichtlich kein besonders breiter Strom, aber er war tief, und es wimmelte nur so von Krokodilen: Über der Wasseroberfläche waren ihre Köpfe zu erkennen, so weit das Auge reichte. Die Männer samt ihrer Lasten würden sich mit dem Boot übersetzen lassen müssen. Sultan Nzogera wußte das sehr wohl und forderte dafür so viele Stoffe von Stanley, daß dieser sich schon ruiniert glaubte: Nzogera verlangte sechsundfünfzig Dotis, und zwar nur für die Erlaubnis, das Gebiet zu durchqueren. Wenn Stanley die Karawane auf Kanus ans andere Ufer bringen lassen wollte, würden weitere Kosten dazukommen. Stanley weigerte sich zu zahlen und schickte Bombay und Asmani zum Sultan. Sie sollten mit ihm verhandeln.

Fast die ganze Nacht des 1. November hindurch feilschten Bombay und Asmani mit Nzogera. Jedesmal, wenn sie zu einer Einigung kamen und die Summe wieder ein Stück erhöht worden war, fiel dem Sultan noch ein Grund ein, mehr zu verlangen. Schließlich mußte Stanley ihm einen ganzen Ballen Stoff geben. Außerdem mußte er die Besitzer der kleinen Kanus bezahlen, die seine Karawane – je vier Männer in einem Boot – übersetzen sollten. Stanley legte noch ein wenig Stoff und ein paar Perlenschnüre obendrauf. Nachdem die Fährleute eine Gruppe über den Fluß gebracht hatten, verlangten sie noch einmal etwas dafür, daß sie zurückfuhren und die nächste Gruppe beförderten. Dieses Spielchen wiederholte sich, bis auch die dritte Gruppe von Männern auf der anderen Seite des Malagarasi war. Bei Sonnenuntergang waren schließlich alle am anderen Ufer angelangt, außer den zwei Eseln, die einzeln herübergebracht werden sollten. Stanleys Männer wußten, daß die Lasttiere nicht in die Kanus paßten, so daß sie die Esel am Halfter nebenher schwimmen lassen mußten, während sie selbst im Boot saßen. Der erste Esel, der die Überquerung wagen sollte, war eines von Stanleys Lieblingstieren namens Simba, was auf Suaheli »Löwe« heißt. Nach etwa der Hälfte der Strecke mußte der entsetzte Stanley mit ansehen, wie Simba von den Krokodilen angegriffen wurde. Obwohl Stanleys Männer versuchten, sie abzuwehren und Simba ans Ufer zu ziehen, verbissen sich die Krokodile in die Schnauze und den Nacken des Esels und zogen ihn unter Wasser. Er trat um sich, doch es gelang ihm nicht, sich zu befreien und wiederaufzutauchen. Er ging einfach unter. »Wir hatten die hellbraunen Köpfe, die glitzernden Augen und die zerfurchten Rücken in der Nähe lauern gesehen«, schrieb Stanley voller Abscheu, »doch wir hätten nie geglaubt, daß sich die Bestien einer so turbulenten Szene wie der Flußüberquerung nähern würden.«

Der andere Esel sollte mit Bombay am nächsten Morgen nachkommen, denn dann hielten sich die Krokodile erfahrungsgemäß nicht am Fluß auf.

Während die Karawane auf das Morgengrauen wartete, überkam sie eine ungewohnte Traurigkeit. Trotz ihrer Angst und den Meutereien zu Beginn der Reise hatte die Gruppe – einschließlich der Tiere – Stanleys Marsch durch die Wildnis gemeinsam überstanden. Die anfänglichen Spannungen wichen allmählich einem Gefühl von Kameradschaft. Sie waren kurz vor dem Ziel – zumindest glaubten sie das. Mit ansehen zu müssen, wie Simba nach einem blutigen Kampf grausam verendet war, erinnerte sie daran, daß jedem von ihnen jederzeit das gleiche passieren konnte. Die ganze Nacht über ließ sich die Traurigkeit nicht abschütteln.

Am nächsten Morgen aber war jede Spur von Trübsinn wie weggeblasen, und Stanleys Hoffnung, daß sich in Udschidschi ein Weißer aufhielt, wurde bestätigt.

Kapitel 26

Warten auf den barmherzigen Samariter

Trotz seiner bemerkenswerten Ausdauer und seiner hohen Schmerzschwelle war Livingstones Wille endgültig gebrochen, als er am 8. Oktober endlich den Tanganjikasee erreichte. »Ich war bis auf die Knochen abgemagert«, meinte er nur.

8. Oktober 1871, Udschidschi

Daß es ihm trotz wiederholter Versuche immer noch nicht gelungen war, seine Mission zu Ende zu führen, drohte ihn zu zerbrechen. Die Suche nach der Nilquelle war völlig in den Hintergrund gerückt. Seine körperliche Verfassung und die kriegerische Auseinandersetzung zwischen den Arabern und den Manjuemas machten eine baldige Heimkehr unmöglich, und es war fraglich, ob er jemals nach Hause kommen würde. »Meine geschundene Seele machte auch meinen Körper krank«, schrieb er am Ufer des Sees. Die Sklavenhändler und Elfenbeinjäger aus der ganzen Umgebung hatten ihren Rückweg nach Udschidschi und dann nach Bagamojo begonnen und brüsteten sich mit ihren erfolgreichen Beutezügen. »Ich allein hatte versagt und mußte Verdruß, Unbill und Widrigkeiten ertragen, obwohl das Ziel, das ich anstrebte, schon fast in Sichtweite war.«

Noch einmal versuchte er, ein Kanu aufzutreiben, mit dem er über den See nach Udschidschi gelangen konnte, wo die Vorräte auf ihn warteten. Damit könnte er Proviant, gute Schuhe und eine neue Ausrüstung kaufen. Er würde sich erholen und seine Mannschaft wiederaufstellen. Nachdem er jahrelang von den Arabern abhängig gewesen und dann zwei endlose Monate lang von Njangwe zum

Tanganjikasee gewandert war, hatte er genug davon, ständig irgend jemandem verpflichtet zu sein.

Als Livingstone dann endlich in Udschidschi ankam, war es genauso wie beim letzten Mal, vor zwei Jahren und acht Monaten: Es waren keine Vorräte für ihn da. Sherif, ein mit Kirk befreundeter arabischer Händler, hatte sich die Stoffe und Perlen unter den Nagel gerissen. Am meisten entsetzte Livingstone, daß Sherif sich überhaupt keiner Schuld bewußt war. Er hatte die Waren des Forschers gegen neue Kleidung für seine Sklaven eingetauscht. Sherif kam herüber, um ihn zu begrüßen. »Er schämte sich nicht im geringsten«, empörte sich Livingstone, »und als ich mich weigerte, ihm die Hand zu geben, setzte er gleich eine beleidigte Miene auf, als sei er ungerecht behandelt worden.« Zweimal am Tag begrüßte der Händler ihn mit seinem Segenswunsch, was Livingstone als reinen Hohn empfand. Irgendwann reichte es ihm. »Wenn ich Araber wäre«, sagte ihm der ehrwürdige Schotte, »dann würde ich Euch als Dieb die Hand abhacken und die Ohren abschneiden lassen.«

Von da an war Sherif dem Forscher zwar aus dem Weg gegangen, doch an der Tatsache, daß Livingstone völlig mittellos war, änderte das auch nichts. Er hatte nun die Wahl, ob er betteln gehen oder lieber verhungern wollte. Sich noch einmal den Arabern anzuschließen und auf ihre Almosen angewiesen zu sein, kam für ihn nicht in Frage. Nach dem Massaker konnte er ihnen einfach nicht mehr trauen. Sie besuchten ihn zwar und wollten ihm Elfenbein schenken, das er verkaufen konnte, doch er lehnte ab. So hielt sich Livingstone während seines Aufenthalts in Udschidschi die meiste Zeit über in seinem kleinen Haus auf, betete um Rettung und bereitete sich seelisch auf den Tag vor, an dem seine Vorräte aufgebraucht sein würden. Vom Haus aus konnte er direkt auf den See blicken und beobachten, wie die Fischerboote im Morgengrauen hinausfuhren und in der Abenddämmerung zurückkehrten. »Ich entschloß mich zu warten, bis jemand von der Küste hierherkam«, hatte er geschrieben in der Hoffnung, der britische Konsul würde ihm weitere Vorräte aus Sansibar schicken. »Doch daß ich als Bettler warten mußte, damit hätte ich nie gerechnet, und so fühlte ich mich erbärmlich.«

Letztendlich war Livingstone gezwungen, etwas zu tun, was er nie zuvor getan hatte: Er mußte sich eingestehen, daß er Hilfe brauchte.

Die Chancen auf eine Rettung standen jedoch schlecht. Im Westen, von wo er gekommen war, begannen die Kämpfe zwischen den Arabern und den Afrikanern. Im Osten, Richtung Tabora, unternahm Mirambo gerade seinen gewaltigen Feldzug gegen die Araber. Niemand in Udschidschi hatte jemals einen Krieg solchen Ausmaßes miterlebt. Daß eine Lieferung zu Livingstone gelangte – ob nun von Osten oder von Westen her –, war so gut wie ausgeschlossen.

»In meiner völligen Armut kam ich mir vor wie der Mann, der von Jerusalem nach Jericho wanderte und unter die Räuber fiel. Anders als dieser konnte ich jedoch nicht darauf hoffen, daß von irgendwoher ein Priester, Levit oder barmherziger Samariter käme«, notierte er niedergeschlagen.

Wie sollte er auch wissen, daß sein Retter schon auf dem Weg nach Udschidschi war.

Kapitel 27

Gefunden

»In der Nähe von Isinga traf ich auf eine Karawane von achtzig Waguhhas, die gerade aus Udschidschi kamen und Öl nach Unjajembe brachten. Sie berichteten, daß sie sich fünf Tage zuvor in Udschidschi von einem weißen Mann getrennt hätten. Er habe die gleiche Hautfarbe wie ich, trage die gleichen Schuhe und die gleiche Kleidung und habe ebenfalls Haare im Gesicht, nur daß seine weiß seien. Das ist Livingstone. Auf nach Udschidschi! Die Männer teilen meine Freude, denn nun werden wir bald zurückkehren, und da mich diese Aussicht so glücklich macht, besorge ich drei Ziegen und fünf Gallonen einheimisches Bier, die unverzüglich gegessen und getrunken werden.«

3. November 1871,
Isinga,
130 Kilometer von
Livingstone entfernt

Aus Stanleys ekstatischen Worten vom 3. November sind die Ungeduld, die Aufregung und sogar die Sorge herauszuhören, die ihn erfüllten. »Das ist Livingstone! Das muß er sein! Es kann sich um gar niemand anderen handeln! Doch halt, es könnte tatsächlich jemand anderes sein, jemand von der Westküste. Oder vielleicht ist es Baker! Nein, Baker hat keinen weißen Bart, und nun müssen wir schnell losmarschieren, nicht, daß er noch davonläuft, wenn er hört, daß wir kommen«, schrieb Stanley. Er konnte es kaum erwarten, Udschidschi zu erreichen. »Ich war ganz außer mir vor Freude, wollte unbedingt eine Antwort auf die brennende Frage: ›Ist dieser Weiße Dr. David Livingstone?‹ Gott gebe mir Geduld – ich wünschte, es gäbe hier eine Eisenbahn.«

Da er nun einmal aber keinen Zug benutzen konnte, um sich schnell nach Udschidschi bringen zu lassen, versammelte Stanley die Männer um sich und fragte sie, ob sie bereit seien, ohne einen Zwischenhalt in die Stadt zu marschieren. Für ihre Mühe sollten sie einen zusätzlichen Lohn von einem Doti erhalten, versprach er. Bis auf einen Mann willigten alle ein. Stanley mußte daran denken, wie seine beiden Pferde, der braune und der graue Araber, gleich zu Beginn ihrer Reise fünfzehn Stunden nacheinander gestorben waren. »Mit einem Pferd«, überlegte er, »wäre ich in ungefähr zwölf Stunden in Udschidschi.«

Obwohl ihnen die Stadt schon so nah erschien, waren es noch hundertachtzig Kilometer bis dorthin. Das größtenteils bewaldete Terrain war abschüssig und von zahlreichen, tiefen Wasserläufen durchzogen, die sich einen Weg Richtung Tanganjikasee bahnten. Der Boden war rot und fruchtbar, und in kleinen Wäldchen wuchsen Bananenstauden und Mangobäume. Der Pfad führte durch Sumpflöcher und über Felsen und Geröll. Dieser Teil der Reise war also alles andere als unbeschwerlich, doch Stanley grübelte nicht weiter über Pferde nach, sondern brach zur letzten Etappe auf. Die Männer waren bester Laune und zogen zuversichtlich los. Wenn alles gutging, waren sie in fünfzig Stunden in Udschidschi, schätzte Stanley.

Doch Afrika hatte es ihm nie einfach gemacht, und das sollte sich auch jetzt nicht ändern. Schon drei Stunden nach seinem Aufbruch vom Malagarasi kam Stanley durch eine Landschaft, die ihn an die Prärie Nebraskas erinnerte. Überall gab es Siedlungen, deren Lehmhütten wie Bienenstöcke aussahen. Das Gras war von der Äquatorsonne völlig ausgebleicht. In einem besonders weitläufigen Dorf, um das sich sogar kleine Vororte gebildet hatten, wurde die *New York Herald*-Expedition plötzlich von einer Schar Krieger aufgehalten. Sie gehörten zum Stamm der Ha.

»Wie könnt Ihr es wagen, durch das Dorf zu ziehen, ohne dem König von Uhha einen Tribut zu entrichten?« stellten sie Stanley gebieterisch zur Rede.

»Wir haben aber bereits Tribut bezahlt«, erwiderte Stanley ungehalten.

»Und wem?«

»Dem Häuptling von Kawanga.«

Wie sich herausstellte, hatte der Häuptling von Kawanga den Tribut für sich behalten. Die Krieger befahlen Stanley daher, seine Leute im Dorf rasten zu lassen, bis ein Tribut geleistet wäre.

Stanley aber hatte genug von dem dauernden Hin und Her um die Tribute und war nicht bereit, seine Karawane anhalten zu lassen, bevor sie Udschidschi erreichten. Während Stanley mit den Kriegern verhandelte, mußten seine Männer daher mitten auf der Straße in der prallen Sonne stehenbleiben, die zu einem ständigen Begleiter geworden war. Nachdem einige Gesandte ihm im Namen des Königs die Forderungen gestellt hatten, schlenderte ein stattlicher junger Mann zu ihnen herüber. Er trug eine scharlachrote Toga und einen Turban und hatte eine Elfenbeinkette umhängen. »Der prächtig gekleidete Häuptling war eine ganz außergewöhnliche Erscheinung«, schrieb Stanley. »Er hatte ein ovales Gesicht, hohe Wangenknochen, tiefliegende Augen, eine hohe, ausgeprägte Stirn, eine zierliche Nase und einen feingeschwungenen Mund. Er war groß und absolut gut proportioniert.«

Es war Mionvu, der Häuptling von Uhha. Als Turban diente ihm ein Tuch, das in Massachusetts gewoben worden war, wie Stanley mit dem geschulten Blick eines Journalisten bemerkte. Höflich, aber bestimmt forderte Mionvu Stanley und seine fünfundvierzig Männer auf, aus der Sonne zu gehen. »Warum bleibt der weiße Mann denn mitten auf der Straße stehen?« wollte Mionvu wissen. »Die Sonne ist heiß. Er kann in meinem Dorf Schutz suchen, wo wir die Sache regeln können.«

Stanley befürchtete, daß Mionvu ihn in eine Falle locken wollte. Um die Karawane hatte sich inzwischen eine ganze Armee von Ha-Kriegern versammelt, an die tausend Männer. Es machte ihm angst, wie begeistert sie Mionvus Worten zustimmten, und er bemerkte entsetzt, daß sie mit Pfeil und Bogen sowie mit Speeren bewaffnet waren und bereit, jeden Moment loszuschlagen. Wenn er das nächste Mal nach Afrika kam, würde er mit hundert Männern durch Mionvus Dorf marschieren und den Häuptling dafür bestrafen, daß er keinen Respekt vor dem *New York Herald* oder dem Sternenbanner hatte, schwor sich Stanley.

»Will der weiße Mann nun Krieg oder Frieden?« beendete Mionvu seine Ansprache.

An Eloquenz konnte es Stanley bei seiner Antwort zwar mit Mionvu aufnehmen – er gab in etwa die lange, mitreißende Ansprache General Shermans an die Häuptlinge der Arapaho- und Cheyenneindianer wieder, die er 1867 in der North Platte gehört hatte –, aber trotzdem kostete es ihn fünfundachtzig Dotis, das Herrschaftsgebiet des Königs lebend verlassen zu dürfen.

Das nächste Dorf war Kahirigi und sein Häuptling Mionvus Bruder. Er verlangte dreißig Dotis und lehnte jede Feilscherei ab. »Ich mußte mit ansehen, wie rasch die anfangs noch stattliche Menge an Stoffballen schrumpfte«, schrieb Stanley. »Vier weitere solcher Forderungen, und es würde gar nichts mehr davon übrig sein.«

Entgegen der Anordnung des Königs schickte er Bombay und Asmani los, um mit diesem zu verhandeln. Er selbst schmorte den ganzen Nachmittag in seinem Zelt, rauchte Pfeife und suchte nach einem Ausweg aus dieser schwierigen Situation. Auf dem Weg nach Udschidschi gab es fünf weitere Häuptlinge. Ihre Dörfer lagen höchstens zwei Stunden auseinander, so daß sie über den Reichtum der Karawane bereits informiert wären, wenn er durch ihr Gebiet kam. Die Stoffe wäre er damit auf jeden Fall los. Traf er jedoch ohne Tauschgüter in Udschidschi ein, wäre die ganze Reise umsonst gewesen: Zwar hätte er Livingstone dann gefunden, doch er würde keine Lebensmittel oder Medikamente kaufen können, geschweige denn seine eigene Rückkehr nach Tabora finanzieren. Einen Moment lang dachte Stanley daran, die Stämme anzugreifen, die zum Königreich Uhha gehörten, verwarf diese Möglichkeit aber wieder. Er hatte gelernt, daß man in Afrika nur durch Klugheit überleben konnte, nicht durch Aggression. Wie kann ich zu Livingstone gelangen, ohne an den Bettelstab gebracht zu werden? grübelte Stanley.

Dann rief er seine beiden Anführer zu sich ins Zelt. Ohne Zeit zu verlieren, schilderte er ihnen sein Dilemma und fragte sie, wie man an den fünf Häuptlingen vorbeikommen könnte, ohne Tribut zu zahlen. Sie meinten erst, es sei unmöglich, fügten aber hinzu, es gebe einen anderen Anführer im Boma, der vielleicht einen Ausweg wüßte.

Der Mann hieß Mguna und war der Sklave eines Arabers aus Tabora. Er lehnte Stanleys Vorhaben zwar nicht kategorisch ab, als er davon hörte, gab ihm aber zu verstehen, daß die Aussichten auf Erfolg sehr gering waren. »Ihr müßt eure Männer fest im Griff haben«, erklärte Mguna ihm. »Und sie müssen genau das tun, was Ihr von ihnen verlangt.« Scheiterte der Plan, bedeutete das Krieg und Verderben.

Stanley willigte ein. Für zwölf Dotis versprach Mguna, ihm einen geheimen Weg aus der Stadt zu zeigen. Die Karawane würde mitten in der Nacht ohne einen Laut aufbrechen müssen. Da sie alle Dörfer umgehen wollten, würden sie Vorräte für mindestens vier Tage mitnehmen müssen.

Sobald Mguna sie verlassen hatte, schickte Stanley seine Männer los, um Getreide für vier Tage zu besorgen. Schließlich kauften sie sogar genug für sechs Tage. Stanleys Plan schien zu funktionieren. »Letzte Nacht fand ich überhaupt keinen Schlaf«, schrieb er am nächsten Tag. »Kurz nach Mitternacht, als der Mond gerade aufging, stahlen sich die Männer jeweils zu vieren aus dem Dorf. Um drei Uhr morgens hatte dann die ganze Expedition das Boma verlassen, ohne daß Alarm geschlagen worden wäre.«

Sobald Stanley die Karawane wieder um sich versammelt hatte, pfiff er leise nach Mguna. Der neue Anführer löste sich aus dem Dunkeln und trat in den Mondschein hinaus, der nun hell vom Himmel fiel. Vorsichtig schlich die Expedition des *New York Herald* über ein ebenes, gerodetes Stück Land aus dem Dorf, immer darauf bedacht, daß die Esel, Hühner und Ziegen ruhig blieben und die Bündel nicht gegen niedrig hängende Zweige stießen. Sie gingen in südlicher Richtung, fort von Udschidschi, bis sie außer Sichtweite des Dorfes waren. Dann wandten sie sich nach Westen und steuerten direkt auf Livingstone zu. Ihr Weg verlief parallel zur Hauptstraße, lag aber einige Kilometer davon entfernt, damit man sie nicht sehen würde. Als die Sonne aufging, machten sie eine Frühstückspause auf einer Urwaldlichtung. Ganz in der Nähe entdeckten sie Antilopen, die nur darauf warteten, erlegt zu werden, doch Stanley wagte es nicht, auch nur das leiseste Geräusch zu machen. Er schlürfte seinen Kaffee und triumphierte innerlich, daß sein Plan offensichtlich aufgegangen war.

Während sie jedoch durch den knietiefen, reißenden Rusisi wateten, bekam es eine Frau, die sich der Gruppe angeschlossen hatte, um ihren Mann zu begleiten, plötzlich mit der Angst zu tun. Sie stieß einen gellenden Schrei aus, als sei sie von einem Krokodil gebissen worden. Mguna bedeutete Stanley, er solle sie zum Schweigen bringen, bevor die ganze Gegend mitbekam, daß sie in der Nähe waren. »Im Nu wären wir von Hunderten wütender Wahhas umzingelt gewesen, und es wäre vermutlich zu einem beispiellosen Massaker gekommen«, schrieb Stanley.

Schnell befahl er der Frau, still zu sein, aber schon rannten einige der Träger in panischem Schrecken mitsamt ihren Lasten davon. Anstatt ruhig zu sein, schrie die Frau nur noch lauter. Ihr Kreischen wurde immer schriller, wie das einer Sirene, und ihr Mann geriet in eine solche Wut, daß er sein Schwert zog und Stanley bat, ihr den Kopf abschlagen zu dürfen. Dieser hielt ihr statt dessen den Mund zu. Sie befreite sich jedoch aus seinem Griff und fing wieder an zu schreien, so daß Stanley ihr schließlich zehn Peitschenhiebe versetzte und sie fesseln und knebeln ließ.

Erschöpft und verängstigt watete Stanley ans Ufer, versammelte die zerstreute Karawane wieder und setzte seinen Marsch fort. Vierundzwanzig Stunden später, in denen sie den Hühnern und Ziegen die Kehle hatten durchschneiden müssen, weil Mguna sie mitten in der Nacht versehentlich zu nah an einem Dorf vorbeigeführt hatte, tauchten die Männer der *New York Herald*-Expedition endlich aus einem Bambusurwald auf. Sie waren in Sicherheit. Sie beglückwünschten sich gegenseitig und verspürten jetzt, wo sie dem Tod gemeinsam entronnen waren, ein ganz besonderes Gefühl der Zusammengehörigkeit. Wieder überschlug Stanley im Geist, wie weit sie noch zu gehen hatten. Sie waren genau vierundsiebzig Kilometer von Udschidschi entfernt. Hastig marschierten sie weiter. »Geduld, mein Herz«, schrieb er, als sie am Abend ihr Lager aufschlugen. Die Karawane befand sich in einem dichten Urwald, doch ganz in der Nähe hatte man ein Dorf ausgemacht, so daß keine Feuer angezündet wurden und jeglicher Lärm verboten war. »Nur noch ein paar Stunden, und wir wissen, wie diese Sache ausgehen wird!«

Als sie sich am nächsten Tag wieder auf den Weg machten, sah die Welt für Stanley ein wenig freundlicher aus. Er bemerkte, wie glatt die Kieselsteine waren und wie schön die Blumen, und entdeckte ein Wäldchen mit wilden Obstbäumen. Noch glücklicher war er, als die Gruppe schließlich auf eine breitere Piste stieß, auf der sie zügiger vorankam. Er dachte darüber nach, was er alles erlebt hatte, und im Rückblick schien ihm die Reise schon gar nicht mehr so schwierig. »Was kümmerten uns nun die Widrigkeiten, denen wir begegnet waren – die mörderisch unwirtlichen Wälder, die dornigen Dickichte, das messerscharfe Gras und das Gekeife der Wilden. Morgen! Ja, der große Tag rückt näher, und in dieser triumphalen Stimmung dürfen wir wohl alle lachen und singen. Wir haben harte Prüfungen bestehen müssen und sind aneinandergeraten, doch all das ist nun vergessen, und es gibt niemanden, der nicht über das ganze Gesicht strahlt vor Glück – wir haben es uns auch redlich verdient.«

Als sie sich Udschidschi näherten, ließen die Männer Stanley hochleben. Er hatte sie sicher durch die Wildnis und mutig an den diebischen Sultanen vorbeigeführt. In dem Dorf Njamtaga, das nur einen kurzen Fußmarsch von der Stadt entfernt war, schlugen sie zum letzten Mal das Lager auf. Dann gab es Bier und gebratene Ziege. Stanley war nervös, denn er wußte nicht, wie er sich einem so bedeutenden Engländer wie Livingstone vorstellen sollte. Er breitete die saubere Kleidung vor sich aus, die er für diesen Anlaß aufgespart hatte: eine weiße Safariuniform und ein neues Band mit Schottenkaro für seinen Tropenhelm, dazu Schuhcreme für seine Stiefel. »Hyah, Barak-Allah!« riefen ihm seine treuen Anhänger zu. »Vorwärts, und Gottes Segen sei mit dir!«

Als sich Stanley am Morgen anzog, war er mit seinem Aussehen ganz zufrieden. Er hätte so ohne weiteres auch durch die Straßen von Bombay flanieren können, fand er. Dann brach die Karawane des *New York Herald* mit einem lauten Hornsignal zu der – wie sie hofften – letzten Etappe ihrer Mission auf. Der Pfad war holprig und steil und führte auf einen kleinen Berg, aber Stanley nahm das alles gar nicht richtig wahr. Er war so darauf fixiert, endlich herauszufinden, ob der Weiße in Udschidschi tatsächlich Livingstone war, daß die Kilometer nur so an ihm vorüberrauschten.

Die Aussicht vom Gipfel verschlug jedoch auch Stanley den Atem. Zum ersten Mal sah er den Tanganjikasee, der unten im Tal lag wie ein silbern schimmerndes Meer und von ungeheuer bedrohlich wirkenden Bergen umgeben war. Stanley konnte seinen Blick nicht abwenden, selbst dann nicht, als die Karawane auf der anderen Seite des Berges bereits wieder abzusteigen begann. Vor fast genau zwei Jahren hatte ihm Bennett seinen Auftrag erteilt. Seitdem war kein Tag vergangen, an dem er nicht dem Druck und den Risiken ausgesetzt gewesen war, die eine Reise durch Afrika und die Suche nach Livingstone mit sich brachten. Doch irgendwo dort unten, am Ufer dieses glitzernden Sees, lag Udschidschi. Als er endlich den Ort erblickte, an dem die Begegnung stattfinden würde, ging für ihn ein langgehegter Traum in Erfüllung – und Udschidschi war wirklich ein herrlicher Ort, eine prächtige Belohnung für all die Mühe und Anstrengung.

Die Karawane kämpfte sich Kilometer um Kilometer voran, bis sich der Weg durch eine Wiese mit drei Meter hohem Matete, oder Elefantengras, wand, das ihnen zwar die Sicht auf den See nahm, sie sonst aber nicht bremsen konnte. »In wenigen Minuten werden wir den Ort erreichen, an dem wir das Ziel unserer Suche vermuten«, schrieb Stanley über das letzte Stück vor Udschidschi. »Schon bald wird sich unser Schicksal entscheiden. In der Stadt weiß keiner, daß wir kommen.«

Gut einen Kilometer außerhalb der Stadt ließ Stanley die Fahnen hissen und die Männer ihre Waffen laden, um ihr Eintreffen anzukündigen. »Feuer!« brüllte er und wurde mit jeder Minute, um die seine Begegnung mit Livingstone näher rückte, nervöser. Was würde geschehen? Würde der erfahrene Forscher vor ihm davonlaufen? Würde er ihn überhaupt freundlich empfangen? Konnte es nicht etwa sein, daß er von ihrem Kommen gehört und Udschidschi längst verlassen hatte?

»Die Flaggen wehen im Wind, allen voran flattert lustig die amerikanische Fahne«, schrieb Stanley später. Das Krachen der Musketen und das Schallen der Hörner erfüllten die Luft und gaben dem Schauspiel einen zusätzlichen Reiz. »Nie zuvor erschien mir das Sternenbanner so wunderschön.«

Die Einwohner der Stadt strömten zusammen, um sie zu begrüßen. Zwar war die Ankunft oder Abreise von Karawanen nichts Ungewöhnliches in Udschidschi, aber wegen des Krieges mit Mirambo waren schon monatelang keine mehr dagewesen. Stanley war zum Wegbereiter für zukünftige Karawanen geworden. Er war kein Journalist mehr, der lediglich über die Taten anderer berichtete: Henry Morton Stanley war nun ein richtiger Entdecker, mit allem, was an Ruhm und Ehre dazugehörte.

Als Stanley die Stadt betrat, stand den Menschen die Überraschung und Freude ins Gesicht geschrieben, den Arabern ebenso wie den Einheimischen. Die Araber drängelten sich vor, schüttelten ihm die Hand und fragten, woher er gekommen sei. »Sie staunten gewaltig, als sie erfuhren, daß es sich um eine Karawane handelte«, hielt Stanley stolz fest, »die überdies von einem Weißen angeführt wurde.«

Die ganze Zeit suchte er in der Menge nach dem Gesicht eines anderen Weißen. Doch er konnte keines sehen.

Als Stanley endlich ins Ortszentrum gelangte, hatten sich bereits mehrere tausend Menschen um die Karawane versammelt. Obwohl dies ein triumphaler Augenblick war und Stanleys phänomenale Leistung den Jubel sicher verdient hatte, wurde er plötzlich ungeduldig. Livingstone war nirgendwo zu sehen.

Doch dann tauchte ein junger Schwarzer neben Stanley auf und sprach ihn auf englisch an: »Wie geht es Ihnen, Sir?«

»Hallo! Wer zum Teufel sind Sie denn?«

»Ich bin Dr. Livingstones Diener.« Es war Chuma, der, kaum daß er mit diesen Worten Stanleys Neugier geweckt hatte, genauso schnell wieder verschwand, wie er gekommen war.

»Welche Freude«, heißt es in Stanleys Tagebuch. »Das Herz schlug schnell. Ich mußte mich beherrschen, damit mein Gesichtsausdruck meine Gefühle nicht verriet und die Würde dieses Augenblicks ruinierte, in dem ein Weißer mit einem derartigen Zeremoniell auftrat. Was hätte ich nicht für ein kleines Fleckchen harmloser Wildnis gegeben, wo ich meiner Freude mit einigen Verrücktheiten hätte freien Lauf lassen können, mir beispielsweise wie irr in die Hand beißen, einen Purzelbaum schlagen, Baumstämme peitschen oder sonst irgend etwas tun, um diese Erregung loszuwerden, bevor ich Livingstone unter die Augen trat.«

Für Stanley kam alles zusammen: seine Jahre des Scheiterns und der Zurückweisung, seine verzweifelten Versuche, auch als Außenseiter um jeden Preis erfolgreich zu sein, seine Sehnsucht nach einem liebenden Vater. Das ganze Leben lang hatte er auf den Augenblick gewartet, in dem er endlich Anerkennung und Bestätigung erfuhr. Jetzt, da es soweit war, geriet die Welt aus den Fugen, und die eiserne, finstere Maske, die er auf seiner gesamten Reise getragen hatte, fiel von seinem Gesicht. Dahinter verbarg sich ein ehrerbietiger junger Mann, der unbedingt das Richtige sagen und tun wollte, wenn er einem der bedeutendsten und berühmtesten Männer der Welt begegnete. Er wollte geistreich und vornehm wirken, jede Spur von Opportunismus aus seiner Stimme bannen.

Livingstone hatte wenige Minuten zuvor auf der Veranda seiner Lehmhütte gesessen und über das Elend gegrübelt, das ihm bevorstand. Statt auf einem Stuhl saß er auf einer Strohmatte, die mit einem Ziegenfell gepolstert war. An der Wand des Häuschens, gegen die er sich lehnte, hing ein weiteres Ziegenfell, damit er von dem feuchten Lehm keine Erkältung bekam. Plötzlich wurde er Zeuge eines ungewöhnlichen Anblicks: Susi kam die staubige Straße entlanggerast. »Gerade als meine Stimmung ihren Tiefpunkt erreichte, war der barmherzige Samariter bereits ganz in der Nähe, denn eines Morgens kam Susi, so schnell er konnte, hergerannt und japste: ›Ein Engländer! Ich ihn gesehen.‹ Und schon war er wieder fort, um ihm entgegenzulaufen.«

Livingstone erhob sich langsam. Der Eingang seines Hauses zeigte nach Osten, und aus dieser Richtung kam auch die Karawane. Er konnte alles genau beobachten: Über der Menschenmenge, die zusammengeströmt war, um die eingetroffene Karawane zu empfangen, sah er im leichten Wind die amerikanische Flagge wehen. Einen Weißen konnte er nicht erkennen, dafür jedoch Träger, die eine unglaubliche Menge an Ausrüstung dabeihatten: Stoffballen, riesige Kessel, Kochtöpfe und Zelte. Das muß schon ein feudaler Reisender sein, dachte sich Livingstone, keiner, der mit seiner Weisheit am Ende ist, so wie ich.

Die wohlhabendsten Araber gingen auf Stanley zu, um ihn zu begrüßen, und versperrten Livingstone somit die Sicht. Lautstark erkundigten sie sich nach Stanleys Route und dem Krieg gegen Mirambo. Doch noch während der großen Aufregung darüber, daß die Handelsstraße zur Küste nun wiedereröffnet werden konnte, teilte sich plötzlich die Menge. Es war Livingstone, der nach vorne kam, um herauszufinden, wer der Reisende war.

Vor ihm stand ein sonnengebräunter, hagerer junger Mann, dessen Haar von den Strapazen vorzeitig ergraut war. Er trug eine Uniform, die angesichts der Reise verhältnismäßig sauber aussah. Seine Stiefel waren abgetragen, sein von der Sonne gebleichter Tropenhelm frisch geputzt. Alles in allem wirkte der Mann so steif, daß Livingstone ihn trotz der amerikanischen Flagge für einen Franzosen hielt. Er hoffte, der Fremde würde Englisch sprechen, denn er konnte kein Französisch. Er überlegte, was für ein »lustiges Bild« sie in Udschidschi abgeben würden: »Zwei Weiße, die der Sprache des anderen nicht mächtig waren.«

Stanley dagegen erblickte einen blassen Weißen mit einer verschossenen blauen Kappe und einer roten Weste, wie die Araber sie trugen. Es war nicht zu übersehen, daß seine Kleidung geflickt und ausgebessert war. Der Forscher hatte weißes Haar, einen dichten Vollbart und nur noch wenige Zähne. Er ging »mit entschlossenen, aber schwerfälligen Schritten«, so, als liefe er auf Dornen.

Stanley trat beherzt auf den alten Mann zu, nahm seinen Helm ab und streckte ihm die Hand entgegen. Um diesen Augenblick zu erleben, hatte er in zweihundertsechsunddreißig Tagen eintausendfünfhundertsiebzig Kilometer zurückgelegt – die Monate zwischen der Erteilung des Auftrags und dem Beginn der Reise nicht mitgezählt. Wortlos gaben sich die beiden Männer die Hand und musterten einander. Livingstone hatte keine Ahnung, wer der junge Mann war und was er hier wollte. Die Araber und die Einwohner Udschidschis standen dicht um sie gedrängt.

Stanleys Tagebuch zufolge war dieser Tag, der die Welt verändern würde, der 10. November 1871.

Dem jungen Mann schlug das Herz bis zum Hals. Er wollte unbedingt das Richtige sagen, wenn er den berühmten Forscher ansprach. Daß Livingstone Brite war, machte die Sache für Stanley nicht einfacher. Er wußte nicht, ob er Livingstone überhaupt willkommen war, wie dieser reagieren würde und ob er ihn vor der großen Menschenmenge nicht vielleicht in Verlegenheit bringen würde. Doch Stanley war nicht durch halb Afrika gereist, um sich abweisen zu lassen.

Er versuchte, den nervösen walisischen Singsang zu unterdrücken, der sich immer bemerkbar machte, wenn er aufgeregt war, und eine gewisse britische Gravität an den Tag zu legen. Dann sprach er mit einem eher für Amerika als für sein Geburtsland Großbritannien charakteristischen beiläufigen Tonfall die erhabensten Worte, die ihm einfielen: »Dr. Livingstone, wenn ich nicht irre?«

»Ja«, antwortete Livingstone nur. Er war froh, daß der Mann kein Franzose war.

»Ich danke Gott, Herr Doktor«, sagte Stanley, den die Gebrechlichkeit Livingstones erschreckte, »daß er mir gestattet hat, Ihnen zu begegnen.«

»Ich bin Ihnen sehr dankbar«, entgegnete Livingstone mit typischem Understatement, »und darf Sie willkommen heißen.«

Kapitel 28

Brompton

27. Oktober 1871, Brompton Cemetery, London

An einem grauen Herbstmorgen, bei nur acht Grad über Null und einem schwarzen Himmel, der einen regnerischen Tag ankündigte, wurde Sir Roderick Murchison beerdigt. Einem Mann seines Standes hätte auch ein Grab in der Westminster Abbey oder der St. Paul's Cathedral zugestanden, doch Murchison wollte auf dem Friedhof von Brompton, neben Charlotte, seiner geliebten Frau, beigesetzt werden.

Sein Tod hatte sich bereits zwei Monate zuvor angekündigt, als er nach einem zweiten Schlaganfall weder sprechen noch schlucken konnte. »Sein Zustand verbesserte sich«, hieß es in der *Times,* »und er wollte einen Ausflug ins Grüne machen.« Der Mann, der als Landjunker an Parforcejagden teilgenommen hatte, als Frischvermählter in den Alpen gewandert und im Namen der Geologie durch England, Schottland und Rußland gezogen war, ließ sich in seiner offenen Kutsche ausfahren. Dabei holte er sich eine Erkältung, die sich zu einer Bronchitis auswuchs. Am 22. Oktober 1871 um halb neun Uhr abends ging das ambitionierte Leben Sir Roderick Impey Murchisons in seiner Villa am Belgrave Square zu Ende.

»Der Eifer und der Nachdruck, mit dem er das Vorhaben seines Freundes und Landsmannes unterstützte«, schrieb die *Times* am nächsten Tag in einem zweispaltigen Nachruf, »und seine hartnäckige Überzeugung, daß dieser sich ganz gut selbst helfen könne, die er immer dann hegte und vertrat, wenn selbst die Zuversichtlichsten zweifelten und verzagten, wird uns noch lange in Erinnerung bleiben.«

Am 27. Oktober um halb zwölf Uhr setzte sich ein Trauerzug aus dreizehn Kutschen vom Belgrave Square aus Richtung Brompton Cemetery in Bewegung. Der Weg führte durch die enge Halkin Street und über den Cadogan Place nach Westen bis zur belebten Sloane Street und von dort aus die geschäftige Brompton Square Road entlang. Kurz vor Mittag erreichte die Prozession den Säulengang am nördlichen Eingang des großen Friedhofs. Langsam fuhren die Kutschen bis zum Grab. Das Quietschen ihrer Federn, das sachte metallische Klirren des Pferdegeschirrs und der Zügel und die gedämpften Rufe der Kutscher kündigten ihr Kommen an.

Als sie bei Murchisons letzter Ruhestätte angelangt waren, stellten sich Premierminister William Gladstone sowie zahlreiche Würdenträger aus den Reihen der Geologen und Geographen feierlich um das frisch ausgehobene Grab auf. Eigentlich war Murchison Anhänger der Konservativen Partei gewesen, während Gladstone der berühmteste liberale Politiker der damaligen Zeit war, doch ihre Mütter hatten einander gekannt, so daß sich die Lebenswege der beiden Männer schon viele Jahre zuvor gekreuzt hatten. Das Ende ihrer dauerhaften, wertvollen Freundschaft hatte Gladstone tief erschüttert und führte ihm seine eigene Sterblichkeit vor Augen. »Im Westen der Stadt bei Sir R. Murchisons Beerdigung; der letzte derer, die mich seit der Kindheit kannten oder von mir wußten«, schrieb er an diesem Abend nachdenklich in sein Tagebuch. »Und so ist das Ende wieder einen Schritt näher gerückt.«

Von Murchisons »Löwen« stand nur James Augustus Grant am Grab. Burton, der mittlerweile fast völlig verarmt war und mit seiner Frau Isabel im Howlett Hotel in der Manchester Street 36 hauste, arbeitete auf eine neue Stellung als Konsul hin, nachdem er in Beirut nicht gerade geglänzt hatte. Anstatt der Beerdigung beizuwohnen, schrieb er am selben Tag einen scharfen Brief an die *Times*, in dem er sich darüber ereiferte, daß Spekes Bedeutung für die Afrikaforschung überschätzt werde – und das sieben Jahre nach dem Nil-Duell und Spekes Tod und vierzehn Jahre nach ihrer gemeinsamen Afrikareise.

Die Royal Geographical Society erfüllte Murchison noch auf dem Sterbebett den letzten Wunsch und verlieh ihm die Goldmedaille für seine Verdienste um die Forschung. Im Laufe seines Lebens war er zum Ritter geschlagen, zum Baron sowie zum Ritter zweiter Klasse des russischen St.-Anna-Ordens ernannt worden. Zudem war er Mitglied des Stanislaus-Ordens, Träger der von Edinburgh vergebenen goldenen Brisbane-Medaille, des Prix Cuvier der Pariser Akademie der Wissenschaften und der Wollaston-Goldmedaille der Geological Society of London. Auch in Schweden, Brasilien, Dänemark und Italien hatte man ihn geehrt. Insgesamt war Sir Roderick mit neunzehn Orden, Kreuzen und Ehrenzeichen dekoriert worden – keinem anderen waren in der Neuzeit allein aufgrund seiner wissenschaftlichen Leistungen von gekrönten Häuptern so viele Auszeichnungen verliehen worden. Die Goldmedaille bedeutete ihm jedoch am meisten. »Sie war die letzte Ehre, die ihm zuteil wurde«, schrieb Sir Henry Rawlinson in seinem Nachruf, »und er versicherte mir, daß er, der die Society beinahe als sein eigen Fleisch und Blut betrachtete, der bescheidenen Bezeugung unserer Bewunderung und Achtung mehr Wert beimaß als all den weitaus glänzenderen Preisen, die seine Vitrine füllten.«

Die Heimkehr seines liebsten »Löwen« jedoch sollte Murchison nicht mehr erleben. »Sein Name war mit dem Livingstones so eng verbunden«, erinnerte Rawlinson, »daß es bei der Rückkehr des großen Forschungsreisenden – die ganz gewiß geschehen wird – nur einen schmerzlichen Gedanken geben wird: daß Sir Roderick nicht anwesend sein kann, um ihn willkommen zu heißen.«

Bei der späteren Durchsicht von Stanleys und Livingstones Tagebüchern stellte man fest, daß beide aufgrund ihrer vielen Krankheiten den zeitlichen Überblick verloren hatten. Bei ihren Aufzeichnungen hatten sie sich um mehrere Tage vertan, Stanley sogar um ganze zwei Wochen. Tatsächlich fand er Livingstone am 27. Oktober – demselben Tag, an dem man Murchison zur letzten Ruhe bettete. Zudem hatte Bennett Stanley den Auftrag für seine große Mission auf den Tag genau zwei Jahre zuvor erteilt.

Doch damit nicht genug: Murchisons Beerdigung fand zwischen elf Uhr vormittags und halb zwei Uhr nachmittags statt, und Stanley traf Livingstone am späten Vormittag. Berücksichtigt man die zwei Stunden Zeitverschiebung zwischen dem Brompton Cemetery und dem Tanganjikasee, dann fand Murchison also genau in dem Moment seine letzte Ruhe, als sein verloren geglaubter Freund gefunden worden war.

Gladstone beschrieb den Tag am treffendsten: »Es war eine *großartige* Beerdigung.«

Teil Vier

Die Welt steht kopf

Kapitel 29

Eine Freundschaft

November 1871 – Januar 1872, Udschidschi

Während Stanley gegen seinen Hut tippte, um das ohrenbetäubende »Yambo!« zu erwidern, den Willkommensgruß, der ihm aus der Menge der Araber auf Suaheli entgegenschallte, forderte Livingstone ihn auf, mit zu seiner Hütte zu kommen. Gemeinsam gingen die beiden die rote, staubige Straße hinunter, denn auch wenn sie sich nicht kannten, gab es viel zu erzählen. Auf der Veranda bot Livingstone Stanley seinen Platz auf dem Ziegenfell an, doch dieser lehnte ab. Dann ließen sie sich unter dem Dachvorsprung nieder, unter dem Livingstone immer Schutz vor der heißen Äquatorsonne gesucht hatte, während er um Erlösung gebetet und verzweifelt darauf gehofft hatte, daß ein barmherziger Samariter aus der Wildnis auftauchte und ihm das Leben rettete.

Die Leute aus Udschidschi – die Araber ebenso wie die Afrikaner – konnten nicht anders, als sie anzustarren. Über tausend waren es, die ihnen zu Livingstones Häuschen gefolgt waren. Sie »standen dicht gedrängt auf dem Platz, befriedigten ihre Neugierde und diskutierten über die Tatsache, daß sich die beiden Weißen in Udschidschi getroffen hatten«, schrieb Stanley. Nachdem einige Höflichkeiten ausgetauscht worden waren, stellte er Livingstone die Frage, auf deren Antwort die ganze Welt wartete: »Wo sind Sie die ganze Zeit über gewesen?«

»Genau so fing es an«, hielt Stanley später fest, »doch was mir der Doktor dann mitteilte und was ich ihm erzählte, kann ich nicht korrekt wiedergeben, denn ich starrte ihn einfach nur an, prägte mir alles an dem wunderbaren Mann ein, neben dem ich hier, mitten in Afrika, saß. Jedes Haar auf seinem Kopf und in seinem Bart, jedes Fältchen des Gesichts, seine Blässe und der etwas ermattete Blick – all das erzählte Bände, verriet mir das, wonach ich mich so sehnte.«

Der Verstand sagte Stanley, er solle sein Notizbuch herausnehmen und seine Gefühle, Gedanken, Äußerungen und Wahrnehmungen aufschreiben, sich wieder wie ein Journalist benehmen, jetzt, wo er den wichtigsten Bericht seines Lebens verfassen konnte. Doch die Worte, die Gegenwart und Ausstrahlung des alten Mannes nahmen ihn völlig in Anspruch. »Er hatte so viel zu erzählen, daß er am Ende begann, und es schien, als habe er vergessen, daß er seine letzten fünf oder sechs Jahre schildern mußte. Doch es sprudelte nur so aus ihm heraus. Schon bald nahm seine Erzählung enorme Dimensionen an und wurde zu einer beeindruckenden Geschichte seiner Heldentaten«, erinnerte sich Stanley später.

Allmählich verloren die Einwohner Udschidschis das Interesse und gingen wieder ihren eigenen Aktivitäten nach, so daß die beiden Männer schließlich unter sich waren. Dann fiel Stanley etwas ein, und er rief nach Bombay. Er befahl ihm, Livingstones Briefe zu bringen und die Flasche Sillery-Champagner, die er aus Sansibar mitgebracht hatte. Nach der langen Reise durch Afrika war der Champagner zwar warm, aber noch nicht schal, und sie tranken aus silbernen Kelchen. Den ganzen Nachmittag über schwelgte Livingstone in der schwindelerregenden Gewißheit, gerettet worden zu sein, und der Alkohol verstärkte dieses Gefühl noch zusätzlich. Dann wurde ein Mahl aus Pasteten, Curryhuhn, geschmortem Ziegenfleisch und Reis serviert, und Stanley war überrascht, wieviel der alte, schwache Forscher vertilgen konnte. »Sie haben mir ein neues Leben geschenkt«, beteuerte Livingstone immer wieder, während er das Essen zwischen seinen zahnlosen Kiefern zermalmte. »Sie haben mir ein neues Leben geschenkt.«

Den ganzen ersten Nachmittag auf der Veranda unterhielten sie sich, selbst dann noch, als sie die Berge, die Stanley überquert hatte, in der Abenddämmerung dunkel werden sahen. Dabei erwähnte Stanley seinen Beruf, seinen Auftraggeber und seine Beweggründe nicht ein einziges Mal, und auch daß er im Grunde den ganzen weiten Weg nach Afrika gekommen war, um von Livingstones Unglück zu profitieren, behielt er für sich. Die Atmosphäre war herzlich und ihre Stimmung fröhlich, und so fand Stanley einfach nicht den Mut, ihm zu erklären, daß er weit mehr war als nur ein Reisender.

Als Stanley am nächsten Morgen aufwachte, wußte er zuerst nicht, wo er war. »Heute früh fuhr ich mit einem riesigen Schrekken aus dem Schlaf. Das Zimmer war so sonderbar«, schrieb er. Anstatt in seiner Hängematte im Zelt lag er in einem einfachen Bett mit einer Matratze aus Palmblättern. Dann kam ihm die Erinnerung an den vergangenen Tag, und eine Woge der Erleichterung erfüllte ihn: Er hatte das Unmögliche geschafft. Er hatte Livingstone gefunden. Das Bewußtsein darüber und das ekstatische Gefühl, das es in ihm auslöste, waren fast zu schön, um wahr zu sein.

Doch schon bald meldete sich Stanleys Gewissen und trübte seine Euphorie, bis er sich schließlich eingestehen mußte, daß er ein falsches Spiel trieb. Er hatte Livingstone den wahren Grund seines Kommens vorenthalten und damit gelogen. Auch wenn es eher eine stumme Lüge war und man die Unterlassung vielleicht auch als Halbwahrheit auslegen konnte, war Stanley sich darüber im klaren, daß er das Thema sofort ansprechen mußte. Doch wie sollte er seine wahren Beweggründe erklären, ohne ihre wunderbare neue Freundschaft zu gefährden?

Mit diesen quälenden Gedanken lag Stanley zwischen der Palmwedelmatratze und seinem kostbaren Bärenfell im Bett wie in einem gemütlichen Nest. Früher hatten sich die Mißerfolge wie ein roter Faden durch sein Leben gezogen, doch nun waren es die Lügen, die sich miteinander zu dem Bild eines Mannes verwoben, der einmal John Rowlands und dann Henry Morton Stanley hieß. Ob in Denbigh, New Orleans, Central City oder Sansibar: Er hatte den Menschen so viele Jahre lang Lügen über seine wahre Identität aufgetischt, daß er sich an die absonderlichsten Flunkereien schon gar nicht mehr erinnerte. Im Vergleich zu Livingstones Leben, von dem die Öffentlichkeit jeden Schritt kannte, waren sie jedenfalls alle ungeheuerlich.

In gewisser Weise waren Stanleys Täuschungsmanöver genial. So wie er die Worte anderer verdrehte, Fakten umdeutete und sich aus der Verantwortung zog, würde er Livingstone mühelos etwas vormachen und ihn hinters Licht führen können, genauso wie er es beim Rest der Welt auch getan hatte, einschließlich bei dem sonst so unbeeinflußbaren Paranoiker James Gordon Bennett jr. Stanley brauchte nur weiterhin den Reisenden zu spielen, den neugierigen, schrulligen Touristen, der durch Afrika wanderte, um Sehenswürdigkeiten zu besichtigen und die Tiefe des Tanganjikasees zu ergründen. Eine solche Lüge würde niemandem weh tun. Livingstone würde ihn weiterhin achten und in ihm eine moderne Version des barmherzigen Samariters sehen, anstatt von seinen materialistischen Beweggründen abgestoßen zu sein.

Doch zum ersten Mal seit vielen Jahren erfüllte Stanley die Vorstellung zu lügen mit Abscheu. Er hatte das Gefühl, sich nur dann wohl fühlen zu können, wenn er die Wahrheit erzählte. Livingstone, der Mann mit Baraka, der Mann, der sich durch Afrika geschleppt hatte wie der Apostel Paulus, hatte in Stanley den moralischen Wandel ausgelöst, nach dem sich dieser seit der Zeit in Aden gesehnt hatte. »Wir wollen uns auch der Drangsale rühmen«, hatte Paulus Mitte des ersten Jahrhunderts in seinem Brief an die Römer geschrieben, »da wir wissen, daß die Drangsal Geduld bewirkt, die Geduld Bewährung, die Bewährung Hoffnung. Die Hoffnung aber läßt nicht zuschanden werden.«

Sowohl Stanley als auch Livingstone hatten in Afrika Geduld beweisen müssen. Doch während Livingstone auch die Bewährung gezeigt und die Hoffnung erfahren hatte, die Paulus erwähnte, war dieser Schritt für Stanley ein zäher innerer Kampf. Auch er konnte es durchaus schaffen, doch er war noch nicht bereit dazu und wehrte sich gegen den Drang, die Wahrheit zu sagen und womöglich zurückgewiesen zu werden. Wie sonst auch, galt sein erster Gedanke der Selbsterhaltung: Schließlich war er Livingstone keinerlei Erklärung darüber schuldig, wer er war und warum er hier war. »Ich habe immerhin teuer dafür bezahlt, indem ich einen so weiten Weg gegangen bin, nur um ihm einen Gefallen zu tun«, rechtfertigte er sich.

Doch dann erinnerte er sich daran, wie gerührt Livingstone bei ihrer Begegnung gewesen war und daß er entgegen Kirks Prophezeiung nicht die Flucht vor ihm ergriffen hatte. Das war ein eindeutiges Zeichen für Livingstones Sympathie für ihn.

Im Gegensatz zu den anderen Briten, die er bisher kennengelernt hatte, wäre Stanleys Nationalität für Livingstone vermutlich kein Thema. Daß Stanleys erste Begrüßung so steif ausgefallen war, lag zweifellos an den unterschwelligen Spannungen zwischen Amerikanern und Briten, die in Sansibar, London, New York und überall sonst zu spüren waren, wo die beiden herrschenden Mächte aufeinanderprallten.

»Hier gibt es keinen Unterschied zwischen Amerikanern und Engländern«, hatte Livingstone am Tag zuvor bemerkt. »Wir sprechen die gleiche Sprache und haben die gleichen Vorstellungen.«

Stanley hatte schnell hinzugefügt, sie seien wie Brüder, »von einem Fleisch und Blut«, und Livingstone hatte ihm beigepflichtet. Es war nicht zu übersehen, daß er nur allzu bereit dazu war, Stanley als seinesgleichen zu betrachten.

Dieser hatte immer noch keinen Ausweg aus seinem Dilemma gefunden, als er endlich seine Bärenfelldecke zurückschlug und die nackten Füße auf den kalten Lehmboden setzte. Im sanften Licht der Morgendämmerung, das durch das Fenster seines Zimmers drang, zog er sich leise an. Vorsichtig schlich er an dem anderen Zimmer vorbei und öffnete die Eingangstür. Er wollte nach draußen und hinunter zum Wasser gehen. Bei einem Spaziergang am Ufer des Tanganjikasees würde er eine Antwort finden, ehe Livingstone aufwachte. Das durchdringende Quietschen der Türangeln ließ ihn zusammenzucken, als er auf die Veranda hinaustrat. Das wimmernde Geräusch erschien ihm in der morgendlichen Stille laut wie ein Gewehrschuß.

Auf dem Ziegenfell saß Livingstone und hing seinen Gedanken nach. »Sie sind schon wach, Doktor Livingstone?« wunderte sich Stanley.

»Guten Morgen, Mr. Stanley«, erwiderte Livingstone. Er wirkte irgendwie verjüngt und rückte ein Stück zur Seite, um für den Journalisten Platz zu machen. »Schön, Sie zu sehen«, meinte er.

»Ich war gestern noch lange auf, um meine Briefe zu lesen. Sie haben mir gute Neuigkeiten gebracht, aber auch schlechte. Aber setzen Sie sich doch.« Stanley ließ sich neben dem Forscher nieder, während dieser fortfuhr. »Ja, viele von meinen Freunden sind gestorben. Einer meiner Söhne – mein ältester, Tom – hatte einen tragischen Unfall. Mein zweiter Sohn, Oswell, geht auf die Universität, wo er Medizin studiert und sich ganz gut macht, wie man mir berichtet. Agnes, meine älteste Tochter, amüsiert sich gerade auf einer Jacht.« Nach außen wirkte Livingstone zwar ruhig, doch seine Seele war in Aufruhr. Bei seinem ältesten Sohn, der einem tragischen Unfall zum Opfer gefallen war, handelte es sich nicht um Tom, sondern um Robert. Er war im Winter 1864 in einem Kriegsgefangenenlager der Konföderierten ums Leben gekommen. Mit der gleichen inneren Distanz, die es Livingstone überhaupt ermöglichte, jahrelang so weit entfernt von seinen Kindern zu leben, konnte er auch dieser Tragödie mit einem gewissen Abstand begegnen. Als hätte Robert nie existiert, war nach dessen Tod Tom für ihn der älteste Sohn und Oswell der zweitälteste.

Stanley jedoch fiel dieser Versprecher gar nicht auf. Er starrte Livingstone an, denn er war sich immer noch nicht ganz sicher, ob der Forscher nicht bloß ein Trugbild war. Immerhin hatte er die ganzen Monate seiner Reise über andauernd von ihm geträumt, war unablässig auf der Suche nach ihm gewesen. »Nun, Doktor Livingstone, Sie fragen sich bestimmt, warum ich hier bin«, fing Stanley an.

»Das ist richtig«, meinte Livingstone. »Ich habe tatsächlich darüber nachgedacht.«

»Herr Doktor«, sagte Stanley, »bitte erschrecken Sie jetzt nicht über das, was ich Ihnen gleich sage, aber… ich war auf der Suche nach Ihnen.«

»Nach mir?« antwortete Livingstone in Glasgower Dialekt.

»Ja.«

»Wie das?«

»Nun…, kennen Sie den *New York Herald*?«

»Ah, wer kennt diese abscheuliche Zeitung nicht?« erwiderte Livingstone. Daß sein abenteuerlustiger Freund etwas mit dem

»Dr. Livingstone, wenn ich nicht irre?« –
So begrüßt Stanley den endlich gefundenen englischen Forscher.

jüngsten Presse-Phänomen in der freien Welt, der neuen Geißel der Menschheit, zu tun haben könnte, kam ihm nicht in den Sinn. Als er London 1866 mit dem Schiff verlassen hatte, war der *Herald* ein reines Boulevardblatt gewesen und seine Entwicklung zu einem Presseorgan von internationalem Rang hatte noch nicht begonnen.

»Sie werden sie nicht mehr als abscheulich bezeichnen, wenn Sie gehört haben, was ich darüber zu berichten habe«, fuhr Stanley fort. Dann erklärte er ihm die Gründe für seine Reise, wobei er Wert darauf legte, daß Livingstone in James Gordon Bennett jr. die treibende Kraft bei der Rettungsaktion sah. Dahinter steckte durchaus eine redliche Absicht, doch daneben gab es noch einen Grund, weshalb Stanley ihn erwähnte: Insgeheim hoffte er nämlich, daß Livingstone einen Brief an Bennett schreiben würde, der zumindest bewies, daß er den Forscher gefunden hatte. Im Idealfall würde Livingstone ihm sogar ein Lob aussprechen, was seiner Karriere förderlich sein würde.

Doch Stanleys Beweggründe interessierten Livingstone gar nicht. In seiner Situation war er froh, daß ihm überhaupt jemand zu Hilfe gekommen war. »Ich bin sicher niemand, der seine Gefühle offen zeigt«, schrieb er später zutiefst bewegt, »sondern eigentlich genauso nüchtern, wie man es von uns Insulanern immer behauptet. Doch die selbstlose Liebenswürdigkeit Mr. Bennetts, von Mr. Stanley so großmütig in die Tat umgesetzt, hat mich einfach überwältigt. Ich bin unglaublich dankbar, doch zur gleichen Zeit auch ein wenig beschämt, daß ich mich dieser Großzügigkeit nicht würdiger erweisen kann.« Livingstone wies Stanley keineswegs ab, sondern verfaßte, quasi als Zeichen seines Dankes für Stanleys Mut, einen langen Brief, den Bennett veröffentlichen konnte und in dem er die Zeitung sowie Stanley aufs höchste lobte.

In den folgenden Tagen vertiefte sich ihre Freundschaft. Stanley hängte sich an Livingstone wie ein liebeshungriges Kind an den Vater, der lange fort gewesen ist. Der *Herald* und die Expedition rückten in den Hintergrund. Statt dessen führten sie nun tiefgreifendere Gespräche über ihr Leben und ihre Reisen. Livingstone erzählte, wie sehr es ihn drängte, nach Hause zurückzukehren und seine Kinder wiederzusehen. Stanley berichtete von seinen Erlebnissen mit den Wegegeldern und von Mirambos Krieg. Als Livingstone hörte, wie gleichgültig sich Kirk verhalten hatte, trübte sich seine Stimmung. Er schrieb daher einen weiteren langen Brief und beschimpfte Kirk darin als Feigling und Poseur mit einem »unbeherrschten Verlangen, seinen Namen mit Entdeckungen in Verbindung zu bringen, die er selbst nicht machen konnte, weil ihm das Geld wichtiger war«.

Eigentlich war es erstaunlich, daß Stanley und Livingstone so gut miteinander auskamen: Beide waren Eigenbrötler, die ihren Weg gingen, beide schwankten zwischen Introspektion und Selbstdarstellung und neigten zu gelegentlichen Wutausbrüchen, und beide waren stur und gaben sich nicht gern mit Dummköpfen oder Heuchlern ab. Stanleys ursprünglicher Plan war ja auch der Beweis dafür, daß ihre Charaktere im Grunde gegensätzlich waren: Er hatte vorgehabt, Livingstone zu finden, sich ihm vorzustellen, einen Tag zu bleiben – oder so lange, bis Livingstone eigenhändig einen

Brief geschrieben hätte, der ihr Zusammentreffen bewies – und dann wieder nach Sansibar zurückzueilen, um die Neuigkeit zu verbreiten. Als sie sich jedoch in ihren stundenlangen Gesprächen allmählich näherkamen, hatte es Stanley plötzlich gar nicht mehr eilig. Er wollte nichts lieber, als bei Livingstone zu bleiben und sich in der Gunst des alten Mannes zu aalen.

Auch an Livingstone waren die Reisen nicht spurlos vorübergegangen, in geistiger wie in emotionaler Hinsicht. Seit er die Zivilisation hinter sich gelassen hatte, war er schrullig geworden und sprach mit sich selbst, ohne es zu merken. Er konnte nur noch auf dem Boden oder auf einer Unterlage aus Gras und Zweigen schlafen wie die Einheimischen. In Udschidschi hatte er versucht, in einem Bett zu übernachten, doch er hatte sich nur von einer Seite auf die andere gewälzt. Was seinen Glauben betraf, so predigte er an Sonntagen, an denen sich kein Afrikaner seiner Gemeinde anschließen wollte, einfach für sich selbst. Stanley aber war bereit, über alle Marotten Livingstones hinwegzusehen, so wie dieser über Stanleys nicht ganz ehrwürdige Motive hinweggesehen hatte. »Dr. Livingstone ist ungefähr sechzig Jahre alt, aber sobald seine Gesundheit wiederhergestellt war, sah er aus, als habe er noch nicht einmal sein fünfzigstes Lebensjahr erreicht. Sein Haar ist bräunlich, hier und da über den Schläfen jedoch graumeliert. Der Vollbart ist völlig ergraut. Seine Augen haben eine haselnußbraune Farbe und eine außergewöhnliche Leuchtkraft. Sein Blick ist scharf wie der eines Adlers. Nur die Zähne verraten sein fortgeschrittenes Alter«, schrieb Stanley. »Er ist sicherlich kein Engel, aber er ähnelt diesem Wesen so, wie es einem Sterblichen nur möglich ist ... Er ist immer gütig, immer voller Hoffnung. Nie beklagt er sich über seine quälenden Sorgen, die Verzweiflung oder die lange Trennung von der Heimat und seinen Lieben. ›Letztendlich wird sich alles zum Guten wenden‹, meint er immer.«

Eine Woche verging, dann eine zweite. Stanley beobachtete Livingstone aufs genaueste, so wie es der Forscher im Lauf der Jahre mit einer Unmenge von Völkern, Tieren und geographischen Besonderheiten getan hatte. Ihm fielen Livingstones ungewöhnliche Reinlichkeit und sein erstaunlicher Appetit auf und wie schnell

Stanley und Livingstone erhalten Zeitungen

er zunahm, jetzt, wo er vier Mahlzeiten am Tag bekam. Doch vor allem genoß Stanley seine Gesellschaft. »Livingstone ist zu einer Ausgelassenheit fähig, die ich sehr schätzte. Wenn er zu lachen anfing, wirkte das so ansteckend, daß ich nicht anders konnte, als es ihm gleichzutun«, meinte Stanley. »Seine Blässe, die mich bei unserer ersten Begegnung so erschreckt hatte, der schleppende Gang, der von seinem Alter und den anstrengenden Reisen zeugte, der graue Bart und die hängenden Schultern vermittelten ein völlig falsches Bild von dem Mann. Denn hinter der ausgemergelten Gestalt verbarg sich ein wahrer Schatz: ein unendlicher Frohsinn und ein unverwüstlicher Humor. Sein rauhes Äußeres trug in sich ein junges, überschäumendes Gemüt.«

Sobald sich Livingstone wieder dazu in der Lage fühlte, seine Suche nach der Nilquelle fortzusetzen, schlug er dem jüngeren Forscher vor, ihn dabei zu begleiten. Stanley dagegen hatte Livingstone zu überreden versucht, mit ihm nach Sansibar zurückzukehren. Er fühlte sich durch das Angebot zwar geschmeichelt, wußte aber, daß es unklug sein würde, es anzunehmen.

Sie schlossen also einen Kompromiß. Livingstone würde mit

Stanley nach Tabora zurückgehen, aber erst, nachdem sie das nördliche Ufer des Tanganjikasees nach einem Fluß abgesucht hätten, der Richtung Victoriasee floß. Damit wäre zumindest ein Teil von Livingstones Nilquellen-Theorie bewiesen.

Gesagt, getan. Am 16. November verließen sie Udschidschi in einem langen Einbaum, den zwanzig von Stanleys Männern fuhren. Das Boot war aus einem Mvule-Baum geschnitzt worden und so breit, daß jeweils zwei Paddler nebeneinandersitzen konnten. Sie hatten gutes Wetter und somit eine angenehme Reise. Während das Kanu über das dunkelgrüne Wasser des Tanganjikasees glitt, unterhielten sich Stanley und Livingstone stundenlang. Um sie herum tummelten sich Flußpferde, die zum Luftholen gelegentlich an die Wasseroberfläche kamen und den Einbaum umzustürzen drohten, dann aber wieder in der Tiefe verschwanden. Die Ufer waren mit Wiesen und dichten Wäldern bewachsen, und einige Bäume waren mit fremdartigen, bunten Blüten übersät. Der See war so groß, daß Stanley ihn für ein Binnenmeer hielt.

Was sie auf ihrer gemeinsamen Reise erlebten, war gefährlicher und sonderbarer als alles, was ihnen bisher begegnet war: einen Angriff aus dem Hinterhalt, während sie am Ufer lagerten, oder den Anblick von Pärchen, die sich am Rande des Sees liebten, während die beiden Forscher vorbeipaddelten. Zu Stanleys Erstaunen peitschte Livingstone seine Männer nie aus oder hielt ihnen Strafpredigten, sondern schlichtete alle Auseinandersetzungen, indem er freundlich auf sie einredete. Noch mehr verwunderte ihn, daß Livingstone dieselbe Methode gegenüber kriegerischen Stämmen anwandte, die Tribut von ihm verlangten. Mit seiner liebenswürdigen Art erreichte er nicht nur mehr als Stanley mit seinen Wutanfällen, oft wurde ein anfangs feindlich gesinnter Stamm oder widerspenstiger Träger auch zum Verbündeten, wenn Livingstone das Problem durch Verhandeln gelöst hatte.

Während Stanley und Livingstone gemeinsam am Ufer des Tanganjikasees entlangfuhren, erreichte das öffentliche Interesse an der Notlage des Forschers seinen Höhepunkt. Es begann damit, daß Kirks Briefe vom 22. und 25. September in London eintrafen. Da

Mit einem Einbaum erkunden Stanley und Livingstone den Tanganjikasee. Es ist ihre einzige gemeinsame Expedition.

Murchison nicht mehr lebte, übergab man den an ihn gerichteten Brief dem neuen Präsidenten der RGS, Sir Henry Rawlinson. Als dieser mit Entsetzen las, daß Livingstone umzingelt war, ohne daß eine Aussicht auf Rettung bestand, ging er mit der Wahrheit über die Zwangslage des Forschers an die Öffentlichkeit. Am 27. November verfügte er, daß die RGS eine Such- und Hilfsexpedition für Livingstone entsandte. »Der Vorstand wie auch ich sind zu der Überzeugung gekommen, daß unsere bisherige Hoffnung, über Mr. Stanley, den amerikanischen Reisenden, mit Dr. Livingstone in Verbindung treten zu können, fürs erste aufgegeben werden muß«, erklärte Rawlinson. »Einer der Pläne sieht nun vor, Einheimische als Boten loszuschicken und eine Belohnung von hundert Guineen für denjenigen auszusetzen, der als erster einen von Dr. Livingstone eigenhändig geschriebenen Brief zur Küste bringt. Einem anderen Vorschlag zufolge, den einer unserer Afrikareisenden einbrachte, soll eine gezielte Expedition organisiert werden, die von mehreren erfahrenen, entsprechend ausgebildeten Europäern geleitet wird.«

In einer weiteren Sitzung am 11. Dezember stimmte man für

den zweiten Plan. Rawlinson verlangte, daß die RGS die Rettung Livingstones durchführte. Obwohl auch der neue Präsident der RGS es verstand, sich Gehör zu verschaffen, und mit Leib und Seele Abenteurer war, fehlten ihm die politischen Kontakte, über die Murchison verfügt hatte. Am 14. Dezember wurde sein Stand noch schwieriger, denn James Grant verkündete öffentlich, er setze großes Vertrauen in den »kleinen Amerikaner Stanley«, den er noch von früher, aus Abessinien, kannte.

Als Rawlinson schließlich beim Außenministerium Gelder beantragte, um die Expedition zu finanzieren, erklärte man sich zwar solidarisch und sagte ihm ideelle Unterstützung zu, stellte jedoch keine Mittel zur Verfügung. Die Öffentlichkeit war darüber so empört, daß die Rettung Livingstones schließlich sogar im Sitzungssaal des Parlaments diskutiert wurde. James Grieve, ein einundsechzigjähriger liberaler Abgeordneter aus Greenock, setzte sich vor dem Unterhaus für die Sache ein. Er verlangte von Robert Lowe, dem Schatzkanzler, eine Stellungnahme, warum die Finanzierung der Suche verweigert worden war.

Lowe war, gelinde gesagt, nicht sehr beliebt. Selbst Premierminister Gladstone, der ihn immerhin in das Amt berufen hatte, konnte ihn nicht ausstehen, und sogar der charismatische Benjamin Disraeli weigerte sich, Lowe die Hand zu schütteln, da dieser seine Sparmaßnahmen ohne Rücksicht gegenüber der Bevölkerung durchführte. Lowe hatte nicht die Absicht, seine Politik nur wegen eines eigensinnigen Afrikaforschers zu ändern. Er hatte sich bereits im Mai 1870 mit dem Thema Livingstone befaßt, und war auch jetzt, knapp zwei Jahre später, nicht bereit, Gelder zur Verfügung zu stellen, die er ohnehin für eine unnötige Ausgabe hielt.

Nachdem er Grieve zunächst klargemacht hatte, daß die Anfrage in seinen Augen absurd war, erinnerte er ihn daran, daß bereits Mittel für die Suche nach Livingstone bewilligt worden waren, dieser jedoch nirgendwo aufzuspüren sei, und daß sich zudem Sir Samuel White Baker mit einer großen Truppe vor Ort befinde. »Und wenn es überhaupt jemanden gibt, der Livingstone helfen kann, dann sind es am ehesten diese bewaffneten Männer«, fertig-te Lowe den Abgeordneten Grieve nach einer ausführlichen Verteidigung ab.

Widerwillig gab sich Grieve mit Lowes Erklärung zufrieden. Die Regierung würde keine Gelder für die Rettungsexpedition zur Verfügung stellen. Weder sie noch Lowe wußten, daß Sir Samuel White Baker in Gondokoro sich keine großen Gedanken um Livingstone machte und seine Kräfte für ganz andere Dinge aufsparte. Er war viel zu sehr damit beschäftigt, Nahrung für seine Männer aufzutreiben, seine apathischen ägyptischen Soldaten bei Laune zu halten, Florence zur Aufzeichnung von Klima und Luftdruck zu ermahnen und sich gegen die nackten Baris zur Wehr zu setzen. Natürlich hatte Baker Livingstone nicht einfach vergessen. Er befragte die wenigen Reisenden, die vom Tanganjikasee kamen, und hatte sogar Gerüchte über einige Weiße gehört, die sich angeblich in Zentralafrika aufhielten. Doch die Zustände in Gondokoro waren noch nicht sicher genug, als daß Baker hätte weggehen können, ohne eine Niederlage zu riskieren. Das kleine Fort am Nil war von einer öden, staubigen Ebene umgeben, die gerade einmal ausreichend Getreide für Bakers Destillierapparat hervorbrachte. Dennoch war Gondokoro sowohl für Baker als auch für die Baris ein Ort, um den es sich zu kämpfen lohnte und den keiner der anderen Seite überlassen wollte.

In London jedoch rechnete man mittlerweile kaum mehr mit Baker. Trotz der offiziellen Haltung der britischen Regierung wollten sich Henry Rawlinson und die RGS nicht mehr auf seine passive Hilfe bei der Suche verlassen. Es war Zeit zu handeln. Man rief daher eine Spendenaktion ins Leben, als deren Zugpferd man Florence Nightingale, die Heldin des Krimkriegs, gewinnen konnte. »Und selbst wenn es zehntausend Pfund kostete, ihm ein neues Paar Stiefel zu schicken, müssen wir es tun«, forderte sie in ihrem überaus erfolgreichen Aufruf an die Öffentlichkeit. »Nur allzu oft hat England schon große Männer hervorgebracht und sie dann im Stich gelassen.«

Die Offenheit Florence Nightingales rüttelte die Briten zwar auf, doch mittlerweile hatte Amerika seinen eigenen Helden. Von New York aus verhöhnte James Gordon Bennett jr. Großbritannien mehr denn je. Am 11. Dezember 1871 – dem Tag, an dem Rawlinson endlich zugab, daß es höchste Zeit sei, nach dem verschollenen »Löwen« zu suchen, aber noch lange bevor die Welt erfuhr, daß Livingstone bereits von Stanley gefunden worden war – hatte Bennett im *Herald* Kirks Brief veröffentlicht, in dem dieser seine Unschuld erklärte. Aus Stanley, den man noch in der Ausgabe vom 19. September lediglich als »amerikanischen Reisenden« bezeichnet hatte, war ein verwegener Abenteurer geworden, der quer durch Afrika jagte und dem britischen Konsul auf Sansibar derart zusetzte, daß dieser Briefe an Londoner Amtsträger schrieb. Die Zeit war reif, den New Yorkern Stanleys Mission Stück für Stück zu offenbaren.

Der erste Bericht erschien am 22. Dezember 1871. Es war die Depesche, die Stanley am 4. Juli verfaßt hatte, genau vier Jahre nachdem die Amerikaner ihre Unabhängigkeit von Großbritannien erklärt hatten. Der Symbolcharakter dieses Datums verlieh seinen Worten einen patriotischen Beiklang, der die britisch-amerikanische Rivalität noch zusätzlich hervorhob. Der Bericht erregte ein solches Aufsehen, daß Bennett gleich am folgenden Tag einen spöttischen Leitartikel nachschob. »Eine Forschungsexpedition durch Afrika ist ein absolutes Novum im modernen Journalismus«, schrieb er stolz, »und wie in zahlreichen anderen großartigen Errungenschaften des Journalismus, gebührt auch für dieses gewagte, im Namen der Menschlichkeit, Zivilisation und Wissenschaft durchgeführte Unternehmen dem *Herald* alle Anerkennung.«

Entgegen Kirks Behauptung, Livingstone sitze in Afrika fest, versprach Bennett den Lesern, es werde seinem Reporter sicher gelingen, zu ihm durchzustoßen, und er sei »folglich zuversichtlich, daß diese Expedition alle Zweifel in Zusammenhang mit Dr. Livingstone ausräumen wird und wir darüber hinaus hoffen dürfen, daß sie sogar mehr leisten wird als die Lösung des Geheimnisses um Livingstone«.

Siegesgewiß verkündete Bennett, Stanley und der *Herald* werden für immer »mit den Namen Burton, Speke und Grant verbunden sein, und mit denen Bakers und Livingstones«. Er schloß mit der Feststellung, Großbritannien sei offensichtlich »zu träge und zu knauserig«, um seinen verschollenen Forscher zu finden.

Auch andere amerikanische Zeitungen griffen das Thema auf. So nannte beispielsweise der *Express* aus Buffalo Stanleys Expedition »die außergewöhnlichste Unternehmung einer Zeitung, die man sich nur vorstellen kann«.

Dann trat Bennett dem britischen Löwen noch ein wenig fester auf den Schwanz: Hinterlistig schickte er eine zweite *New York Herald*-Expedition nach Afrika, die nach Gondokoro reisen sollte, um Sir Samuel White Baker zu finden und zu retten – auch wenn Baker gar nicht vermißt wurde und ganz sicher nicht gerettet zu werden brauchte. Bennetts Verhöhnung der britischen Forschung und seine gleichzeitige demonstrative Zurschaustellung des amerikanischen Unternehmungsgeistes verlieh der Rivalität zwischen den beiden Nationen eine ungewohnte Schärfe. Die Auflagenzahlen des *Herald* schnellten in die Höhe.

Alvan S. Southworth, der Journalist, den man mit der Suche nach Baker beauftragt hatte, beabsichtigte, einen gigantischen Dampfer zu chartern und von Kairo aus nilaufwärts zu fahren. »Den tatkräftigen, energischen, ja, man möchte fast sagen verwegenen Amerikanern mit ihren besonderen geistigen und körperlichen Fähigkeiten wäre es ein leichtes, den ganzen Kontinent den Blicken der ängstlich besorgten Menschheit zu offenbaren«, erklärte er in der Zeitung – eine optimale Vorbereitung auf die geplante Veröffentlichung von Stanleys Berichten. »Die Briten«, hieß es weiter, »sind zwar, was ihre Reisen betrifft, ausdauernd, beharrlich und sicherlich nicht schlecht, doch sind sie darin genau wie bei ihrem Journalismus und in ihren Ansichten: träger als der Zorn der griechischen Götter.«

Stanley und Livingstone unterdessen bekamen von dem ganzen Rummel und Chaos nichts mit. Die wunderbare Freundschaft, die zwischen den beiden Forschern entstanden war, stellte letztendlich das wertvollste Nebenprodukt der *New York Herald*-Expedition dar. Stanley war ein gelehriger Schüler und genoß den väterlichen Einfluß, den Livingstone auf ihn ausübte. Er hatte mit seiner Reise durch Ugogo, den Erlebnissen mit den Arabern in Tabora und dem Schnippchen, das er Mirambo geschlagen hatte, zwar bereits bewiesen, daß er die Grundlagen einer Forschungsreise durch Afrika beherrschte, doch Livingstone vermittelte ihm ganz neue Einblicke in die Kunst der Entdeckung. Am Nordende des Tanganjikasees stießen sie schließlich auf den Fluß, der angeblich von dort zum Nil führte – den Rusisi –, doch anstatt aus dem See hinauszufließen, mündete er in ihn.

Die Nilquelle befand sich also woanders, vertraute Livingstone Stanley an. Er würde wieder nach Süden reisen müssen. Da es keinen Abfluß aus dem Tanganjikasee gab, vermutete er die Quelle des Nils ein gutes Stück weiter südlich von ihrer jetzigen Position, irgendwo zwischen dem zehnten und dem zwölften Grad südlicher Breite. Er hatte von vier Quellen gehört, von denen sich zwei zu einem Strom vereinigten, der nach Norden floß – dem Lualaba –, während die zwei anderen im Süden einen Fluß bildeten – den Sambesi. Immer wieder hatten die Einheimischen ihm davon erzählt. Die Quelle mußte also in der Nähe des Bangweulusees liegen, den er 1868 erkundet hatte. Auf direktem Weg waren es von Udschidschi etwa sechshundertfünfzig Kilometer bis dorthin, doch ein Wanderer wie Livingstone nahm niemals den direkten Weg. Er würde daher vermutlich ein ganzes Jahr brauchen, um auf der Suche nach der Nilquelle so weit in den Süden zu reisen.

Eines stand damit fest: Livingstone würde keinesfalls mit Stanley mitkommen. Obwohl der Forscher seine Kinder und seine Freunde vermißte und sich danach sehnte, nach England zurückzukehren, und trotz der gesundheitlichen Probleme, die einen weniger robusten Mann schon längst umgebracht hätten, wollte er Afrika nicht eher verlassen, als er sein Werk vollbracht hätte.

Nach einer vierwöchigen Reise, auf der sie knapp fünfhundert Kilometer mit dem Kanu bewältigt hatten, paddelten Livingstone und Stanley am 13. Dezember nach Udschidschi zurück und bezogen Livingstones Haus. Bei dem alten Mann war die Ruhr wieder ausgebrochen, noch dazu schlimmer als je zuvor. Außerdem zeigte er immer deutlichere Symptome einer erblichen Form von manischer Depression, die als Zyklothymie bekannt ist und bei der sich tiefste Niedergeschlagenheit und höchste Euphorie alle paar Tage abwechseln. Die chronische bipolare Störung offenbarte sich beispielsweise in der Art, wie er sich mit Stanley unterhielt: An manchen Tagen hörte Livingstone gar nicht mehr auf zu reden, an anderen mied er den jungen Amerikaner mit dem sonderbaren Akzent – sogar als sie gemeinsam in dem Mvule-Einbaum unterwegs waren. Doch trotz dieser Krankheiten und trotz der Anämie und der Hakenwürmer, die ihm das Leben noch schwerer machten, als es ohnehin war, wurde die Freundschaft der beiden Männer immer tiefer. Die Tage bis zur Rückkehr nach Tabora nutzten sie, um sich in Udschidschi mit Stanleys schwindenden Stoffvorräten Proviant zu besorgen und sich für die Reise zu wappnen. Dort angekommen, sollte Livingstone in Stanleys Haus bleiben und sich erholen, während letzterer so schnell wie möglich nach Sansibar zurückmarschieren und Vorräte kaufen wollte, damit Livingstone seine Reise fortsetzen konnte. Dann würde Stanley sofort neue Träger anwerben und den Nachschub zu Livingstone bringen lassen. Die Männer, die den Proviant, die Stoffe, die Perlen und die Medikamente beförderten, würden in Livingstones Dienst bleiben, bis er die Nilquelle gefunden hätte. Auf gewisse Weise würde er also ganz von neuem beginnen, so wie damals, als er im Jahr 1866 von Bord der *Penguin* gegangen war – nur daß er diesmal viel bessere Kenntnisse mitbringen würde, daß er den Dschungel an der Küste nicht noch einmal würde durchqueren müssen und daß sich sein Gesundheitszustand rapide verschlechterte.

Irgendwann um Neujahr 1872 wollten die beiden in Udschidschi aufbrechen. Stanley kaufte Ziegen, damit Livingstone auf der Reise Milch trinken konnte, denn das war für ihn die einfachste Art, Kalorien zu sich zu nehmen. Außerdem besorgte er einen Maulesel, auf dem Livingstone, der jahrelang immer nur zu Fuß gegangen war, endlich reiten konnte. Stanley fertigte eigenhändig einen bequemen und zweckmäßigen Sattel für seinen Mentor an. Als ihn am 18. Dezember ein erneuter Fieberschub zwang, das Bett zu hüten, leistete Livingstone ihm Gesellschaft, bis er am 21. Dezember wieder abgeklungen war. Dabei fiel Stanley auf, daß der linke Arm des Forschers irgendwie gelähmt schien und kürzer war als der rechte. Livingstone erzählte ihm von dem Löwen, der ihn 1843 angegriffen hatte, und ließ den jungen Mann den Bizeps und den Ellbogen seines linken Armes abtasten, um ihm zu zeigen, wie unregelmäßig der Bruch verheilt war.

Livingstone beim Angriff des Löwen 1843

Daß es für ihn ein Moment der Erleuchtung gewesen war, als der Löwe ihm knapp dreißig Jahre zuvor die Knochen zwischen seinen Kiefern zermalmt hatte, erwähnte er nicht. Unmittelbar danach hatte Livingstone das Erlebnis beschrieben: »Ich war wie gelähmt vor Schreck. So ähnlich muß sich eine Maus fühlen, wenn die Katze sie hin- und herzuschütteln beginnt. Ich hatte ein Gefühl von Benommenheit, in der ich weder Schmerz noch Furcht empfand, obwohl mir deutlich bewußt war, was mit mir geschah. Es war wie bei Patienten, bei denen das Chloroform nicht richtig wirkt und die die ganze Operation beobachten können, ohne das Skalpell zu spüren. Dieser ungewöhnliche Zustand war nicht durch irgendeinen geistigen Prozeß zustande gekommen. Es war das Schütteln, das meine Angst auslöschte und mich keinerlei Grauen empfinden ließ, als ich mich nach der Bestie umwandte. Vermutlich sind alle Tiere in dieser sonderbaren Verfassung, wenn sie von Karnivoren getötet werden; falls dem so ist, dann hat unser gütiger Schöpfer in seiner Barmherzigkeit es so eingerichtet, damit der Tod seinen Stachel verliert.«

Nach dieser Offenbarung der göttlichen Gnade hatte Livingstone keine Angst mehr vor dem Tod. Jener Tag im Jahr 1843 hatte ihm die außergewöhnliche Fähigkeit gegeben, ganz allein durch das tiefste Afrika zu reisen. Auch nachdem er längst zurück in Tabora und Stanley wieder auf dem Weg nach England war, wollte er wieder allein losziehen. Er sah den bevorstehenden Entbehrungen und seiner möglicherweise erfolglosen Erkundungsreise ohne jede Furcht entgegen.

Doch noch waren Stanley und Livingstone nicht in Tabora. Von Udschidschi aus folgten sie der südlichen Route, um Mirambo aus dem Weg zu gehen. Sie kamen zügig voran und erreichten am 14. Februar das Dorf Ugunda, das nur noch vier Tagesmärsche von Tabora entfernt war. In der Stadt hatte man bereits von ihrem Kommen gehört. Ferrajjii und Cowpereh, die beiden Sonderkuriere, die Stanley mit seinen ersten Berichten für den *Herald* von Tabora aus zur Küste geschickt hatte, waren aus Sansibar zurückgekehrt und brachten ihm Briefe und Zeitungen. Zur gleichen Zeit, als die Boten in Ugunda mit den beiden Entdeckern zusammentrafen, verließen die Depeschen an den *Herald* Sansibar. Hundert Tage später würden sie in New York eintreffen. Ebenfalls fast zeitgleich brach in London die durch Florence Nightingales Engagement finanzierte Expedition auf, die Livingstone endgültig finden sollte – daß Stanley den Briten schon vor drei Monaten zuvorgekommen war, ahnten sie nicht. Zur Mannschaft gehörte auch der junge Oswell Livingstone, der Sohn des Forschers.

Gespannt öffnete Stanley die Post, doch als er einen Brief von Konsul Webb fand, war er wie gelähmt vor Schreck: Wutentbrannt teilte Webb ihm mit, daß Bennett sich weigere, Stanleys Schulden zu begleichen. Stanley, den sonst nichts so leicht aus der Fassung bringen konnte, war so baff, daß er nicht imstande war, auch nur einen einzigen weiteren Brief zu öffnen. Während Livingstone in seine eigenen Briefe von zu Hause vertieft war, saß Stanley nur da und grübelte darüber nach, wie er Webb das Geld zurückzahlen könnte. Die Sache schien aussichtslos. »Zweifellos würde Bennett mit mir genauso umspringen, wie er es den Gerüchten zufolge auch mit anderen seiner unglückseligen Korrespondenten getan hatte«, schrieb er ins Tagebuch.

Nach anderthalb quälenden Stunden faßte sich Stanley endlich ein Herz und sah den Postbeutel weiter durch. Dabei stieß er auf einen Brief des *New York Herald* und öffnete ihn. Im Umschlag fand er das Telegramm aus London vom 25. September 1871, das Bennett noch kurz vor seinem Jagdausflug in Nebraska aufgegeben hatte: Bennett hatte offensichtlich seine Meinung geändert und kam für alle Ausgaben auf. Stanley war erleichtert und seine trübe Stimmung wie weggeblasen. Den Rest des Tages unterhielt er sich mit Livingstone über alle Neuigkeiten, die sich in der Welt ereignet hatten.

Am nächsten Morgen verließen sie Ugunda und erreichten am 18. Februar 1872 schließlich Tabora. »Nun sind wir endlich zu Hause, Doktor Livingstone«, erklärte Stanley, als sie Arm in Arm auf sein altes Haus zugingen. Die beiden hatten noch gar nicht bemerkt, was für ein Aufsehen sie mit ihrer Ankunft erregten. Livingstone erfuhr, daß einige Monate zuvor ein Mann namens Shaw in dem Haus gestorben war. Sein Grab befand sich zweihundert Meter links von der Eingangstür, eingebettet zwischen Bäumen, verdorrtem Buschwerk und ein paar kleinen Hügeln.

Stanley blieb noch einen Monat bei Livingstone. Am Morgen des 14. März verabschiedeten sie sich voneinander. Livingstone war völlig am Boden zerstört, und auch Stanley mußte sich rasch von ihm abwenden, denn er wollte nicht, daß Livingstone sah, daß er weinte. Als er schließlich aus der Stadt Richtung Sansibar aufbrach, bestand Livingstone darauf, ihn noch ein Stück zu begleiten. Sie gingen nebeneinanderher und sangen. Stanley schaute immer wieder zu Livingstone hinüber und versuchte, sich die Gesichtszüge des gealterten Forschers genau einzuprägen. Als er irgendwann glaubte, den Abschiedsschmerz nicht länger ertragen zu können, bat er Livingstone umzukehren.

»Nur wenige hätten tun können, was Sie für mich getan haben«, versicherte dieser ihm. Auf ihrer gemeinsamen Reise hatte Livingstone seinem Schützling das größte Kompliment gemacht, das dieser sich nur vorstellen konnte: Er hatte Stanley gebeten, eines Tages nach Afrika zurückzukehren und seine, Livingstones, Arbeit fortzuführen. Offensichtlich war er darauf gefaßt, daß ihn der Tod ereilte, bevor er die Nilquelle fand. »Und ich bin zutiefst dankbar für das, was Sie für mich getan haben. Gott segne Sie dafür. Gott beschütze Sie auf Ihrer Heimreise und segne Sie, mein Freund. Leben Sie wohl.«

Livingstone sah zu, wie Stanley der aufgehenden Sonne entgegenmarschierte. Dann lief er nach Tabora zurück, in das Haus, wo schon Stanley Ruhe und Zuflucht gefunden hatte und das nun auch ihm Schutz gewähren würde. Livingstone war wieder allein, nur in Begleitung des kräftigen Chuma und des vergnügten Susi.

»Mein lieber Doktor Livingstone«, schrieb Stanley am nächsten Tag in einem Brief, »ich habe Sie viel zu früh verlassen. Das ist mir nun völlig klargeworden, denn ich bin furchtbar niedergeschlagen ... Wenn ich Ihnen schreibe, dann sehe ich Sie nicht als abstraktes Ideal vor mir, sondern vielmehr als Inbegriff eines warmherzigen Freundes, eines gesunden, klaren Geistes, aller Dinge, die edel und wahr sind, alles Praktischen und Vernünftigen ... Auch wenn ich nicht leibhaftig bei Ihnen sein kann, müssen Sie an mich denken, bis die Karawane Sie erreicht. Und auch wenn Sie nicht physisch anwesend sind, werde ich unaufhörlich an Sie denken, bis man Ihnen jeden Wunsch erfüllt hat. Auf diese Weise wird das Band der Erinnerung nie zerreißen.«

Mit dem Abschied von Livingstone bekam Stanleys Mission ein neues Ziel. Er war jetzt nicht mehr unterwegs ins Ungewisse – in dieser Hinsicht war Afrika keine Hürde mehr. Nun hinderte es ihn vielmehr daran, die Neuigkeiten über Livingstone in die Welt hinauszutragen. Auf dem Weg zurück nach Sansibar hatte er mit denselben Entbehrungen zu kämpfen wie auf seiner Hinreise. Diesmal waren die Strapazen – Ugogo, der Makata-Sumpf, das Fieber, die Dornenbüsche und die Regenzeit – vielleicht sogar noch ein wenig entmutigender, denn Stanley legte ein halsbrecherisches Tempo an den Tag.

Er hatte Livingstones Tagebücher und ein Päckchen mit versiegelten Briefen des Forschers dabei, die dessen einzige Mitteilungen an die Außenwelt darstellten und Antwort auf die Frage gaben, wo er die ganzen Jahre über gewesen war. Doch auch für Stanley hatten sie eine immense Bedeutung: Sie waren seine Beweisstücke.

Kapitel 30

Große Aufregung

Am 25. April 1872, während Stanley gerade auf dem Weg nach Bagamojo war, brach in Italien der Vesuv aus. Mit einer gewaltigen Explosion spie der Vulkan, der lange Zeit untätig gewesen war, Lava, Geröll und Rauch. Die Nachbeben waren noch eine ganze Woche zu spüren. Überall auf der Welt berichteten die Zeitungen von den dichten, schwarzen Rauchwolken, die sich über dem Krater auftürmten und den Tag zur Nacht werden ließen.

6. Mai 1872,
Bagamojo,
850 Kilometer von
Livingstone entfernt

Der Vesuv war eben erst zur Ruhe gekommen, da erschütterte eine weitere Explosion die Zeitungslandschaft. Es war Donnerstag, der 2. Mai: »Stanley bringt Dr. Livingstone in Sicherheit«, berichtete die *Times*.

Stanleys Berichte von seiner Begegnung, die er im vorangegangenen November per Sonderkurier aus Udschidschi losgeschickt hatte, waren im März in Sansibar angekommen. Daß zu dieser Zeit gerade der britische Dampfer *Abydos* im Hafen lag, der die zweite Such- und Rettungsexpedition auf die Insel befördert hatte, war reiner Zufall. Das Schiff verließ Sansibar so schnell wie möglich, um nicht in die Aprilstürme zu geraten. Während Webb Stanleys Depesche mit einem Handelsschiff nach New York schickte – sie nach Bombay oder Aden zu bringen und dort das von den Briten betriebene Telegrafenamt zu benutzen, war zu riskant –, beförderte die *Abydos* die Botschaft über die beiden Forscher nach Bombay. Schon bald wurde die Neuigkeit in die ganze Welt gekabelt.

Dennoch war der *Herald* nicht die einzige amerikanische Zeitung, die von der Begegnung berichtete. Bereits in Bombay hatte sich die *New York Times* auf die Nachricht gestürzt. Gut versteckt zwischen ausführlichen Berichten über die Nationalversammlung in Philadelphia, die kurz zuvor zu Ende gegangen war und auf der Horace Greeley, der Besitzer der *New York Tribune*, als Gegenkandidat Präsident Grants für die bevorstehenden Parlamentswahlen aufgestellt worden war, brachte sie eine kurze, erfreuliche Notiz über Livingstone. »Soeben traf in dieser Stadt ein Telegramm aus Bombay ein, demzufolge sich Dr. Livingstone in Sicherheit befindet. Mit dem Dampfer *Abydos*, der die Suchexpedition nach Sansibar transportierte, war von dort die Nachricht nach Bombay gelangt, daß sich der bedeutende Forscher in der Obhut des Amerikaners Stanley befindet. Die Meldung stammt von Negern und gilt vor Ort als glaubwürdig«, hieß es.

Doch schon bald gewann der *Herald* wieder die Oberhand, denn er veröffentlichte eine Kolumne nach der anderen über den »Grandiosen Triumph für den amerikanischen Unternehmungsgeist«. Am 3. und 4. Mai veröffentlichte der *Herald* so viele Berichte über Livingstone, daß ein Leser die Zeitung am folgenden Tag in einem Brief darum bat, damit aufzuhören, weil sonst der Verdacht aufkäme, daß Livingstones Erben womöglich finanziell an dem Blatt beteiligt wären.

Am Abend des 6. Mai 1872, einen Tag nachdem der *Herald* einen brandneuen Brief von Kirk abgedruckt hatte, in dem der Konsul der RGS versicherte, daß Stanley scheitern würde, erreichte dieser wohlbehalten Bagamojo. Für die achthundertfünfzig Kilometer von Tabora hierher hatte er zweiundfünfzig Tage gebraucht, also noch einmal zweiunddreißig Tage weniger als auf dem Hinweg. Dreizehn Monate nachdem er zu den Fanfaren der Einheimischen und dem Gesang seiner Männer losmarschiert war, schritt er wieder in die Stadt. Er war sonnengebräunt, schmal und zäh geworden in Afrika, so daß man in ihm kaum mehr den unsicheren jungen Mann erkannte, als der er damals in Tabora aufgebrochen war. Entgegen allen Erwartungen kehrte er lebend zurück in das Städtchen am Indischen Ozean mit dem weißen Sandstrand und den weichen Passatwinden. Die Monsunzeit war die verheerendste seit Beginn der Wetteraufzeichnung gewesen und hatte die Straße, die er nun entlangschlenderte, in einen einzigen Sumpf verwandelt. Ein rothaariger Engländer schrie ihm etwas zu. Es war Leutnant Henn von der Suchexpedition der RGS, der eben in Afrika eingetroffen war. »Kommen Sie doch herein!« rief er vom Eingang einer kleinen Kneipe herüber, in der es von Fliegen wimmelte. »Ich gebe Ihnen einen aus – was wollen Sie: Bier, Stout, Brandy? Ein sensationeller Erfolg! Gratuliere!«

Drei endlose Wochen später war Stanley völlig erledigt. Er war gleich am folgenden Tag von Bagamojo nach Sansibar weitergefahren, die zerrissene amerikanische Flagge hoch oben am Mast der Dhau, und war dort stürmisch empfangen worden. Wie versprochen, hatte er eine Karawane mit neuen Vorräten für Livingstone ausgestattet. Daß er dabei nicht mit Kirks Hilfe rechnen konnte, war verständlich, denn der Konsul war immer noch schlecht auf Stanley zu sprechen. Immerhin war der Journalist dafür verantwortlich, daß Kirk jetzt um seinen Ruf und seine Stellung bangen mußte. Das einzige, was Stanley vor dem 29. Mai noch erledigen wollte, war, sich mit den siebenundfünfzig Männern zu treffen, die Livingstones Vorräte ins Landesinnere bringen würden. Viele von ihnen hatten Stanley bereits auf seiner Reise nach Afrika begleitet. Er war erstaunt, wie sehr es ihn berührte, als sich ihre Wege endgültig trennten. »Ihr werdet nun nach Unjajembe zurückkehren, zum großen Herrn. Ihr kennt ihn bereits«, erklärte er der versammelten Mannschaft vor dem amerikanischen Konsulat. Im Hafen lag eine schaukelnde Dhau vor Anker. Gleich würden die Männer mit ihren Lasten an Bord gehen und zu einer neuen Reise nach Afrika aufbrechen. »Er ist ein lieber Mann und hat ein gutes Herz. Er ist anders als ich; er wird euch nicht schlagen, wie ich es getan habe.«

Und dann überkam ihn ein verwirrendes Gefühl von Wehmut und einer lange verborgen gehaltenen Achtung vor den Trägern, und sein rassistischer Wesenszug rückte für einen Augenblick in den Hintergrund. »Noch etwas: Bevor ihr geht«, sagte er zum Abschluß, »möchte ich jedem von euch die Hand geben – es ist ein Abschied für immer.«

»Sie stürmten alle nach vorn, und mit jedem wurde ein kräftiger Händedruck ausgetauscht«, schrieb Stanley später.

Am 29. Mai verließ er an Bord des deutschen Schiffes *Africa* schließlich Sansibar in Richtung London.

Stanley hatte erwartet, daß man ihn in England mit großem Jubel empfangen würde, doch dem war nicht so. Noch vor seinem Aufbruch war in der Stadt der erste Zweifel gegenüber seiner Leistung gesät worden. In einem am 7. Mai veröffentlichten Leserbrief an die *Times* zeigte sich Charles Beke, der Äthiopien-Spezialist der RGS, skeptisch, ob Stanley den verschollenen Forscher tatsächlich gefunden hatte. Knapp eine Woche später, auf einer Sitzung der Gesellschaft am 13. Mai, schloß sich auch Sir Henry Rawlinson der Anti-Stanley-Fraktion an und machte sich über den angeblichen Erfolg des Journalisten lustig. »Bislang ging man davon aus, daß es Mr. Stanley war, der Dr. Livingstone fand und diesem zu Hilfe kam«, zitierte der *Manchester Guardian* ihn am folgenden Tag. »Doch wenn überhaupt, dann war es Dr. Livingstone, der Mr. Stanley aufgespürt und ihm geholfen hat, denn diesem waren doch die Vorräte ausgegangen, wohingegen Dr. Livingstone in Udschidschi über riesige Lager und Vorräte verfügte und somit imstande war, den Amerikaner zu unterstützen, als dieser dort eintraf.«

Den ganzen Sommer über wurde heftig diskutiert. Mit vereinten Kräften versuchten die RGS und die britische Presse, Stanleys Integrität zu untergraben. Dank Bennetts wiederholter höhnischer Haltung gegenüber England würde Stanley in Großbritannien keine Verbündeten haben. Am 12. Juli wechselte sogar Grant die Fronten und bemerkte gegenüber einem Freund: »In der *Times* habe ich gelesen, daß Stanley mit Livingstones Sohn aus Aden nach Suez gekommen ist. Ich bin zutiefst enttäuscht darüber, daß der junge Livingstone den Vater seinem Schicksal überlassen hat … niemand glaubt, daß Stanley Livingstone wirklich gefunden hat.«

Sir Henry Rawlinson entpuppte sich als ein noch scharfzüngigerer Kritiker. Während er weiterhin beharrlich behauptete, Livingstone sei Stanley zu Hilfe gekommen und nicht umgekehrt, erniedrigte er Amerika und den *Herald,* indem er sie als »unsere transatlantischen Vettern« bezeichnete, »bei denen die Marktschreier ihre Kunst mit einer weitaus größeren Perfektion beherrschen als in unserem rückständigen Land«. »In Wirklichkeit lebt Dr. Livingstone in Saus und Braus, während Mr. Stanley völlig mittellos ist«, erklärte er Ende Juli.

Als Stanley am 1. August schließlich britischen Boden betrat und, Livingstones Tagebücher als seine Beweismittel fest an sich gedrückt, in Dover an Land ging, war die britische Öffentlichkeit keinen Deut von ihrer Überzeugung abgewichen. Die Zeitung *Echo* behauptete sogar, die Briefe stammten in Wirklichkeit von einem Medium, das Livingstones Worte, Gedanken und Handschrift empfangen habe.

Am 2. August schien eine Klärung der Angelegenheit näher zu rücken, als Stanley Tom Livingstone die Tagebücher seines Vaters vorlegte und dieser sie, wie zuvor bereits Oswell, für authentisch erklärte: »Wir haben nicht die geringsten Zweifel, daß es sich hierbei um das Tagebuch meines Vaters handelt, und ich bestätige, daß die Briefe, die Mr. Stanley mitgebracht hat, von meinem Vater geschrieben wurden und von niemandem sonst.«

Noch am selben Tag verfaßte Earl Granville einen überschwenglichen Dankesbrief an Stanley: »Ich möchte die Gelegenheit nutzen, Ihnen meine Bewunderung für die Talente auszusprechen, die Sie dazu befähigt haben, das Ziel Ihrer Mission zu erreichen und einen Erfolg zu erzielen, der sowohl in den Vereinigten Staaten als auch in diesem Land großen Beifall gefunden hat.«

Trotz dieser offiziellen Anerkennung und des großen, mittlerweile weltweiten Interesses kamen weitere Zweifel an der Echtheit der Tagebücher auf, als deren Inhalt bekannt wurde. Dabei berief man sich vor allem auf das, was Livingstone über die Frauen von Njangwe geschrieben hatte. Die viktorianische Sexualmoral sah die Masturbation der Frau als Ursache der Wollust – der man übrigens häufig mit Klitorisbeschneidung abzuhelfen versuchte. Daß jedoch viele Männer aus der Oberschicht ihre sexuelle Befriedigung bei Prostituierten anstatt bei der Ehefrau fanden, erregte keinen Anstoß. Livingstones Tagebucheinträge, in denen er die afrikanischen Frauen als attraktiv und aufgeweckt schilderte – für die damalige Zeit, in der die Afrikaner von den Engländern immer noch als heidnische Wilde betrachtet wurden, eine undenkbare Vorstellung –, schienen zu beweisen, daß es sich um eine Fälschung handelte. Daß ein so ehrenwerter Missionar wie Livingstone eine Frau – ganz gleich, ob sie Afrikanerin oder Europäerin war – auf diese Weise betrachtete, hielt man für ausgeschlossen.

Stanley ärgerte sich maßlos über die Beleidigungen, ertrug sie jedoch mit stoischer Gelassenheit, selbst als die Wahrheit über seine Kindheit ans Licht kam. Er war über die Vorwürfe zwar entsetzt, aber sah sich nicht in der Lage, dazu Stellung zu nehmen.

Bennett verfolgte die Verleumdungen und Anschuldigungen von New York aus, ohne sich einzumischen, denn er wußte, daß Livingstones Name dadurch in den Schlagzeilen bleiben würde. Den ganzen Sommer lang hatte der *Herald* über Afrika berichtet, durchschnittlich alle vier Tage. Der Ausspruch »Dr. Livingstone, wenn ich nicht irre?« war in der Ausgabe vom 15. Juli 1872 zum ersten Mal in gedruckter Form erschienen und schon bald in der ganzen Welt bekannt. Bennett setzte die Berichterstattung zum Thema Livingstone noch bis Ende August fort, wobei er seine Kritik vor allem gegen die Kurzsichtigkeit und die antiamerikanischen Ressentiments der RGS richtete – die er im Grunde selbst gefördert hatte.

Trotz Bennetts Verunglimpfungen änderte sich die Einstellung der Briten gegenüber Stanley ganz allmählich zu seinen Gunsten. Am 27. August verfaßte Earl Granville einen Brief, in dem Stanleys Leistung offiziell und auf grandiose Art und Weise gewürdigt wurde: »Es ist mir eine große Freude, Ihnen auf Befehl der Königin die höchste Anerkennung Ihrer Majestät auszusprechen, für den Mut und den Eifer, mit denen Sie eine Verbindung zu Dr. Livingstone herstellten und damit die Sorgen Ihrer Majestät zerstreuten, die sie sich, ebenso wie ihre Untertanen, wegen des verdienten Forschers gemacht hatte.«

Endgültig vollzogen war Stanleys Wandel vom Lump zum Lebensretter, als der uneheliche Waliser am 8. September 1872 in aller Form der Königin von England vorgestellt wurde. Auf Dunrobin Castle in Schottland machte Sir Henry Rawlinson den jungen Henry Morton Stanley mit Königin Viktoria bekannt und führte so allen und jedem vor Augen, daß er David Livingstone tatsächlich gefunden hatte. »Die gesamte Zunft der Geographen«, vertraute Rawlinson ihm mit Blick auf die RGS an, »freut sich mit Ihnen über die Ehre, die man Ihnen erweist.«

Im November trug Stanleys Forschungsmission schließlich Früchte: Für 10 000 Dollar sollte er ein Buch über seine Reise durch Afrika schreiben. In *Wie ich Livingstone fand* verteidigte er sich gegen alle seine Kritiker (so begegnete er beispielsweise der früheren Behauptung der RGS, daß Livingstone »in Saus und Braus« lebe, mit der Frage: »Wenn Sie so dachten, können Sie mir dann erklären, warum Sie eine Expedition losschickten, um ihn zu finden?«). Innerhalb kürzester Zeit wurde das Buch ein Bestseller. Henry Morton Stanley, der trotz aller Bemühungen stets ein kleines Licht geblieben war, hatte endlich Erfolg.

Teil Fünf

Heimkehr

Kapitel 31

Chitambos Dorf

Januar – April 1873, nahe des Bangweulusees

Livingstone blieb bis Ende August 1872 in Tabora, um sich zu erholen. Im Lauf des Monats trafen die Vorräte ein, die Stanley für ihn besorgt hatte, und als er die arabische Enklave schließlich verließ, führte er zum ersten Mal seit 1867 wieder eine vollausgerüstete Karawane an. Noch immer tobte Mirambos Krieg, so daß Livingstone Richtung Südwesten zog, bis er die Südspitze des Tanganjikasees erreichte. In dem Hochland, das sich knapp fünfhundert Kilometer westlich des Njassasees erhob, wollte er noch einmal nach der Nilquelle suchen. Die Monate vergingen. Im Januar, dem schlimmsten Monat der Regenzeit, gingen die Lebensmittelvorräte erneut zur Neige, und Livingstones Gesundheitszustand verschlechterte sich wieder. Mittlerweile war er völlig abgemagert. Ein blutiger Fleck im Schritt seiner zerschlissenen Hose zeugte von seinen offenen Hämorrhoiden und der chronischen Ruhr, womit zu den Beschwerden auch noch die Demütigung kam. Der ehrwürdige Schotte mußte so oft vom Weg treten und sich erleichtern, daß den Trägern die Form seines knochigen Hinterteils aufs beste vertraut war.

Der Kontinent, auf dem der bedeutendste Forscher der Welt sich am wohlsten fühlte, zehrte ihn mit jedem Tag mehr aus. Von seinem Nachschub an Proviant und Ausrüstung trennten ihn mehrere hundert Kilometer, und die Aussicht, ein zweites Mal gerettet zu werden, bestand nur in seiner verwirrten Phantasie, so daß alles danach aussah, als würde er von der Welt unbemerkt zugrunde gehen und wie James Cook und John Franklin irgendwo in der Wildnis seine letzte Ruhestätte finden. In seiner Heimat würde man zwar wissen wollen, wo seine Gebeine zu Staub zerfielen, doch nur für eine Weile – das war nun einmal so in der Forschung. Sobald jemand anderes seine Entdeckungen übertroffen hätte, würde auch die Neugier nachlassen. Eine Weile später hätte man ihn vergessen. Der Tod hatte für ihn nichts Romantisches, denn er wußte, daß er langsam und schmerzhaft sein würde. Es wäre fast leichter gewesen, wenn der Löwe damals bei seinem Angriff zu Ende gebracht hätte, was er begonnen hatte.

Nach Osten, in Richtung Küste, weiterzugehen und sich einer arabischen Sklavenkarawane auf ihrem Weg nach Sansibar anzuschließen, wäre nun sicher am sinnvollsten gewesen. Auf diese Weise hätte Livingstone sich retten können. Die Sklavenhändler hätten ihm Nahrung und vielleicht sogar Medikamente gegeben, die ihn den sechsmonatigen Marsch hätten überstehen lassen.

Doch Livingstone war nach Afrika gekommen, um die Nilquelle zu finden – das hatte er Murchison immerhin versprochen –, und er war dazu entschlossen, erst dann heimzukehren, wenn er das letzte geographische Rätsel der Menschheit gelöst hätte. Anstatt also zur Küste führte er seine Karawane ein letztes Mal nach Westen, mitten ins Herz Afrikas. Er hoffte, die Quelle ausfindig machen und dann nach Sansibar eilen zu können, bevor seine Zeit abgelaufen war. Die Erkundungsreisen und wiederholten Gespräche mit den Stämmen der Umgebung hatten ihn zu der Überzeugung gebracht, daß er sich den legendären vier Quellen des Herodot näherte. Er hatte sogar schon das Telegramm formuliert, das er an das Außenministerium schicken würde. Es lag in der wasserdichten Schachtel, in der er auch seine Tagebücher und Briefe aufbewahrte. Er brauchte nur noch die Lücken auszufüllen: »Ich freue mich, Euer Lordschaft mitteilen zu können, daß ich am … die bedeutsamen Quellen erreicht habe.«

Doch dazu sollte es nicht mehr kommen. Zum einen war Murchison bereits tot, was Livingstone nie erfahren sollte. Zum anderen war es Januar – ein besonders schlechter Zeitpunkt, um das eigene Leben aufs Spiel zu setzen: In dieser Region südlich des

Äquators brachte der erste Monat des Jahres normalerweise Niederschläge von bis zu einhundert Zentimetern, doch der Januar 1873 war der schlimmste seit Menschengedenken. Das erschöpfende, anhaltend naßkalte Wetter weichte nicht nur den Boden, sondern auch die Moral der Männer auf. Selbst die Robustesten bekamen Schüttelfrost und Fieber und fühlten sich elend. Selbst wenn der Tag mit strahlendem Sonnenschein und Schäfchenwolken begann, zogen bald Gewitterwolken auf, als bemächtige sich plötzlich die Sünde der reinen Seele eines Gläubigen.

Seinen Geburtstag am 19. März verbrachte Livingstone in einem Sumpfgebiet in einer Hütte liegend, in der es vor Giftspinnen nur so wimmelte. Dort wartete er auf seine Männer, die Kanus besorgen wollten, mit denen sie weiterpaddeln konnten. Die ergebnislosen Verhandlungen mit Matipa, dem Stammeshäuptling dieses Gebiets, der die Kanus verlieh, schienen kein Ende nehmen zu wollen, so daß Livingstone seiner Wut irgendwann Luft machte, indem er sich im Bett aufsetzte und mit seiner Pistole einen Schuß nach dem anderen abfeuerte. Er würde dem Tod von der Schippe springen, das stand für ihn fest – durch das Entgegenkommen von Fremden und Feinden war ihm das während seiner Expedition ja bereits immer wieder gelungen. Er konnte also davon ausgehen, daß er es mit ein wenig Hilfe auch diesmal schaffen würde. »Darf ich auf Erfolg hoffen? Es sind noch so viele Hindernisse zu bewältigen. Herr Jesus, laß nicht zu, daß Satan obsiegt«, flehte er inbrünstig.

Mit der Karawane, die ihm auf Stanleys Befehl weitere Versorgungsgüter nach Tabora gebracht hatte, war auch ein Brief seiner ältesten Tochter Agnes angekommen. Nachdem sie ihren Abschluß an einem Pariser Internat gemacht hatte, lebte sie nun in London. Sie bedrängte Livingstone, in Afrika zu bleiben, bis er seine Mission zu Ende geführt hätte. »Auch wenn ich mir noch so sehr wünsche, Du würdest nach Hause kommen«, schrieb sie, »so wäre es mir doch lieber, Du könntest Dein Werk zu Deiner Zufriedenheit vollenden, als daß Du nur meinetwillen zurückkehrst.«

Von allen seinen Kindern war ihm Agnes die liebste. Früher war er es gewesen, der ihr immer wieder versichert hatte, sie könne alles erreichen, was sie sich in den Kopf setze. Nun war es genau umgekehrt. »Gott segne sie«, erwiderte ihr Livingstone in seinem Tagebuch, »und auch die anderen.«

Seine Suchexpedition dauerte nun schon sieben Jahre. Gerade war die Regenzeit zu Ende gegangen, und im März war es ihm endlich gelungen, die Kanus zu beschaffen. Gemeinsam mit Chuma, Susi und seiner kleinen Karawane hatte er den Bangweulusee überquert. Am 6. April hatte er erkannt, daß es sich bei der unendlich breiten Wasserfläche am Südende des Sees nicht um eine jahreszeitlich bedingte Überschwemmung handelte, sondern um den Nil, »der bereits hier, an seiner Quelle, über die Ufer trat. Ich muß immer wieder darüber staunen«, meinte er, »wieviel Wasser es in diesem Land gibt – es ist einfach großartig.«

Livingstone wußte nicht, daß er die Nilquelle nie entdecken würde. In Wirklichkeit befand er sich fast tausend Kilometer südlich davon. Der Tod würde nicht mehr lange auf sich warten lassen. Selbst wenn Stanley Livingstone noch einmal zu Hilfe kommen würde, hätte er keine Chance mehr. »Ich bin bleich, anämisch und geschwächt von dem heftigen Blutverlust«, schrieb er Anfang April. »Aus einer meiner Arterien sickert eine beträchtliche Menge an Blut, was an meiner Kraft zehrt. Ach, wie sehr wünschte ich, der gnädige Gott würde mir gestatten, mein Werk zu Ende zu führen.«

Außer dem Blutverlust, der Anämie, Malaria, Ruhr und den Hakenwürmern hatte sich in seinem Unterleib noch ein Blutgerinnsel von der Größe eines Apfels gebildet. Livingstone wußte nicht, was es war, aber schon bei der leisesten Berührung der Lendenwirbel wurde ihm schlecht vor Schmerz. »Diese Expedition ist nicht immer ein reines Vergnügen«, notierte er am 19. April in sein Tagebuch.

Sein Plan war, die Erkundungsreisen sechs oder sieben Monate nach der Ankunft der Vorräte in Tabora abzuschließen. Als er am 29. April 1873 jedoch das Dorf eines Stammeshäuptlings namens Chitambo erreichte, waren die sechs Monate bereits um.

Die ganzen Jahre über war es nie die Angst gewesen, die Livingstone zu schaffen gemacht hatte. »Es gibt jedoch einige Dinge, die ich zutiefst bedaure«, hatte er bereits 1862 geschrieben, »und sie werden mich bis ans Ende meines Lebens begleiten.«

Dr. David Livingstone mit seiner Tochter Anna
vor der Abreise aus England auf der Suche nach der Nilquelle.

Und tatsächlich dachte er nun, während er in Chitambos Dorf lag, voller Schuldgefühle an seine Lieben und an seine Fehltritte. Im Grunde war die Familie in dem Moment auseinandergebrochen, als Livingstone sie 1852 nach England zurückgeschickt hatte, um seine Afrika-Durchquerung beginnen zu können. Er hatte geweint, als das Schiff davongesegelt war.

Im viktorianischen England war die Kindererziehung keine besonders engagierte Angelegenheit. Man erwartete, daß sich die Großen um ihre kleinen Geschwister kümmerten. Waren sie alt genug, schickte man sie entweder auf ein Internat oder auf die Suche nach einer Anstellung. Daß die Väter bis spät abends arbeiteten und sich kaum mit den Kindern beschäftigten, war nichts Außergewöhnliches. Auch die Mütter verbrachten höchstens ein oder zwei Stunden am Tag mit dem Nachwuchs. Als Livingstone damals acht Jahre auf Reisen gewesen war, wäre somit niemand auf die Idee gekommen, ihn deswegen für einen schlechten Vater zu halten – so nannte man nur gewalttätige oder trunksüchtige Männer, die ihre Kinder mißhandelten. Dennoch schrieb Livingstone vor seiner Tour durch Afrika: »Erst jetzt wird mir klar, daß ich meine Kinder damit zu Waisen machen werde, und allein schon bei dem Gedanken daran dreht sich mir das Herz im Leibe um, denn sie werden mich vergessen.«

Daß seine Kinder hatten lernen müssen, ohne ihn zurechtzukommen, war für ihn schon schmerzlich genug gewesen. Seine sexuelle Untreue aber war eine Charakterschwäche. Es gab sogar Beweise für sein Fremdgehen, die Livingstone zeit seines Lebens hatte verbergen können. Ob es im Dorf der temperamentvollen Prinzessin Manenko geschehen war oder in einem der anderen Dörfer, durch die er im Lauf der vielen Jahre gekommen war: Wie man später herausfand, hatte Livingstone mindestens ein Kind in Afrika. Der halbwüchsige Junge, der sich nach Stanleys Abreise aus Tabora irgendwo in der Umgebung von Chitambo der Karawane angeschlossen hatte, war in Wirklichkeit sein Sohn. Als Häuptling Chitambo später in einer eidesstattlichen Aussage den Tag schilderte, an dem Livingstone in seinem Dorf angekommen war, erklärte er: »Er hatte auch seinen Sohn mit dabei. Es war ein Mischling. Die Leute sagten, es sei Bwanas Sohn.« Mit dem Begriff »Bwana« drückte er dabei seinen Respekt vor Livingstone aus. »Die anderen achteten ihn wie den Sohn eines Häuptlings«, fuhr er fort. »Die Mutter oder eine andere Frau konnte ich unter den Leuten des Bwana nicht entdecken.«

Chitambo war nicht der einzige, der einer ganzen nachfolgenden Generation britischer Forschungsreisender schwor, daß Livingstone einen Sohn gehabt habe. Auch Mumana, ein anderer Afrikaner aus dem Dorf, erinnerte sich: »Der Bwana hatte einen Sohn dabei... seine Haut war ganz weiß, wie die eines europäischen Kindes, und sein Haar war hell.«

Während Livingstone also in Chitambo lag, war der Junge bei ihm. Livingstone erwähnte das Kind nie in seinen Aufzeichnungen. Es war ebenfalls krank und mußte getragen werden wie sein Vater. Die Einheimischen würden den seltsamen Anblick des kranken, weißen Vaters mit seinem kranken, weißen Sohn nie vergessen. Sie berichteten, daß sie Livingstones Sohn geachtet hätten und wie Chuma und Susi nicht nur für Livingstone ein Haus aus Gras und Ästen gebaut hätten, sondern auch für den Jungen.

Auch die Nacht des 1. Mai 1873 würde ihnen noch lange im Gedächtnis bleiben. Chuma und Susi hatten Livingstone in Chitambo ein kleines Bett bereitet und sein Moskitonetz darübergehängt. Dann hatten sie sich zurückgezogen. Nun lag er im Dunkeln, und der Todesengel saß ihm bereits auf der Brust.

Zwischen Mitternacht und Morgendämmerung wachte Livingstone auf. Er ließ sich auf den Boden gleiten und kniete sich hin, um zu beten. Chuma und Susi hatten sich schlafen gelegt, wie er es ihnen befohlen hatte.

Um vier Uhr morgens fanden sie ihn. Noch immer kniete er da wie im Gebet, allerdings leicht vornübergebeugt, das Gesicht im Kissen vergraben, als sei er über seinem Zwiegespräch mit Gott eingenickt. David Livingstone, gerade einmal sechzig Jahre alt, war tot.

Kapitel 32

Pall Mall

Mai 1874, Chitambo

Chuma und Susi hätten Livingstone auch einfach in der Nähe von Chitambo begraben und dann an die Küste zurückkehren können – das wäre zumindest das Naheliegendste gewesen. Doch sie wußten, daß er eigentlich nach England hatte zurückkehren wollen, bevor er starb. Die Expedition ohne ihn zu Ende zu führen, wäre unangebracht gewesen, so daß Chuma und Susi beschlossen, zu einer letzten, beschwerlichen Reise mit Livingstone aufzubrechen und seine Leiche nach England zu bringen.

Um die sterblichen Überreste des Forschers zu konservieren, machte Farijala, ein Stammesangehöriger, der früher bei einem Chirurgen im Dienst gestanden hatte, knapp über dem Schambein einen einzigen, horizontalen Schnitt in Livingstones Unterleib. Der später mit der Untersuchung des Toten beauftragte Leichenbeschauer in London nannte Farijalas Arbeit eine »raffinierte Erfindung« und fragte sich, wie der unausgebildete Stammesangehörige es geschafft hatte, durch die kleine Öffnung auch Livingstones Herz, Lunge und die anderen Organe aus dem Bauchraum zu entnehmen. Farijala entfernte zudem das große Blutgerinnsel aus Livingstones Darm. Dann legte er das Herz sorgfältig in die schöne Blechdose, die Livingstone einmal zur sicheren Aufbewahrung seiner Tagebücher verwendet hatte. Nachdem Farijala den wasserdichten Behälter Chuma und Susi übergeben hatte, füllte er Livingstones leere Brusthöhle mit Salz. Anschließend bahrte er die Überreste der Leiche für zwei Wochen in der Sonne auf, damit sie trockneten. Am Fuße eines wuchernden Mpundu-Baumes wurde währenddessen ein Loch in den Boden gegraben und die Blechdose hineingelegt. Als einige Gebete vorgelesen worden waren, schüttete man das Grab wieder zu. Livingstones Körper würde nach England zurückkehren, doch sein Herz würde für immer in Afrika bleiben.

Dann wurde die Mumifizierung der Leiche fortgesetzt. Damit sie kleiner und leichter zu tragen war, knickte man nach dem Trocknen die Unterschenkel nach hinten um. Dann wurde sie mit blauem und weißem Kattun eng umwickelt, über den man eine schützende Schicht aus Rinde legte. Am Schluß schlug man das ganze Paket in Segeltuch ein und hängte es für den Transport an eine Stange. So baumelte Livingstones Leiche zwischen Chuma und Susi, als diese zwei Wochen nach seinem Tod mit der Karawane zu ihrem langen Marsch Richtung Sansibar aufbrachen. Der Kolonne voran ging ein Trommler, und im leichten Wind flatterte Livingstones britische Flagge. Die Karawane bestand aus insgesamt neunundsiebzig Pagazis. Viele von ihnen trugen nichts als Livingstones Bücher und Papiere.

Sie kamen nur langsam voran, da sie wegen Krankheit und schlechten Wetters häufig rasten mußten. Mit dem Transport von Livingstones Leiche wechselten sie sich ab. Anfang November erreichten sie schließlich Tabora. Wie besessen von dem Gedanken, Livingstone aus Afrika herauszuholen, hatte die RGS eine weitere Rettungsexpedition mit der Suche beauftragt. Diese dritte Expedition war auf ihrer bisherigen Reise von einer Katastrophe in die nächste gestolpert. Auf ihrem Weg von Bagamojo nach Tabora hatte sie sich mit der üblichen Litanei von Widrigkeiten herumschlagen müssen: Unwettern, Malaria und schwierigem Gelände. Einer der vier Weißen in der Gruppe war Robert Moffat, Livingstones Neffe. Er starb an der Malaria. Ein anderer Expeditionsteilnehmer nahm sich später das Leben, nachdem ihn ein Ruhranfall in den Wahnsinn getrieben hatte. Als die britische Karawane in der Stadt auf Livingstones Träger mit der Leiche trafen, einigten sie sich darauf, daß zwei Mitglieder der Rettungsexpedition sie an die Küste begleiten sollten.

Im Februar 1874 erreichten Chuma und Susi Bagamojo. Chuma segelte nach Sansibar, um Kirk die Nachricht in aller Förmlichkeit

James Chuma (links) und Abdullah Susi hatten Livingstone während seiner ganzen Reise begleitet und brachten schließlich seine Leiche bis nach Sansibar.

zu überbringen, erfuhr dort jedoch, daß der Konsul sich gerade in London aufhielt. Man hatte ihn beurlaubt. W. F. Prideaux, ein Kapitän der britischen Marine und Kirks Stellvertreter, ordnete an, daß das Kriegsschiff *HMS Vulture* Livingstones sterbliche Überreste in Bagamojo an Bord nehmen sollte. Dann entließ er Chuma, Susi und die übrigen Männer der Karawane, die fast ein ganzes Jahr damit zugebracht hatten, die Leiche des Forschers aus dem Landesinneren an die Küste zu transportieren. Für Chuma und Susi, die Livingstone während seiner ganzen Suche begleitet hatten und ohne deren Hilfe die Reise gar nicht möglich gewesen wäre, war dies ein plötzlicher und undankbarer Abschluß.

Die Leiche Livingstones wurde in Sansibar in einen richtigen Sarg gelegt. Dieser wurde mit den Papieren und weiteren persönlichen Habseligkeiten des Forschers an Bord des Dampfers *Malwa* genommen. Am 16. April 1874, acht Jahre und achtzehn Tage nach seiner Abreise aus England, kehrte Livingstone endlich heim. Als die *Malwa* mit einem Salut von einundzwanzig Schüssen in Southampton anlegte, trauerte die ganze Nation. Eine Blaskapelle spielte Händels *Trauermarsch*, während der mit einer Flagge verhängte Sarg in einen Sonderzug gebracht wurde, den Königin Viktoria zu diesem Zweck hatte bereitstellen lassen. Er beförderte die Leiche nach London, wo Sir William Ferguson und fünf Freunde Livingstones – unter denen sich interessanterweise auch Kirk befand – sie identifizierten. Die Sonne, das Salz und elf anstrengende Monate hatten Livingstones Gesicht zwar unkenntlich werden lassen, doch der Anblick seines zerschmetterten linken Oberarmknochens reichte aus, um sie alle davon zu überzeugen, daß es sich tatsächlich um den Forscher handelte.

Am Freitag, den 17. April, wurde der Leichnam im Kartensaal der RGS aufgebahrt. »Boden und Wände waren mit schwarzem Tuch verhängt«, meldete die *Times*, »und entlang der Wände waren Andenken an den Verstorbenen aufgestellt: Porträts, die zu verschiedenen Zeiten seiner Laufbahn angefertigt worden waren, seine astronomischen Geräte und Zeichenutensilien, seine Karten in Tusche und Bleistift – die Originalaufzeichnungen seiner Forschungsreisen – sein Chronometer sowie weitere Gegenstände von bleibendem Wert. Dazu hatte man den Raum liebevoll und dezent mit Palmwedeln und Kränzen aus Amaranth geschmückt, was seine traurige Düsternis ein wenig erträglicher machte.«

Um 12 Uhr 30 am 18. April 1874 fuhr vor dem Hauptsitz der RGS in der Savile Row ein federgeschmückter, von vier Pferden gezogener Leichenwagen vor. Der blankpolierte Eichensarg wurde aus dem Gebäude getragen und in die Kutsche gehoben. Dann setzte sich der Trauerzug Richtung Westminster Abbey in Bewegung. Zwölf schwarze Kutschen mit Livingstones Familie, seinen Freunden und den Würdenträgern der RGS folgten dem Sarg, dahinter schlossen sich die Kutsche der Königin und die des Prince of Wales an sowie eine lange Reihe von Kutschen weiterer Trauergäste. Die Häuser in der Savile Row hatten aus Respekt die Vorhänge zugezogen, und bei den Geschäften in Piccadilly, der Regent Street und am Waterloo Place waren als Zeichen der Trauer ein oder zwei Fensterläden geöffnet. Tausende Schaulustiger säumten die Straße und wohnten einer der größten Trauerbezeigungen bei, die es je in Großbritannien gegeben hatte. »Am Trafalgar Square war die Menschenmenge größer als an anderen, weniger günstigen Stellen«, berichtete die *Times*, »doch am größten war sie vor dem Zaun um Westminster Abbey.«

»In der Kirche hatte sich bis kurz nach zwölf Uhr bereits eine riesige Gemeinde versammelt«, hieß es weiter. »Der Andrang derer, die eine Eintrittskarte besaßen, war so immens, daß viele, die in das Gebäude hätten gehen dürfen, gar nicht in der Lage waren, von ihrem Recht Gebrauch zu machen.«

Auch Kirk war anwesend, ebenso Grant, und sogar E. D. Young. Zudem war Stanley zufällig gerade nach England zurückgekehrt, nachdem er eine Berichterstattung über den Ashanti-Krieg abgeschlossen hatte. Die Männer, die alle eine wichtige Rolle bei Livingstones Suche nach der Nilquelle gespielt hatten, stellten vier der acht Sargträger dar. »So viele sonnengebräunte Gesichter und weitgereiste Männer hat man noch nie zuvor auf einem Fleck gesehen. Und in der Tat könnte man an den Namen Livingstone die der hundert weiteren anwesenden berühmten Forschungsreisenden reihen, die sich mit nachdenklichem Blick um ihren toten Anführer versammelt haben«, schrieb die *Times*.

Beim Gottesdienst beschränkte man sich auf ein Minimum an Prunk. Während Musik von Händel erklang und der Chor »Sein Leib ruhet in Frieden, doch sein Ruhm wird nie vergeh'n« sang, wurde Livingstone beigesetzt. Entgegen seiner Befürchtungen hatte er somit nicht in der Wildnis seine letzte Ruhestätte gefunden, und auch seine Leistung würde nicht in Vergessenheit geraten. Im Vorbeigehen warfen die Trauergäste Blumen und Kränze in Livingstones Grab. »Jeder der Anwesenden blickte ein letztes Mal auf die Ruhestätte des großen Forschers und den eichenen, von Frühlingsblumen, Palmwedeln und Girlanden überhäuften Sarg. Hier ruht, ›was sterblich war‹ von dem gütigen, hochherzigen, liebenden, furchtlosen und frommen David Livingstone.«

Auch Stanley warf einen letzten, nachdenklichen Blick auf das Grab. Sie hatten nur fünf Monate miteinander verbracht, und doch würde sein Name in der Geschichte der Entdeckung für immer mit dem Livingstones verknüpft sein. Henry Morton Stanley, der ziellose Wanderer, der acht Jahre zuvor aus Central City, Colorado, geflohen war, um das Abenteuer und den Erfolg zu suchen, hatte nun beides zur Genüge kennengelernt – was hauptsächlich Livingstones Verdienst gewesen war. »Als ich mit angesehen hatte, wie man den Sarg in das Grab hinabließ, und gehört, wie man die erste Handvoll Erde darauf warf«, schrieb Stanley, »wandte ich mich voller Gram über den Tod David Livingstones ab.«

Stanley schritt durch die wuchtigen Türen von Westminster Abbey und trat hinaus in den hellen Sonnenschein. Ein neuer Abschnitt seines Lebens hatte begonnen. Er war erfolgreich, wohlhabend und berühmt, und dennoch stand er kurz davor, all das hinter sich zu lassen. Im Herzen Afrikas hatte er Livingstone ein Versprechen gegeben – das Versprechen, die Quelle des Nils zu finden und so das Werk des Forschers zu vollenden. Und dieses Versprechen wollte er auch halten.

Henry Morton Stanley, der neue »Löwe«, kehrte nach Afrika zurück.

Epilog

Stanleys und Livingstones Heldentaten hatten weitreichende Folgen. Eine ganze Reihe historischer Entwicklungen und Wendepunkte deuteten sich in Livingstones Obsession mit Afrika und Stanleys unglaublicher Suchexpedition bereits an oder resultierten daraus: der wachsende Einfluß des Journalismus, der Aufstieg Amerikas und der letztliche Niedergang Großbritanniens, der Generationenwechsel in der Welt der geographischen Forschung ebenso wie die Erschließung Afrikas. Es überrascht daher nicht, daß amerikanische Journalisten Stanleys Berichterstattung über Livingstone damals als »die Story des Jahrhunderts« bezeichneten.

Der Eindruck, den die Berichte hinterließen, wurde zwar mit jeder weiteren großangelegten Pressekampagne schwächer, doch schließlich sollte Joseph Conrad Stanley und Livingstone literarische Unsterblichkeit verleihen: Der polnischstämmige Schriftsteller war als Kind von Livingstones Afrika-Abenteuern so fasziniert gewesen, daß er erklärt hatte: »Dorthin gehe ich, wenn ich einmal groß bin.« Obwohl er Stanleys Suchexpedition als »Werbetrick« des *New York Herald* kritisierte und sich darüber beklagte, daß die Architekten des Empires das Andenken an David Livingstone nicht genug in Ehren hielten, basiert sein Roman *Herz der Finsternis* nach Ansicht einiger seiner Biographen auf der Expedition des *Herald* und die Figuren Marlowe und Kurtz auf Stanley und Livingstone. So ist es interessanterweise auch dieser hervorragende Roman, der als literarische Momentaufnahme Afrikas im neunzehnten Jahrhundert gilt, und nicht die Tagebücher Livingstones oder Stanleys.

DAVID LIVINGSTONES Grab befindet sich in der Mitte des Hauptschiffs von Westminster Abbey, einer der begehrtesten Begräbnisstätten in der Kirche. Die Grabinschrift lautet: »Hier ruht, von treuen Männern über Land und Meer heimgetragen, David Livingstone, Missionar, Forschungsreisender, Philanthrop, geboren am 19. März 1813 in Blantyre, Larkshire, gestorben am 1. Mai 1873 in Chitambo, Ulala. Dreißig unermüdliche Jahre seines Lebens verbrachte er mit der Bekehrung der eingeborenen Stämme und dem Kampf gegen den verheerenden Sklavenhandel in Zentralafrika, wo er auch seine letzten Worte schrieb: ›Alles, was ich in meiner Einsamkeit hinzufügen kann, ist: Der Himmel segne jeden, ganz gleich ob Amerikaner, Engländer oder Muselmann, der dieses Grundübel der Menschheit auszurotten hilft.‹«

Livingstones Tod öffnete der europäischen Erforschung des afrikanischen Kontinents Tür und Tor. Zehn Jahre später hatte der schmähliche Kampf der Kolonialmächte um Ostafrika bereits begonnen. Voller Gier fielen die Staaten Europas über den fremden Kontinent her und machten sich seine Ressourcen und Menschen zunutze. Mit dem britisch-deutschen Abkommen von 1886 lösten die beiden europäischen Nationen den Sultan von Sansibar endgültig als Machthaber ab. England übernahm die Herrschaft im heutigen Kenia sowie auf Sansibar, während Deutschland seinen Machtbereich, dasselbe Gebiet, das Stanley auf seiner Reise zu Livingstone durchquert hatte, Deutsch-Ostafrika nannte. Die Bahnlinie von Dar es Salaam nach Kigoma im heutigen Tansania verläuft in etwa entlang Stanleys Route.

Bis zum Ende des Ersten Weltkrieges blieb die Region unter deutscher Herrschaft, dann übernahmen die Briten, die Deutschland in einer entscheidenden Schlacht an der Küste bei Bagamojo besiegt hatten, die Kontrolle über das gesamte Territorium. 1964 endete die britische Kolonialherrschaft, und die unabhängige Republik Tansania wurde ausgerufen.

HENRY MORTON STANLEYS Zeitungsberichte prägten die ganze Epoche – vom amerikanischen Bürgerkrieg über die Indianerkriege und die britische Invasion in Abessinien bis hin zur Aufteilung Ostafrikas. Seit der Suche nach Livingstone hatte er seine Berichte in der ersten Person geschrieben und damit die neue Tradition des Ich-Erzählers im Abenteuerjournalismus begründet.

Stanley behauptete zwar immer, er habe den Forscher mit der Frage »Dr. Livingstone, wenn ich nicht irre?« begrüßt, doch in seinem Tagebuch fehlt die Seite mit der Schilderung dieses historischen Moments, so daß sich anhand der Aufzeichnungen nicht beweisen läßt, ob Stanley diese Worte überhaupt jemals gesprochen hat. Möglicherweise riß ein weitsichtiger Sammler das Blatt heraus, quasi als Sabotageakt. Doch ebensogut ist vorstellbar, daß Stanley diese Äußerung gar nie machte und die Seite selbst aus dem Buch entfernte, um seine Spuren zu verwischen. Vielleicht erfand er das Zitat, als er die Berichte für den *Herald* verfaßte (er verwendet es in zwei verschiedenen Depeschen, die am 15. Juli beziehungsweise am 10. August 1872 veröffentlicht wurden). Auf jeden Fall wurde Stanleys angeblicher Versuch, sich möglichst gewandt auszudrücken, letztendlich zum Charakteristikum der gesamten Reise. Unter späteren Generationen von Afrikaforschern war der Satz sogar die gängige Begrüßungsformel, wenn man sich unterwegs begegnete.

Als Stanley nach London und dann nach Amerika zurückkehrte, war »Dr. Livingstone, wenn ich nicht irre?« bereits ein so berühmter Ausspruch, daß es einen ernsthaften Prestigeverlust bedeutet hätte, ihn öffentlich abzustreiten. Zudem hätte dies den Ruf, den die RGS und Bennetts Konkurrenten bei der Bevölkerung verbreitet hatten, nämlich daß Stanley unglaubwürdig war, noch weiter verstärkt. Stanley verwendete das Zitat auch in *Wie ich Livingstone fand* und blieb bis zu seinem Tod bei der Behauptung, er habe die berühmten Worte geäußert.

Viel bedeutender in diesem Zusammenhang ist es jedoch, Stanleys Aufschwung nach Livingstones Tod zu schildern. Er trat nicht nur das Erbe seines Mentors an und wurde ein außergewöhnlicher Forscher, sondern übertraf ihn letztlich sogar.

1874 kehrte Stanley nach Afrika zurück, um die Nilquelle zu finden. Finanziert wurde das Unternehmen von James Gordon Bennett jr. und dem Londoner *Daily Telegraph*. Auf dieser Expedition, einer der erstaunlichsten Leistungen in der Geschichte der Entdeckungsreisen, marschierte Stanley von Bagamojo ins Landesinnere, umrundete auf der Suche nach Beweisen für Spekes Theorie den Victoriasee, wanderte dann weiter Richtung Westen, um den Tanganjikasee herum und anschließend zum Kongo, dem er bis an die Atlantikküste folgte. Einige Zeit später schadete Stanley jedoch seinem eigenen Ruf, als er vom belgischen König eine beträchtliche Geldsumme annahm, um Westafrika zu kolonisieren. Leopold IV. war ein geschickter Manipulant und hatte schon lange nach einer Möglichkeit gesucht, die Grenzen seines kleines Reichs auszudehnen und seinen persönlichen Wohlstand zu mehren. Mit Stanleys Hilfe entstand Belgisch-Kongo. Bedauerlicherweise – und ganz im Widerspruch zu Livingstones Vermächtnis – hatte Stanley damit unwissentlich zu der Gründung einer Nation beigetragen, die stärker am Sklavenhandel beteiligt war als irgendein anderes Land je zuvor. Stanley quittierte zwar den Dienst bei König Leopold, doch die Schmach haftete ihm noch lange an.

Später kehrte Stanley Amerika den Rücken und verbrachte seinen Lebensabend in Großbritannien. Er heiratete eine gewisse Dorothy Tennant und kandidierte erfolgreich für das Parlament, konnte das Stigma, in den Sklavenhandel verwickelt gewesen zu sein, jedoch nicht abschütteln. Als Stanley am 10. Mai 1904 an den Folgen eines Schlaganfalls und einer Rippenfellentzündung starb, wurde der Trauergottesdienst wie bei Livingstone in der Westminster Abbey gehalten. Der Dekan von Westminster, Reverend Joseph Armitage Robinson, weigerte sich jedoch, Stanleys sterbliche Überreste im Innern der Kathedrale beizusetzen. Statt dessen wurde die Leiche eingeäschert und auf einem Dorffriedhof vierzig Kilometer südwestlich von London vergraben. Eigentlich wäre es passender gewesen, Stanley bei seinem Haus in Tabora zu beerdigen, das übrigens noch heute steht. Nur ein Stück weit entfernt findet man die Stelle, wo Shaw begraben liegt.

Im Jahr 2002 entdeckte ein Nachkomme Stanleys auf seinem Dachboden fast tausend Gegenstände, die der Forscher von den Afrikareisen mitgebracht hatte, darunter die mit seinen Anmerkungen versehene Ausgabe von Burtons *The Lake Regions of Cen-*

tral Africa, seine Winchester, seinen Kompaß und eine mit persönlicher Widmung versehene Karte der Kongo-Expedition von 1874 bis 1878, der vielleicht rühmlichsten Episode in der Geschichte der Entdeckungsreisen. Am 23. September 2002 wurden sie bei Christie's versteigert. »Noch nie konnte eine so umfangreiche Sammlung von Artefakten eines einzigen Forschers zur Auktion angeboten werden«, kommentierte ein Sprecher von Christie's den Fund.

JAMES GORDON BENNETT JR. und der *Herald* erlebten ihre Glanzzeit in den 70er Jahren des 19. Jahrhunderts. Nach Stanleys erfolgreicher Suche nach Livingstone, seiner Reise entlang des Kongos und einigen anderen, von Bennett finanzierten Expeditionen landete der *Herald* im Juli 1876 seinen zweiten Coup des Jahrzehnts. Die Zeitung brachte einen aufsehenerregenden Bericht über das Massaker, das General George Custer und seine Kavallerie unter den Indianern bei Little Big Horn anrichteten – die zugrundeliegenden Informationen waren interessanterweise aus Fort McPherson, Nebraska, nach New York telegrafiert worden. Dann war es mit den triumphalen Erfolgen vorbei. Bennett blamierte sich vor der feinen New Yorker Gesellschaft, als er bei einem schicken Abendessen mit seiner Verlobten im Suff in den Kamin pinkelte, und zog 1877 nach Paris. Um die Jahrhundertwende lebte er zeitweise in seinem Appartement auf den Champs-Elysées oder in seiner Villa in der Nähe von Versailles und besuchte oft seine neunzig Meter lange Jacht mit der über hundertköpfigen Crew. Bennett starb am 14. Mai 1918 in Paris und wurde in einem anonymen Mausoleum auf dem Friedhof von Passy beigesetzt. Der *New York Herald* brachte einen Pariser Ableger hervor, schloß sich mit der *New York Tribune* zusammen und ist heute als *International Herald Tribune* bekannt.

SIDI MUBARAK BOMBAY durchquerte Afrika zwischen Januar 1874 und November 1875 als Karawanenführer Leutnant V. Lovett Camerons, einem der Anführer der dritten britischen Livingstone-Suchmannschaft. Nach der Ankunft in Luanda, an der Atlantikküste, fuhr Bombay mit dem Schiff nach Sansibar zurück.

Am 5. Mai 1876, nur zwei Monate nach seiner Heimkehr, bat ihn Reverend W. Salter Price von der Church Missionary Society, eine Karawane nach Uganda zu begleiten. Bombay willigte ein. Als er im August gerade die letzten Vorbereitungen in Bagamojo traf, erfuhr er, daß die Royal Geographical Society ihm als Dank für seinen langjährigen Dienst eine Pension auf Lebenszeit zuerkannt hatte. Er ging sofort in Ruhestand und kehrte nach Sansibar zurück, wo er am 12. Oktober 1885 starb. Vom 8. Februar 1857, als Burton und Speke den ehemaligen Sklaven aus der düsteren Garnison von Chokwe holten, bis zu seinem Tod war er an etlichen europäischen Expeditionen beteiligt gewesen. Er war dem Nil vom Victoriasee aus bis nach Kairo gefolgt und von Bagamojo bis zum Atlantik marschiert. Als Bombay starb, zählte er zu den herausragendsten afrikanischen Reisenden, die es jemals gegeben hatte.

ABDULLAH SUSI und JAMES CHUMA fuhren kurz nach Livingstones Beisetzung nach England. Für die Reisekosten kam ein Freund Livingstones auf, Horace Waller. Er stützte sich auf ihre Erfahrungen und geographischen Kenntnisse, als er Livingstones letzte Tagebücher für die Veröffentlichung vorbereitete. Auf einer Sitzung der Royal Geographical Society am 1. Juni 1874 wurden Chuma und Susi mit Sondermedaillen ausgezeichnet, und im Oktober desselben Jahres kehrten sie nach Afrika zurück. Susis Todesdatum ist unbekannt, Chuma starb am 12. September 1882 im Missionskrankenhaus von Sansibar.

JOHN KIRK blieb bis 1884 britischer Konsul in Sansibar. Wegen seines nachlässigen Umgangs mit Livingstones Hilfsgütern mußte er umfassende Ermittlungen über sich ergehen lassen, wurde aber schließlich von allen Vorwürfen freigesprochen. Als der Sklavenhandel in Sansibar Ende der 70er Jahre verboten wurde, nahm er das Verdienst für sich in Anspruch und wurde zum Ritter geschlagen.

SIR SAMUEL WHITE BAKER verließ Gondokoro am 26. Mai 1873, gut drei Wochen nach Livingstones Tod, und kehrte nach England zurück. Am 30. Dezember 1893 starb er zu Hause, in den Armen seiner Frau Florence.

E. D. YOUNG ging 1875 nach Ostafrika zurück, als Anführer einer Gruppe von Missionaren, die im Auftrag der Free Church Mission of Scotland, die im heutigen Blantyre sitzt, eine neue Wirkungsstätte gründeten, die Livingstonia Mission. Auf dem Njassasee ließ Young das erste Dampfschiff vom Stapel laufen. Nachdem er sein ganzes Leben lang Deckoffizier gewesen war, erhielt er schließlich, als er im Juni 1891 in Ruhestand ging, einen höheren gesellschaftlichen Rang, indem er zum Ehrenleutnant befördert wurde.

F. R. WEBB verließ Sansibar und wurde amerikanischer Konsul in Neuseeland.

Nach Livingstones Tod war zunächst noch unklar, wie die finanzielle Situation seiner Kinder abgesichert werden sollte, bis Agnes Livingstone im September 1874, bereits fünf Monate nach der Beerdigung ihres Vaters, ein Vermögen entdeckte. Als Verwalterin seiner Finanzen stieß sie bei der Durchsicht der Geschäftsbücher auf einen Betrag von zweitausend Pfund, der unbemerkt bei einer örtlichen Bank gelegen und Zinsen eingebracht hatte. Zusammen mit den Erträgen aus Livingstones posthum veröffentlichten Tagebüchern über die Suche nach der Nilquelle hinterließ der Forscher seinen Kindern damit ein Vermögen im heutigen Wert von etwa einer Million Euro, das sie gerecht unter sich aufteilten. Hätte Livingstone rechtzeitig von dem Geld erfahren, hätte ihn dies möglicherweise davon abgehalten, seine Suche nach der Quelle fortzusetzen – und Stanley wiederum hätte sich niemals auf die Suche nach Livingstone gemacht.

LIVINGSTONES KINDER gingen ganz unterschiedliche Wege. Tom starb bereits 1876 mit siebenundzwanzig Jahren in Ägypten an Bilharziose, einer Blut- und Gewebeerkrankung, die von Trematoden (Saugwürmern) übertragen wird. Er hatte sich als Kind in Afrika angesteckt. Oswell zog nach Trinidad, wo er bis zu seinem Tod 1892 als Arzt tätig war. Anna, Livingstones jüngstes Kind, lebte bis 1939. Ihr Sohn John wurde Missionar in Afrika. Agnes, Livingstones älteste Tochter, zu der er das innigste Verhältnis hatte, heiratete A. L. Bruce, einen wohlhabenden leitenden Brauereiangestellten aus Schottland. Sie starb 1912 im Alter von fünfundfünfzig Jahren und hinterließ zwei Söhne und eine eigene Kaffeeplantage in der Nähe des Sambesi.

DIE NILQUELLE blieb ein Rätsel, das zwar letztendlich auch gelöst werden sollte, jedoch erst ein ganzes Jahrhundert später. Stanleys weitere Reisen führten zu der Vermutung, daß der Victoriasee die Quelle des Nils sei, doch sie sollte sich als falsch erweisen. Ebensowenig war der Lualaba der Quellfluß des Nils, und die Quellen des Herodot gab es überhaupt nicht. Statt dessen erkannte man später mit Hilfe der Satellitenfotografie, daß der Nil hoch oben im Gebirge von Burundi entspringt, ziemlich genau in der Mitte zwischen dem Tanganjikasee und dem Victoriasee. In gewisser Weise hatten also alle – Burton, Speke, Baker und Livingstone – mit ihren Theorien recht gehabt.

Danksagung

Anfangs erschien es mir ein recht einfaches Vorhaben, die Reiserouten von Stanley und Livingstone nachzuvollziehen. Im Laufe der Nachforschungen aber wurde mir klar, daß es bei dieser Geschichte nicht nur um zwei Männer in Afrika ging, sondern um eine ganze Reihe von Ereignissen in der ganzen Welt, so daß ich letztendlich auf etliche Freunde und Mitarbeiter angewiesen war, um Zugang zu allen erforderlichen Quellen zu bekommen. Ohne ihre Hilfe wäre dieses Buch nie zustande gekommen.

In New York bin ich zwei besonders wichtigen Menschen zu Dank verpflichtet. Einer von ihnen ist mein großartiger Lektor, Jason Kaufman, dem ich für sein Vertrauen, seine Geduld und seine Beharrlichkeit danke. Jason, du bist ein Genie – Hut ab! Der andere ist mein nicht minder sensationeller Agent, Eric Simonoff, ein Mann, der große Professionalität, einen scharfen Geist und ein tiefes literarisches Verständnis besitzt. Ohne ihn gäbe es dieses Buch nicht.

Mein Dank geht auch an Bill Thomas bei Doubleday sowie an Miriam Abramowitz und die wunderbare Dorothy Vincent bei Janklow and Nesbit.

In London erforschte ich mit dem größten Vergnügen die Archive und die Bibliothek der Royal Geographical Society. Dabei danke ich besonders Sarah Strong für ihre unermüdliche Hilfe beim Orten der zahllosen Dokumente, die in Zusammenhang mit Stanley und Livingstone standen. Ein Dankeschön auch an die British Library, wo die Originalfassung von Stanleys Tagebüchern auf Mikrofilm vorliegen. Eine unschätzbare Hilfe waren auch die Mitarbeiter der House of Lords Archives und der British Newspaper Library, die mir stets mit Rat und Tat zur Seite standen.

In Washington bin ich Richter Russell E. Train zu Dank verpflichtet, dessen umfangreiche Privatsammlung von Afrikana mir wertvolle Einblicke in all das gestattete, was mit Livingstone zu tun hatte.

In Kuala Lumpur war Phil Kennington eine wahre Fundgrube an obskuren Details über alles Britische. Tausend interessante Dinge – und so wenig Platz. Danke auch, daß du mich in die Geheimnisse des Gin eingeweiht hast, Phil …

In Sydney gebührt mein Dank Graem Sims und Peter Gearin.

In San Francisco habe ich Gordon Wright und Austin Murphy zu danken.

In Tansania, wo die Regionen außerhalb der Städte immer noch sehr große Ähnlichkeit mit dem Land haben, durch das Stanley und Livingstone reisten, möchte ich mich bei den Einwohnern von Kigoma und Tabora bedanken sowie beim Polizeipräsidenten von Sumbawanga.

In Johannesburg danke ich der ausgesprochen kenntnisreichen Diana Madden, die ihrem Terminkalender kostbare Stunden abgerungen hat, um Livingstones Brief an Seward zu transkribieren.

In Los Angeles möchte ich besonders Bill Baker und Dave Jenni nennen, die mit mir auf Stanleys Spuren durch Tansania reisten, sowie Julie und Ian Joseph Baker, Vicki Butler, Matt Dugard, Jim Garfield, Sean Scott und Jeff Probst.

In Dallas geht mein Dank an Cal Johnson.

In Coronado möchte ich meinen ganz besonderen Dank an Sarah Harper vom Loew's Coronado Hotel aussprechen. Schon längst fällig ist auch ein Dankeschön an Marguerite Clark.

In Orange Country herzlichen Dank an Denny Bellesi, Bub Kuns und J. P. Jones für die Auskünfte über Livingstones spirituelles Leben. Zudem danke ich Ron Allen, John Dybsky, Steve und Cathy Cullen, Diane Hunter, Vernie Jones und Terry Sedgewick.

Meine Liebe aber gilt Devin, Connor und Liam. Vor allem möchte ich Calene, meiner wissenschaftlichen Assistentin, Reisebegleiterin und Frau meine Liebe und Dankbarkeit ausdrücken – auf dich habe ich mein ganzes Leben gewartet. Danke, daß du trotz allem nicht aufgegeben hast.

Anmerkungen

Was die Hintergrundrecherche betrifft, so ist das Jahrhundert, in dem Stanley und Livingstone lebten, einfach ideal. Das Zeitalter der großen Seefahrer und der nur knappen, weitgehend nüchternen Aufzeichnungen über ihre Entdeckungsreisen war vorüber. Stanley, Livingstone, Burton (in geringerem Maß auch Speke), Baker und Cameron verfaßten täglich ausführliche Berichte, die einen Einblick in ihre Gefühlswelt und das Land gaben, das sie erforschten. Livingstones *Missionary Travels and Researches in South Africa, Zambezi Expedition of Dr. David Livingstone* und *The Last Journals of Dr. David Livingstone* ermöglichten mir, seine Empfindungen, Gedanken und innigen Gebete in seinen eigenen Worten wiederzugeben. Das gleiche gilt für Stanleys *How I Found Livingstone, My Early Travels and Adventures in America, Through the Dark Continent* und *The Autobiography of Henry Morton Stanley*. Seine wahren Gefühle offenbarte Stanley jedoch nicht in den Büchern, sondern in seinen oft ehrlicheren Tagebucheinträgen, weshalb ich mich auf seine privaten Aufzeichnungen anstatt die für die Öffentlichkeit bestimmten Darstellungen stützte. Überall dort, wo Stanley oder Livingstone selbst zu Wort kommen, diente mir ihr Werk als Hauptquelle.

Einen reichen Fundus an Informationen stellten auch die Zeitungen der damaligen Zeit dar. Die wachsende Bedeutung der Tagespresse in der zweiten Hälfte des 19. Jahrhunderts sowie Stanleys Tätigkeit als Reporter boten mir die Möglichkeit, Hintergrundinformationen für die Geschichte (vom politischen Weltgeschehen bis zur örtlichen Wettervorhersage) aus der Londoner *Times*, dem *New York Herald*, der *Chronicle* aus Bath, der *New York Times*, dem *Manchester Guardian* und anderen Publikationen zu erhalten.

Die Royal Geographical Society dokumentiert ihre Aktivitäten schon seit langen Jahren sehr gewissenhaft. Ihre verschiedenen internen Veröffentlichungen – Protokolle, Tätigkeitsberichte und ähnliches – erwiesen sich als höchst aufschlußreich.

Die angegebenen Entfernungen zwischen Stanley und Livingstone sind möglichst genaue Schätzungen, die auf den in ihren persönlichen Tagebüchern genannten Längen- und Breitengraden oder dem Abstand zwischen einzelnen Städten und Dörfern basieren, wie sie aus Karten hervorgehen.

Wie bei jedem Buch ist die eigene Erfahrung durch nichts zu ersetzen. Konnte ich Stanley oder Livingstone auch nicht begleiten, so konnte ich doch zumindest ihre Route rekonstruieren und zu den Orten reisen, die für diese Geschichte von Bedeutung sind: nach London, New York, Paris und Denver, an die ostafrikanische Küste, durch Afrika an den Tanganjikasee sowie nach Tabora und Udschidschi.

Die erwähnten Tagebücher, Briefe, Zeitungen und persönlichen Erlebnisse bilden das Grundgerüst für dieses Buch. Darüber hinaus verwendete Quellen finden sich in der folgenden Auswahl an Literatur.

Die Schreibweise von Ortsnamen orientiert sich in der Regel an den zu Stanleys und Livingstones Lebzeiten üblichen Konventionen.

Bildnachweis

© Corbis: S. 141, 154, 235, 275, 280, 287, 305, 310.
© Bettmann/Corbis: S. 11, 41, 89.
© Chris Hellier/Corbis: S. 138.
© Hulton-Deutsch Collection/Corbis: S. 23, 68, 75, 109, 128.
© Stapleton Collection/Corbis: S. 126, 278.
Mit freundlicher Genehmigung der Edition Erdmann (Aus: Henry Morton Stanley, *Wie ich Livingstone fand*, hrsg. von Heinrich Pleticha, Stuttgart 1983): S. 106, 116, 146, 198, 239.

Literatur

Adams, H.G., *David Livingstone* (London 1902).
Allen, Oliver E., *New York, New York* (New York 1990).
Anstruther, Ian, *Stanleys Weg zum Ruhm*, übs. v. Margaret Auer (Wiesbaden 1959).
Baker, Sir Samuel White, *Ismailia* (London 1874).
Bebbington, David, *William Ewart Gladstone, Faith and Politics in Victorian Britain* (Grand Rapids 1993).
Bennett, Norman Robert, *Arab Versus European* (New York 1986).
–, *Stanley's Despatches to the New York Herald: 1871–1872, 1874– 1877* (Boston 1970).
–, *Studies in East African History* (Boston 1963).
Bierman, John, *Dark Safari: The Life Behind the Legend of Henry Morton Stanley* (Austin 1990).
Blasford-Snell, John, *In the Steps of Stanley* (London 1975).
Boorstin, Daniel J., *Die Entdecker*, übs. v. Michael Martin (Basel 1985).
Brandon, Michael, *The Perfect Victorian Hero* (Edinburgh 1982).
Brown, Dee, *The American West* (New York 1994).
–, *Begrabt mein Herz an der Biegung des Flusses*, übs. v. Helmut Degner (München 1999).
Burke, John, *An Illustrated History of England* (London 1974).
Burrows, Edwin G. und Mike Wallace, *Gotham: A History of New York City to 1898* (New York 1999).
Burton, Isabel, *Life of Sir Richard Burton* (London 1893).
Burton, Sir Richard, *Reisen nach den Binnenseen Afrikas und Entdeckung der Quellen des Nils 1857–1863* (Berlin 1864).
Cameron, Ian, *To the Farthest Ends of the Earth: The History of the Royal Geographical Society 1830–1980* (London 1980).
Cameron, Verney Lovett, *Quer durch Afrika* (Leipzig 1877).
Clun, Harold P., *The Face of London* (London 1962).
Coupland, Sir Reginald, *East Africa and Its Invaders* (London 1938).
–, *The Exploitation of East Africa* (London 1939).

–, *Livingstone's Last Journey* (London 1945).
Currey, James, *General History of Africa* (Paris 1999).
Davidson, Basil, *Africa in History* (New York 1966).
Davies, Henry E., *Ten Days on the Plains* (Dallas 1985).
Dolman, Alfred, *In the Footsteps of Livingstone* (London 1924).
Engerman, Stanley, et al., *Slavery* (New York 2001).
Farwell, Byron, *The Man Who Presumed: A Biography of Henry M. Stanley* (New York 1957).
Gladstone, William Ewart, *The Gladstone Diaries: With Cabinet Minutes and Prime Ministerial Correspondence*, Bd. VII und VIII (Oxford 1982).
Hansard's Parliamentary Debates, Folge 3, Bd. 206 (London 1871).
Helly, Dorothy O., *Livingstone's Legacy* (Athens, Ohio 1987).
Hiney, Tom, *On the Missionary Trail* (New York 2000).
Hochschild, Adam, *Schatten über dem Kongo. Die Geschichte eines der großen, fast vergessenen Menschheitsverbrechen*, übs. v. Ulrich Enderwitz, Monika Noll, Rolf Schubert (Hamburg 2002).
Holmes, Timothy, *David Livingstone, Letters and Documents, 1841–1872* (London 1990).
–, *Journey to Livingstone, Exploration of an Imperial Myth* (Edinburgh 1993).
Hubbard Brothers, *Livingstone's Africa* (London 1874).
Inwood, Stephen, *A History of London* (New York 1998).
Johnston, Sir Harry, *A History and Description of the British Empire in Africa* (London 1913).
Kynaston, David, *The Chancellor of the Exchequer* (Suffolk 1980).
Leonard, Elizabeth Jane, und Julia Cody Goodman, *Buffalo Bill: King of the Old West* (New York 1955).
Liebowitz, Daniel, *The Physician and the Slave Trade. John Kirk, the Livingstone Expeditions, and the Crusade against Slavery in East Africa* (New York 1999).
Livingstone, David, *David Livingstone's Family Letters 1841–1856, Volumes I and II*, hg. v. I. Schapera (London 1959).
–, *David Livingstone's Shire Journal 1861–1864*, hg. v. Gary W. Clendennen (Aberdeen 1992).
–, *Dispatches Addressed by Dr. David Livingstone, Her Majesty's Consul (Inner Africa), to the Secretary of State of Foreign Affairs, in 1870, 1871 and 1872 (com)* (House of Lords 1872).
–, *Doctor Livingstone's Discoveries in South Central Africa from 1849 to 1856* (London 1857).
–, *Die Erschließung des dunklen Erdteils. Reisetagebücher aus Zentral-Afrika 1866–1873*, übs. v. Edmund Th. Kauer (Berlin 1929).
–, *Zum Sambesi und quer durchs südliche Afrika 1849–1856*, hg. v. Heinrich Pleticha, nach der dt. Erstausgabe Leipzig 1858, übs. v. Hermann Lotze (Tübingen 1980).

–, *Zambezi Expedition of Dr. David Livingstone Volumes I and II*, hg. v. J. P. R. Waller (London 1956).
–, *Letzte Reise von David Livingstone in Centralafrika von 1865 bis zu seinem Tode 1873*, hg. v. Horace Waller, übs. v. Josef M. Boyes (Hamburg 1875).
Livingstone, David, und Henry Morton Stanley, *Quest: The Story of Stanley and Livingstone Told in Their Own Words*, hg. v. Sue Newson-Smith (London 1978).
MacNair, James I., *Livingstones Travels* (London 1954).
Maitland, Alexander, *Speke and the Discovery of the Source of the Nile* (London 1971).
Martin, Phyllis M., und Patrick O'Meara, *Africa* (Bloomington 1986).
Maurice, Albert, *H.M. Stanley: Unpublished Letters* (London 1955).
McLynn, Frank, *Stanley: The Making of an African Explorer* (London 1989).
Melville, Herman, *Battle Pieces* (New York 1867).
Meyer, Bernard C., *Joseph Conrad: A Psychoanalytic Biography* (Princeton 1987).
Mill, Hugh Robert, *The Record of the Royal Geographical Society, 1830–1930* (London 1930).
Mitchell, Sally, *Daily Life in Victorian England* (Westport 1996).
Monk, Reverend William, *Dr. Livingstone's Cambridge Lectures* (London 1858).
Montefiore, Arthur, *H.M. Stanley the African Explorer* (London).
Moorehead, Alan, *Die Quellen des Nils. Abenteuer und Entdeckung*, übs. v. Leonie Brockmann, Werner Neumann-Nieschlag (Stuttgart 1962).
Morris, James, *Heaven's Command: An Imperial Progress* (New York 1973).
Murdoch, John G., *The Life an Explorations of David Livingstone, LL.D.* (London).
National Portrait Gallery, *David Livingstone and the Victorian Encounter with Africa* (London 1996).
Nicholls, C. S., *David Livingstone* (Gloucestershire 1998).
Northcott, Cecil, *David Livingstone: His Triumph, Decline, and Fall* (London 1957).
Noyce, Wilfrid, *The Springs of Adventure* (New York 1958).
O'Brian, Patrick, *Joseph Banks: A Life* (Chicago 1987).
O'Connor, Richard, *The Scandalous Mr. Bennett* (New York 1962).
Oliver, Roland und Anthony Atmore, *Africa Since 1800* (Cambridge 1967).
Ondaatje, Christopher, *Journey to the Source of the Nile* (New York 1998).
Parkenham, Thomas, *The Scramble for Africa* (London 1991).
Parliamentary Debates, Folge 3, Bd. 206 (London 1871).
Ransford, Oliver, *Livingstone* (London 1978).
Reader, John, *Afrika. Ein Porträt des schwarzen Kontinents* (Hamburg 2001).

Rediker, Marcus, *Between the Devil and the Deep Blue Sea* (Cambridge 1987).
Rice, Edward, *Captain Sir Richard Francis Burton: A Biography* (New York 1990).
Rowley, Reverend Henry, *The Universities Mission to Central Africa* (London 1867).
Russell, Don, *The Lives and Legends of Buffalo Bill* (Norman 1960).
Sheriff, Abdul, *Slaves, Spices and Ivory in Zanzibar* (London 1987).
Seaver, George, *David Livingstone: His Life and Letters* (London 1957).
Seitz, Don C., *The James Gordon Bennetts* (New York 1928).
Sell, Henry Blackman, und Victor Weybright, *Buffalo Bill and the Wild West* (New York 1955).
Sheridan, General P. H., *The Posts in the Military Division of the Missouri* (Chicago 1876).
Simpson, Donald, *Dark Companions: The African Contribution to the European Exploration of East Africa* (New York 1976).
Speke, John H., *Die Entdeckung der Nilquellen*, hg. v. Walter Rusch (Leipzig 1864).
Stafford, Robert A., *Scientist of Empire: Sir Roderick Murchison, Scientific Exploration and Victorian Imperialism* (Cambridge 1989).
Stanley, Henry M., *Mein Leben*, hg. v. Dorothy Tennant, übs. v. Achim v. Klösterlein, Gustav Meyrinck (München 1911).
–, *The Finding of Dr. Livingstone* (London 1873).
–, *Wie ich Livingstone fand. Der Bericht über die Suchexpedition zum Tanganjika-See 1871*, hg. v. Heinrich Pleticha, nach der dt. Erstausgabe Leipzig 1879 (Stuttgart 1983).
–, *My Early Travels and Adventures in America* (New York 1895).
–, *Stanley's Dispatches to the New York Herald, 1871–1872, 1874–1877*, hg. v. Norman Robert Bennett (Boston 1970).
–, *Durch den dunklen Welttheil oder Die Quellen des Nils*, 2 Bd. (Hamburg 1875).
Stanley, Richard, und Alan Neame, *The Exploration Diaries of H.M. Stanley* (London 1961).
Sterling, Thomas, *Stanley's Way* (New York 1866).
Stock, Robert, *Africa South of the Sahara* (New York 1995).
Trimingham, John Spencer, *Islam in East Africa* (Oxford 1965).
Wassermann, Jakob, *Bula Matari. Das Leben Stanleys* (Berlin 1932).
White, Andrea, *Joseph Conrad and the Adventure Tradition* (Cambridge 1993).
Williamson, David, *National Portrait Gallery History of the Kings and Queens of England* (New York 1998).
Young, Edward Daniel, *The Search for Livingstone* (London 1868).
Zondervan Publishing, *The New International Version Study Bible* (Grand Rapids 1995).

MALIK

Wilfred Thesiger
Mein Leben in Afrika und Asien

Autobiographie. Aus dem Englischen von Jochen Schwarzer. 461 Seiten mit 63 s/w-Fotos und 10 Karten. Gebunden

In der Wüste fühlte er sich zu Hause, dort, wo der Wind jede Spur verwischt. Mitte der 1940er Jahre durchquerte Wilfred Thesiger das legendäre »Leere Viertel«, die Große Arabische Sandwüste, und lebte mit den Beduinen als einer von ihnen. Zuvor war er schon in die entlegensten Winkel der Erde gereist, die nie ein Weißer, manchmal gar ein Mensch, betreten hatte: zu den Marscharabern im südlichen Irak oder zu den Danakil im Sultanat von Aussa. Überall suchte er die faszinierenden Rituale und Bräuche unbekannter Kulturen, ihre Freiheit und ihren archaischen Lebensstil, die sich ihm als Kind eines britischen Ministers am abessinischen Hof eingeprägt hatten. Und um so schmerzlicher verfolgte er, ein enger Freund Haile Selassies, den Überlebenskampf Äthiopiens in den Umbruchzeiten von Krieg und ausgehendem Kolonialismus. Thesiger wußte: Er war der letzte der alten Entdecker. Afrika und Arabien, wie er es noch kannte, würde es nicht mehr geben.

02/1046/02/R

PIPER

Lieve Joris

Das schwarze Herz Afrikas

Roman. Aus dem Niederländischen von Barbara Heller.
300 Seiten. Serie Piper

»Das Wasser ist rostfarben, und Inseln von Wasserhyazinthen treiben auf uns zu. Lautlos gleiten junge Männer aufrecht in ihren Einbäumen sitzend an uns vorüber. Ich habe das Gefühl, als segelte ich direkt in eine Photographie im Album meiner Großmutter …« Schon als Kind fasziniert von den merkwürdigen Erzählungen ihres Onkels, eines Missionars in Belgisch Kongo, unternimmt Lieve Joris als junge Frau selbst ihre erste Reise nach Schwarzafrika – an Bord der *Fabiolaville*, die bevölkert ist von Glückssuchern und Abenteurern wie sie selbst. Mutig und unvoreingenommen begibt sie sich bis ins von Joseph Conrad besungene Herz der Finsternis, um dem Leben jener Menschen näherzukommen, die für »gestern« und »morgen« dasselbe Wort benutzen. Dem von Kolonialmacht und Diktatur gezeichneten Kongo – der zur Zeit ihrer Reise Zaire hieß – stellt Lieve Joris einfühlsam die unvergleichlichen Schönheiten des Landes und seiner Menschen gegenüber.

01/1341/01/R

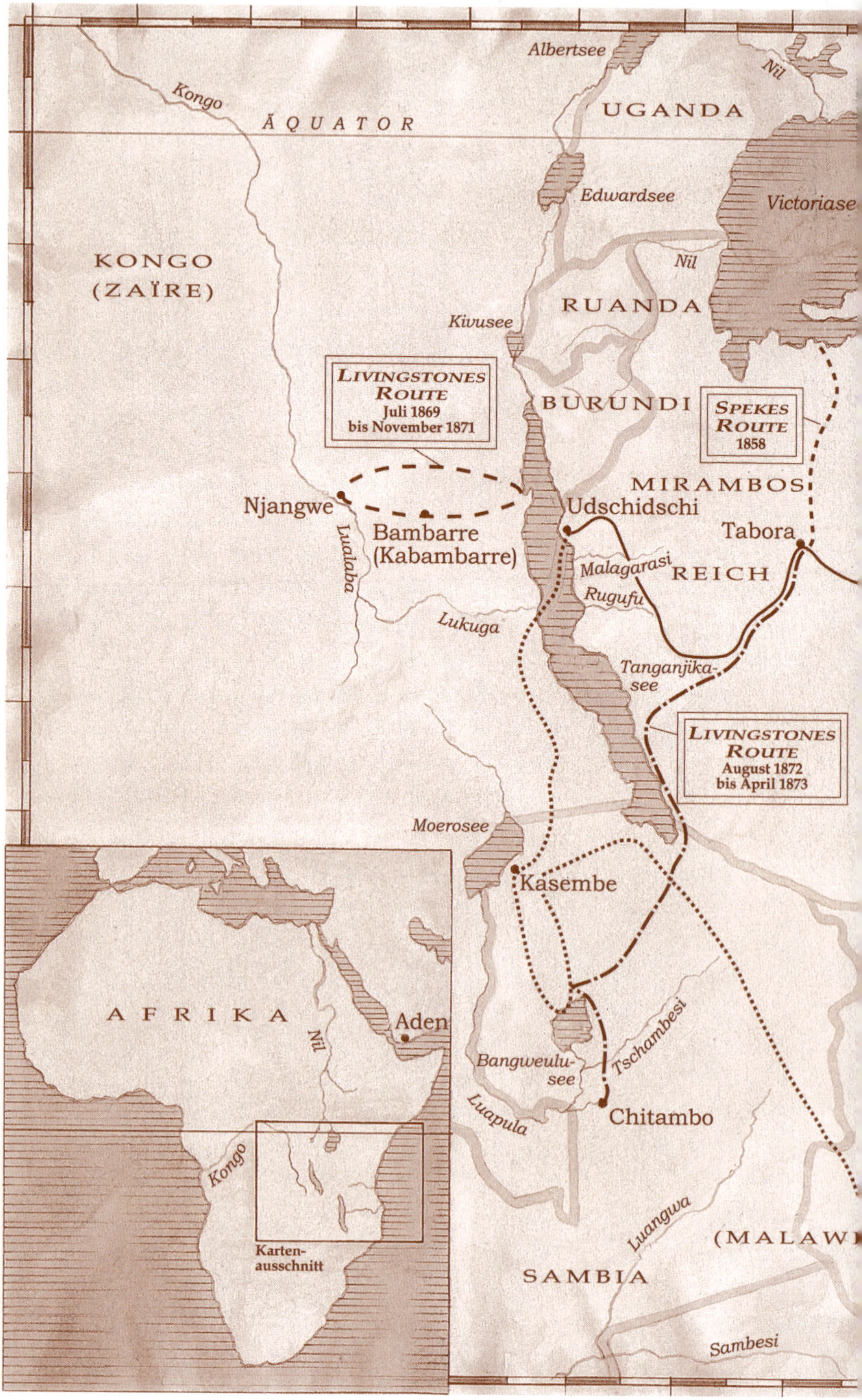

Albertsee
Nil
Kongo
ÄQUATOR
UGANDA
Edwardsee
Victoriase
KONGO
(ZAÏRE)
Nil
RUANDA
Kivusee
LIVINGSTONES ROUTE
Juli 1869
bis November 1871
BURUNDI
SPEKES ROUTE
1858
MIRAMBOS
Njangwe
Udschidschi
Tabora
Bambarre
(Kabambarre)
Lualaba
Malagarasi
REICH
Rugufu
Lukuga
Tanganjika-
see
LIVINGSTONES ROUTE
August 1872
bis April 1873
Moerosee
Kasembe
AFRIKA
Aden
Nil
Tschambesi
Bangweulu-
see
Chitambo
Luapula
Kongo
Karten-
ausschnitt
Luangwa
(MALAWI
SAMBIA
Sambesi